人生第一课堂

上海中等职业学校家庭教育指导论文集

（第二辑）

主　编　陈步君

同濟大學出版社
TONGJI UNIVERSITY PRESS

内 容 提 要

本书主要汇集了上海部分中等职业学校班主任及学生家长开展家庭教育的经验、案例和体会。其中有学校组织开展家庭教育指导工作的全面经验，有班主任、任课教师精心指导家长转变教育思想、改进教子方法的成功案例，也有学生家长悉心育儿的有效做法和深刻体会，还有上海市教育系统关心下一代工作委员会老同志指导青年教师开展家教指导的感人事迹等。旨在促进学生健康成长，促进家庭成员相亲相爱，促进学校和谐发展，为国家培养一大批高素质技能型人才。

本书可供教育工作者及其他相关人士参考阅读。

图书在版编目(CIP)数据

人生第一课堂：上海中等职业学校家庭教育指导论文集．第二辑 / 陈步君主编．--上海：同济大学出版社，2019．1

ISBN 978-7-5608-8343-4

Ⅰ．①人…　Ⅱ①陈…　Ⅲ．①中等专业学校—学生—家庭教育—文集　Ⅳ．①G782-53

中国版本图书馆 CIP 数据核字(2019)第 002271 号

人生第一课堂——上海中等职业学校家庭教育指导论文集(第二辑)

主　　编　陈步君

责任编辑　陈佳蔚　　**责任校对**　徐逢乔　　**封面设计**　潘向蓁

出版发行　同济大学出版社　　www.tongjipress.com.cn

(上海市四平路 1239 号　邮编：200092　电话：021-65985622)

经　　销　全国各地新华书店

印　　刷　常熟市大宏印刷有限公司

开　　本　787 mm×1092 mm　1/16

印　　张　16.75

印　　数　1—1500

字　　数　335 000

版　　次　2019 年 1 月第 1 版　　2019 年 1 月第 1 次印刷

书　　号　ISBN 978-7-5608-8343-4

定　　价　48.00 元

编 委 会

前　　言

家庭是社会的基本细胞。注重家庭、注重家教、注重家风，对于国家发展、民族进步、社会和谐具有十分重要的意义。家庭是孩子的第一个课堂，父母是孩子的第一任老师。家庭教育工作开展的如何，关系到孩子的终身发展，关系到千家万户的切身利益，关系到国家和民族的未来。

习近平总书记十分重视家庭、家教和家风教育，多次就家庭教育做重要讲话。为深入贯彻习近平总书记重要讲话精神，上海市教育委员会等四部门印发的《关于进一步加强家庭教育工作的实施意见》明确要求：不断加强家庭教育工作，强化家长家庭教育主体责任，提高家长家庭教育水平，推动家庭教育和学校教育、社会教育的有效衔接，构建全面、健康、和谐的"三位一体"教育网络，促进广大未成年人健康成长和全面发展。

近年来，上海中等职业学校认真贯彻习近平总书记的重要讲话和指示精神，积极落实市教委关于加强家庭教育工作的有关工作要求，深入开展家庭教育指导工作，积累了有效经验，取得了明显成效。与此同时，上海市教育系统关心下一代工作委员会中等职业学校分会积极配合主渠道，大力推进家庭教育指导工作，为上海中等职业学校持续深入开展家庭教育指导工作做出了积极的奉献。

继《人生第一课堂——上海中等职业学校家庭教育指导论文集》第一辑出版并发放至各中职学校后，上海市教育系统关心下一代工作委员会中等职业学校分会又组织开展了上海中等职业学校家庭教育指导工作的现状调研。在各中等职业学校和有关部门的积极支持配合下，形成了"上海市中职校家庭教育指导工作现状与对策研究"课题报告。该报告客观地反映了上海市中等职业学校开展家庭教育指导工作的基本状况，总结了成功经验和有效方法，分析了存在的主要问题及原因，提出了改进与创新工作的对策和建议，为各中等职业学校开展家庭教育指导工作提供了指导和帮助。尤其是在调研过程中，上海市教育系统关心下一代工作委员会中等职业学校分会注重发现挖掘广大班主任和教师在开展家庭教育指导工作中所思的体会感悟、所做的有益探索、所用的创新方法、所获的经验案例，并会同中职德育专委会再次向各中等职业学校广泛征集了论文和案例,整理汇编了本书。

本书从不同角度呈现了案例和论文的提供者开展家庭教育指导工作的成功做法和经验体会,为各中等职业学校的班主任和教师提供了有效借鉴和启示。概括本书的基本要义不难发现:第一,做好家庭教育指导工作要有深度。关键要摸清和了解家长、学生的需求,以需求为导向,有针对性地开展家庭教育指导工作。同时,学校要站位于办好人民满意的教育,坚持立德树人的根本要求,做好顶层设计,强化学校主阵地功能,发挥学校在家庭教育指导中的重要作用。第二,做好家庭教育指导工作要有广度。学校开展家庭教育指导工作的对象不仅仅是个别家庭、特殊家庭,更要覆盖到在校学生的所有家庭。通过以点带面,点面结合,指导和帮助广大家长正确地做好孩子的引导教育工作,使科学、有效的家庭教育沐浴每个家庭。第三,做好家庭教育指导工作要有温度。家庭教育指导是一项复杂而又艰苦的工作,面对的是各种类型和不同背景的家庭和家长。除了要有较强的责任心之外,还应充分发挥班主任、教师的智慧和专长,以爱心温情动人,用亲和力和感染力让家长乐于接受正确指导,从而起到事半功倍的效果。

衷心期待本书能让广大班主任和教师再次受益,能为推进中等职业学校创建家庭教育示范校起到助力作用。衷心希望中等职业学校的家庭教育指导工作能够取得更大的成绩。衷心感谢上海市教育系统关心下一代工作委员会中等职业学校分会和广大中职教育工作者为莘莘学子的健康成长所做出的辛勤付出和积极奉献。

江伟鸣

2018 年 12 月

目　　录

前言

抚平被针扎了的心 / 1
——聚焦亲子沟通的指导案例　邓昌伟

教师家长倾心关注　还你快乐成长 / 5　楚晓红

基于陪伴合格智慧父母成长的家庭教育指导实践 / 9　朱建芳

发挥家委会作用，开展家庭教育指导工作的探索和实践 / 13　张慧红　郭文丽

探索家教指导模式　凝聚家校教育合力 / 17
——开展"四个一"的"家长沙龙"活动　陆丽敏

爱"怨"交加的手机情缘 / 20
——利用心理咨询平台，做好家庭教育工作　郭顺清

"E"路同行，一路同心 / 23
——"互联网+教育"背景下中职家校教育共同体建设　杨　柳

春风化雨润心田 / 30　潘丽虹

让家庭更有温暖，让未来更有方向 / 34　黄鸣宇

合力育人结硕果 / 41　吴慧红

共同关爱，让折翼天使再度飞翔 / 45　方　莉

悄悄地带你到达青春的彼岸 / 49
——关于青春期教育家庭指导案例　唐剑芳

用心引导，给孩子一个美丽的未来 / 53　卫婷婷

让家、校成为孩子梦开始的地方 / 57　程　齐

家校合力　青春绽放 / 61　陈　菊
离婚不离爱,陪伴孩子向前走 / 66　陈晓霞
"牛皮凡"变形记 / 71　周　璇
家校联手,让父亲"就位" / 74　张　剑
孩子是我们一生中最重要的作品 / 78　王俐敏
家校共携手,引领孩子遨游"e"时代 / 81　赵　然
以爱之名,静待花开 / 86
——陪伴是最好的家庭教育　张惠洁
爱,让我们携手 / 90　陈　蔚
走进心灵,关爱成长 / 94　张永慧
给墙角的花朵多一点阳光 / 99　朱　静
静水深流 / 104　李海燕
发挥关工委优势,配合学校做好家教指导工作 / 109　上海市医药学校关工委
聋中职生顶岗实习期间的家庭教育指导现状及对策研究 / 112　郁丽倩
我想有个朋友
——情绪障碍孩子的家庭教育个案指导 / 119　张　毓
家校联手寻良策　"花开花谢"慎修枝 / 123　强叶霞
父母要与孩子一起成长 / 127　师向丽
每一个孩子都会放光芒 / 133
——家校携手,给孩子一个美好明天　李鸿燕
与家长成为教育"合伙人" / 137
——家校联盟,共促学生发展　顾暘暘
家校合作管理学生手机的尝试 / 142　徐玉春
从昔日"后进生"到今日壮志从戎 / 146　戴维维
孩子是我们一生中最伟大的作品 / 151　郑　莉
换一种教育方式赢得和谐亲子关系 / 155　汪　庆

心手相连　共筑梦想 / 159　王　槊

退学小 A 成长记 / 163　宋　群

孩子需要“师爱”，更需要家庭的信任 / 167　吴仁珍

孩子，总有一种成长适合你 / 172　尹　俊

家校合力，静待花开 / 176　马金芳

爱你在心口难开 / 182　崔　昕

不愿回家的少年 / 185　李树娜

让幸福来敲门的父子 / 189
——“正面管教”在中职校亲子关系中应用的案例分析　周　伟

家校合作给孩子安上茁壮成长的翅膀 / 193　张　琳

收获自信，我的未来不是梦 / 196　王佳敏

和家长携手的日子 / 200
——赖学少年成功记　张　宇

把她的笑找回来 / 203　钟　旭

拨开阴霾遇见阳光 / 208
——抑郁症学生的家庭教育指导案例　卢　笛

家校合作共育 / 212　张清芳

促进中职生家庭教育亲子关系的实践研究 / 215　高　荣

“别样家长会”唤醒家庭教育主动性 / 219　孙海平

让“风雨中的花朵”美丽绽放 / 224
——单亲家庭学生教育案例　庞惠英

师爱在家庭教育中闪光 / 229
——如何在中职校进行家庭教育引导　董振华

“妈咪宝贝”变形记 / 236
——“妈宝男”学生家庭指导案例　王立群

用真心、爱心和恒心成就学生 / 239　杨　红

妈妈暖儿心 / 245
——离异、隔代问题的家庭教育 徐 君
我和我的"小女儿" / 249
——用心用情弥补家庭教育的缺乏 胡建霞
告别"妈宝",重拾自信 / 253
——做孩子成长的守护者 高仁甫

抚平被针扎了的心

——聚焦亲子沟通的指导案例

上海市松江区新桥职业技术学校　邓昌伟

一、一个不经意的电话

在我们班就读的鲍同学是随迁子女。刚来这个班的时候，我看到他活泼开朗，性格外向，没觉得有任何异常。突然有一天，鲍同学的妈妈给我打电话，说他昨晚一夜没回家，问今天孩子有没有来学校。早自修的时候，我进班一看，鲍同学在教室里，但既然晚上一夜未归，作为班主任的我也想了解一下原因，便与他交流起来。我将他叫到一处安静的地方，询问事情的起因，他很激动地说："别跟我提他们。"我说："怎么了，发生了什么情况，你跟邓哥说一下，我来帮你解决。"我本想通过语言的交流，打开他的心扉。但他一直说："等我毕业以后要立马离开这个家，不想再见到他们。"听到鲍同学这番话，作为班主任的我，感受到了他与父母之间的矛盾，但问题的严重性还有待考察。在安抚了鲍同学的情绪以后，他慢慢地跟我吐露了心声。他总觉得父母是在害他，父母的有些话严重地伤害了他，甚至觉得父母在用金钱引导他。他宁肯在自家楼下的空地上躺一夜，也不愿回到家里的床上睡觉。交流中，我发现有一件事情可能是解决鲍同学和父母之间矛盾的切入点。鲍同学小时候生了一场特别严重的病，医生都已经宣布无法治疗，并让他父母准备善后事宜。但他的妈妈却跪着坚持要求医生一定要救，不能放弃，哪怕有一丝希望，就算变成植物人都要救，最终将他从死神面前拉了回来。可以说，他的妈妈给了他第二次生命。说到这件事时，他很感动，也会默默地流下泪，特别感谢他的妈妈。这让我看到了希望，心中松了一口气，也许这就是最好的突破口。

二、掩盖针扎般的痛

在鲍同学敞开心扉与我交流后，我的心里渐渐有了帮助鲍同学的方案。他说,有时候父母的举止、言语很伤他的自尊心。有一次亲戚家有喜事,鲍同学想跟着父母去,他爸爸的一句话让他离家出走了三天。鲍同学的爸爸说:“你别去,别给我去丢脸。”这一句话彻底伤了鲍同学的自尊心。在父母出门后,他走出了家门,三天未归。他一度怀疑自己是不是父母亲生的。此外,父亲因为学习的事情打过他,并且不给他零花钱。鲍同学特别反感父母用金钱来衡量自己的学习情况,学得好就奖励钱或物,学得不好就不给生活费。在了解完详细的情况后,我与鲍同学的父母通了电话,证实了鲍同学所言非虚,也了解了目前他们与鲍同学相处的不愉快之处。鲍同学放学回家后,总是等家人都吃完饭以后才出来吃饭,避着家人进出,对此父母也是毫无办法。从这些现象可以看出,学生与父母身上都存在着问题。父母的教育理念相对落后,沟通方式过于简单、粗暴,不考虑孩子的内心诉求,也不站在孩子的角度考虑问题,虽然无心,但话语伤人、行为伤人、教育方式伤人。就本案例而言,父母对孩子的出发点是好的,内心有爱,但是不会与孩子交流沟通,孩子因此理解不了父母的良苦用心。

作为班主任,在了解情况后,我认为要解决他们的家庭矛盾,最重要的是为鲍同学营造良好的成长环境。

三、来自父母的叹息与自责

孩子慢慢成熟,会有自己的想法,渴望父母爱的同时,也渴望父母把他们当做成人,平等地对待。在解决问题之初,我决定亲自走访鲍同学家,了解一下情况。一进鲍同学家的家门,只见两间毛坯房,两张上下铺床,可以感到他们家庭条件非常困难。鲍同学的父母都是外来务工人员,每天起早贪黑地工作,早已成了他们生活的常态。在谈及孩子的时候,他的父母连连摇头、叹气,脸上布满了忧伤及无奈。我的到来让他们看到了一丝希望,他们静静地听我的分析,同时也道出了自己心中的苦恼与自责。他的父亲不希望父子反目成仇,但束手无策。鲍同学父亲的态度让我看到了希望。父母愿意与孩子沟通,愿意解决目前的僵局,是促进亲子沟通的重要一步。我为鲍同学的父母进行了分析,指出尊重孩子的人格、民主平等地对待孩子的重要性。教育孩子不应该居高临下、我讲你听、我打你受,不应该不考虑孩子的需求和感情。在与孩子交流时,应注意沟通的技巧和方法。比如走亲戚这件事,父亲的一句“别给我去丢脸”,或许是无意的气愤之词,或许是想以此激励孩子更加奋斗,让自己脸上有光,又或者只是单纯地不想让孩子外出。但这句无心之语确确实实伤到了孩子的自尊心。父母应该如何表达自己内心的想法,如何正确引导孩子,这都是为人父母应该学习的重要一课。尊重孩子、用正确的教育方式对待孩子,是建构和谐家庭的重要前提。

四、拔出心中的那根针

利用午休时间，我将鲍同学约到操场一起散步、聊天。我把整个家访过程和他说了一遍，也谈了谈我的想法。家访时，我看到鲍同学的父母要比同龄人苍老很多，眼神充满无助、痛苦。他们心中有爱，但不会表达。我告诉他，父母真的不想看到目前这个样子，他们已经对自己的错误行为感到后悔，也不断地反思自己的教育方式。我说："从老师的角度来看，父母很关心你。可不可以站在老师的角度，再回家观察观察父母，看是不是跟老师说的一样？"同时，我又跟鲍同学提起小时候父母救他这件事，在危急关头，父母没有放弃这个生命，可见父母是多么地爱你、在乎你。听着听着，鲍同学流下了热泪。于是，我问他："要是老师把你父母请到学校来，大家坐在一起心平气和地交流一下可以吗？"鲍同学点了点头，同意了我的建议。

五、创造机会，抚平伤痕

在经得鲍同学同意后，我给他的父母打了电话。在随后的交流中，我先让他的父母谈谈心里的想法，指出他们教育方法上的许多不妥之处。同时，我又让鲍同学说出自己的想法，以及对父母的希望。此外，鲍同学和父母之间还对之前一直存在的问题进行了讨论。

六、特殊作业，画龙点睛

解决家庭问题不仅需要口头上的交流，还需要实际行动，需要有人主动跨出一步，开始破冰，并为之持续努力。毕竟血浓于水，家人之间的亲情终有一日会被呼唤回来。由于鲍同学与父亲已经多年没有说过话，甚至这些年来都是处于你进我出、你出我进的状态，让他突然开口与父亲交流确实比较困难。于是在鲍同学的父母离开学校后，我单独给鲍同学布置了一次特殊的家庭作业。我要求他在父亲下班后，主动给父亲倒一杯水，并说句："爸，您辛苦了。"这份作业我给了鲍同学三天的时间完成。三天后，我与鲍同学的父母通电话时，他的妈妈满口的感谢，说孩子懂得了感恩，在鲍同学的爸爸下班回来的时候给爸爸端了杯水。鲍同学的妈妈感慨，已经多少年没有过这样的画面了。鲍同学没有让我失望，完成了这份特殊的"家庭作业"。

家庭，有父母的呵护，有家人的陪伴，有爱的熏陶，是孩子健康成长的港湾。每个父母都有望子成龙、望女成凤的愿望，希望自己的孩子将来生活得比自己幸福。为了这个心愿，父母们拼命挣钱满足孩子们的各种需求。但随着孩子的成长,他们有了自己的想法,并产生了逆反心理。尤其是处于青春期的孩子,经常会做出一些叛逆的事情,不理解父母的用心、与父母争吵,甚至做出异常举动,导致与父母关系僵化。从而进一步影响孩子的心理健康,甚至让孩子产生逃避心理,不愿面对父母。

通过这件事,我既欣慰又很忧虑。欣慰的是,鲍同学终于不排斥和父母沟通,使我在以后处理这类亲子沟通问题上也更有了信心。忧虑的是,我们身边像鲍同学这样的学生还有很多。随着社会的进步,传统的教育方式已经不能解决他们的问题,反而会让他们想办法逃避、远离父母。教育孩子要符合时代特点,适应孩子心理的发展需求。班主任应当做学生、家长的朋友,以朋友的身份沟通、谈心,为他们搭建沟通的桥梁,从而更好地解决家庭教育中存在的问题。

教师家长倾心关注　还你快乐成长

上海港湾学校　楚晓红

他是一颗“坏苹果”吗

新生报到时，我就听说我们班上会来一个篮球特长生，当时脑海中出现的是一个阳光的大男孩，符合所有故事对篮球爱好者的设定。初次见到小斌，如我所想，他有着瘦瘦高高的外形，但少了点青春的阳光气息，似乎不太愿意与人交流。

新学期选拔班委，作为篮球特长生，小斌理所当然地被推选为体育委员，小斌也表示接受这一任命。然而，小斌第一学期的表现让人大失所望。首先，作为体育委员，他的工作态度不端正，带队上课、组织班级参加活动经常出问题，同学们对他很不满意。其次，作为一名学生，开学没多久小斌就表现得十分懒散，经常迟到，缺勤早操，上课不听讲，大声聊天，扰乱课堂秩序，和老师对抗，经班主任和任课教师提醒后依旧我行我素，丝毫不正视自己的违纪违规行为。更让人担忧的是，他抽烟、喝酒、打架、谈恋爱，凡是学校明令禁止的行为，他无所不做，还与三五个同学“拉帮结派”，巩固自己的小团体势力。直到期末考试，小斌的五门功课不及格，我决定撤销他体育委员的职务。学年末，小斌的班干部职务被撤销，成绩亮红灯，处分还挂一身。很多老师和同学都说，他就是一颗“坏苹果”，自己坏透之后还会影响其他人。

家校共同探讨苹果为何“坏”

如果小斌继续如此，留级是较轻的处分，开除学籍也不无可能。不过，在别人眼里“无恶不作”的小斌，每次见到我倒是真诚热情地打招呼，我可以感觉到他内心的善良与单纯。小斌的心也许只是暂时蒙上了厚厚的灰尘,需要有人告诉他如何擦拭那些灰尘。

出于对小斌未来的关心,我决定找小斌的家长进一步了解情况。听到我对小斌在校情况的描述及分析,小斌的妈妈很惊讶,同时对孩子的未来表现出深深的担忧。小斌的妈妈告诉我,小斌在家里的表现很让人欣慰,根本没有在学校的这些“离经叛道”的行为。就在小斌的妈妈手术住院期间,他完全是一个成熟大男孩的模样,白天上学,晚上就住在医院照顾妈妈。说到这段往事,小斌的妈妈一度感慨,有这样的儿子她感到特别幸福。不过,小斌的爸爸脾气则比较暴躁,着急起来容易对小斌动手。最近几年,小斌和爸爸很容易起冲突,好在妈妈多次温言相劝,及时化解父子俩数次几乎剑拔弩张的态势。小斌的奶奶、外婆得知小斌在校情况后,相继来到学校,关心小斌的生活状态。从老人的口中我了解到,小斌是一个孝顺的孩子,他对长辈知冷知热,从不让老人担心。然而,在说到小斌的情绪时,小斌的妈妈、爸爸、奶奶和姥姥都发现,小斌是从回国后情绪开始出现变化的。小斌此前在国外有过为期两年的专业篮球训练,后来因为腿受伤而中止。

了解情况后,我对小斌有了基本的判断:小斌本性善良,篮球是他的热爱与理想,也一直是他引以为傲的特长。因为腿伤而不能继续篮球的专业学习和训练,对他而言一定是很残酷的现实。加之现在的小斌处于青春期,叛逆是这个时期青少年的普遍特点。此外,本来小斌的爸爸是可以和小斌一起探讨、切磋篮球技术的人,由于腿伤小斌抗拒谈论有关篮球的一切,这使他们之间少了一个共同话题,而父子俩不恰当的沟通方式,在他们之间又增加了一道沟。

蒙灰的“坏苹果”需要擦拭

为了改变小斌目前的状态,我找到小斌和他进行了多次交心长谈。小斌一直对我很信任,交谈过程中,他告诉我,他非常热爱篮球,成为篮球运动员是他的理想,本来以为到国外训练可以离理想更近一步,没想到一次受伤使他彻底与理想无缘,他很受打击。他默默哭过,但后悔、自责都无法改变自己已经不能接受专业篮球训练这个事实。回到国内,小斌很想和与自己有共同爱好的爸爸诉说自己的伤心与苦闷,奈何爸爸并没有觉察他的失落与痛苦,这使他没能将自己积压心头的话说出口。有时候,爸爸看到他整天无精打采还教训他,这也激怒了小斌,于是父子俩经常争吵。小斌很想得到爸爸的理解和安慰,可事实上他得到的只是训斥。讲述这段经历的过程中,小斌几度泪湿眼眶。

我和小斌的家长解释，小斌不能继续专业篮球训练给小斌造成了打击，引起了他的挫折感，他失落、痛苦、焦急、迷茫，他开始自暴自弃，加之青春叛逆期和父亲不恰当的沟通方式，更使他感觉到不被理解和接纳。因此，我们决定互相配合，共同帮助小斌擦拭心灵的灰尘。

家庭、学校搭手修复"坏苹果"

在学校，我会定期约谈小斌，最初几次都是我主动找他聊天，关注他的心理状况。后来，小斌也会主动找我，讲述他的近况，说他对学习的体会，对那段训练生活的怀念，对篮球运动员的憧憬，和我分享同学、朋友间的趣事，我看到他的脸上笑容越来越灿烂，往日的阴霾正在悄悄散去。

小斌的妈妈也向我反馈了小斌在家里的情况。小斌的爸爸听了我的建议以后，也注意改变和儿子的交流方式，知道适时地克制自己的脾气。小斌的父母现在也会关注青少年的家庭教育话题，他们感觉自己更懂儿子了，而儿子也在慢慢对他们敞开心扉，一家人的心连接得更紧密了。

另外，我和小斌的家人一致认为，小斌当篮球运动员的理想没法实现，我们也可以帮助他发展第二兴趣，让小斌从兴趣爱好中获得充实感和成就感。学校设有健身社，我们推荐小斌协助老师指导学生打篮球，将自己的长处发挥在热爱的事情上，相信这对小斌目前的状况会有很好的调节效果。后来，不出所料，小斌在健身社的表现很好，他也逐渐受到了大家的欢迎。

自从一改前非后，小斌整个人的精神状态也好了很多，脸上时常挂着笑容。提到小斌的名字，老师和同学们不再是皱着眉头了，而是一副认可与赞赏的表情。一年以后，小斌的处分被撤销了。上天也在眷顾努力上进的小斌，中专二年级期末，小斌得到了参军的机会。我很开心，小斌曾经也有参军梦，这个机会对他来说一定是个惊喜。中专三年级，小斌休学去参军了，这一次的理想，他伸手可触并牢牢握住。他来信对我说："上天给了我第二次实现理想的机会，我很幸福，也倍感珍惜。"

"坏苹果"案例反思

所有的教育方法必须是结合学生的个人情况才会行之有效，一个孩子离经叛道的行为背后，必定是有原因的。作为教师和家长，不能只凭表面现象来判断孩子的好坏。找到原因、对症下药，是对孩子最好的尊重和关爱。

案例中的小斌正处于青春期，受到挫折后，情绪没能得到及时疏导，在家中和父亲的沟通方式也出现了问题，因此在学校表现出很多叛逆的行为，而这些行为给他带来了很多麻烦，严重阻碍了小斌的成长、成才之路。找到这些行为背后的原因是帮助小斌的关键，这需要教师深入了解学生的家庭情况与亲子关系，也需要家长的积极配合。同时，家长对孩子的关心不能只停留在吃好、穿好、学习好，还要及时关注孩子的情绪状态，发现孩子的反常行为，及时进行适当的情绪疏导，有助于孩子的心灵健康。分析孩子的行为不能仅仅停留在与同龄人的横向比较，还要纵向比较，了解孩子的过去，了解他们的心路历程，感受他们的感受，才能做到真正的理解，给予有用的帮助。

有效的亲子沟通方式是解决问题的良药。对于青春期的孩子，以硬碰硬并不能解决问题，反而会激化矛盾。教师和家长需要站在孩子的角度，从孩子的视角理解当下遇到的问题。一方面，平等的态度能使孩子放心地与你交流；另一方面，长辈的身份也可以给予同龄人不能给予的支持，是孩子心理安全感的来源。

关注孩子的身心健康，要及时深入了解原因，不能因孩子的不良行为而对他产生偏见。正如著名心理学家罗杰斯所提倡的，给予孩子无条件的积极关注，才有助于孩子健康快乐地成长。我想这也是真正的教育所需要做到的。

基于陪伴合格智慧父母成长的家庭教育指导实践

上海市高级技工学校　朱建芳

接手技校的学生管理工作后，我仿佛在漩涡中很不舒服地转着。2011 年的一天，借助网络我发现并开始了“心灵种树”课程的学习。随后开始关注家庭教育，无意中听到了吉林大学董进宇博士的公益课，他的一些教育理念让我深思。其间又接触了家庭教育指导师这一新时代的新事物，于是 2014 年暑期，我走出了上海，跟随吉林省钻研当代家庭教育的孙景祥老师学习。七天的学习，真正开启了我对家庭教育的学习之路。“要把孩子的问题解决，先解决你自己对孩子问题的不舒服。”我记住了这句话，在与自己孩子和学生相处中放下自己的不舒服，调整自己的身心状态，我的家庭也慢慢走出原来的僵局，班级管理工作随之得心应手起来。

2014 年起，我连续对数控 9 个班级的学生和家长进行家庭教育状况自测与分析。几年中，利用家长会等场合，我对他们进行有关知识和观念的传输和熏染，尝试家庭教育指导活动，旨在提升学生家庭的和谐度。以下是一些具体的实践内容。

一、调查了解学生家庭教育现状

（一）家庭教育问卷调查

2014 年，我参考了董进宇博士的家庭教育问卷，对学校 9 个班级的学生家庭教育现状进行调查分析。问卷调查在学生和学生家长中同时进行，随后我将问卷的结果进行排序，总结出十大不利于学生健康成长的描述，它们分别是：“认为孩子将来的命运是他自己创造的”“认为孩子在学习上一点不着急自己却急得团团转”“为孩子做所有的事情认为是处处关心孩子”“常以学习成绩好的孩子为例来批评自己的孩子”“总对孩子说自己的付出全是为了她（他）”“当孩子说一件得意事时你却警告他别骄傲”“常说:‘只要你好好学习啥条件都答应你’”“常在孩子面前评说别人的长短”“经常用自己年轻时的经历教育孩子”“认为满足了孩子的物质需求,孩子就应该努力学习”。问卷结果说明了家庭教育指导的必要性。

(二) 家长的时间分配和事务清单

利用新生家长会,我请家长列出一天、一周、一月、一年的时间的大致分配和事务清单,以此侧面了解家庭的中心是以孩子为主还是以夫妻关系为主,了解家庭的生活状况和知识文化层次,了解学生成长的环境,成长过程中可能受影响的因素等。请家长审视自己的日常生活布局是否有不合理之处。

(三) 有关孩子的天赋才能与性格特征

古代先贤一直强调因材施教,但是现实中因材施教并没有落实到每一个学生。深入学生的世界中,我们可以清晰地发现,大多数家长还是以学习成绩为单一的评价内容,没有能力过滤来自外界对孩子的各种评价。真正的因材施教是引导孩子因自己的兴趣点发展自己。人的一生中,能将自己的兴趣点与职业或事业融合,这才是人生的最佳状态。因此,为了帮助对学习失去自信的学生重新找回信心,我在新生入学时,也同时对家长和学生进行关于学生的多元智能测试,引导学生的父母客观地了解孩子的优势和劣势,思考此前对孩子的教育得失,引导学生寻找自己的天赋和兴趣点,促进他们的学习动力。

另外,在与家长的言谈中,我经常听到一些家长希望自己的孩子能活泼开朗一些,不喜欢孩子的内向与安静,等等。针对这一点,我会普及家长对性格特征的认知,说明性格没有好坏之分,各种性格都有优劣,正如硬币的两面性,重要的是如何扬长避短,真正发挥各类性格特征的优势。

二、陪伴家长学习家庭教育相关知识

2016 年开始,我建立班级家长微信群,并将它命名为“合格智慧父母群”。我想借此修正学生父母的“家长”概念。我用更有平等意识的“父母”一词替代过去常常使用的“家长”一词,父母与孩子只是角色不同,责任不同,做称职的父母需要学习成长,其中包括教育、心理等知识的学习,以及诸多知识技能的运用。奔着这个目标,我尝试坚持做了以下四点。

(一) 发挥摄像机的功能

组成家长微信群后,我在军训期间大量直播学生的情况,为家长“断奶”作铺垫,为与家长之间能有良好的沟通作先导。平日及时传达学生在校情况、班级活动，并要求家长以知晓和观察学生行为为主，不加干涉，不对学生进行与学校教育内容重复的简单粗暴的说教。另外，对学生各种突发事件进行及时沟通、探讨，力求家、校一致的快速处理。

（二）发挥文本的功能

微聊过程中，家长惯用负面词汇，我经常逮一个教育一个，引导家长注意自己的措辞，感受语言细微的差别，思考沟通的精准，使家长能逐渐有意识地调整和修正说话的表达方式。

（三）发挥语音的功能

我在微信上尝试推送“心灵种树”课程核心内容，带领大家参与“朗读百日功”活动。

（四）发挥网络教育功能

我参考吉林省当代家庭教育的教育素材与家长共同研习成长。随着我每周一次的推送，家长们养成了读卡片、听讲座的习惯。

三、与家长一起同行

（一）家长会成为合格智慧家长汇

由于微信的使用，平时的点点滴滴，如学生成绩、学生学校情况、学校安排等可以随时传达。于是，每学期一次的家长会成为家长面对面相互学习、交流的重要场合。例如，家长们可以探讨如何以自我实现为孩子树榜样，探讨如何在日常生活中让孩子为自己的事情负起责任，等等。家长会成为家长学习科学教育新知识，吸收教育新思想的窗口，为家长提供一个促进自我认识、自我成长的课堂。

（二）妈妈工作坊，学做家庭的定海神针

随着近几年我对家庭教育方面的学习和实践，以及在与学生的接触沟通的过程中，越来越觉得母亲的智慧和修养对家庭中孩子、丈夫的成长都起到了重要的作用。母亲就是一个家庭的定海神针。

2017 年 1 月，我约请了对自我提升感兴趣的妈妈们，花了一下午的时间，讨论作家张德芬相关书籍中的一些观念做法。我们还尝试着运用“OK 卡牌”，探讨父母与孩子之间的关系，妻子与丈夫的关系。

（三）尊重每个孩子身上独一无二的特性

每一个人都是世界上独一无二的，都有自己独特的色彩，每一个人都有出彩的机会。但在日常中，评价体系的单一造成了一些学生有很大的挫败感，并给他们贴上了附有各种情感色彩的标签,学生也自然地接受了这些标签,朝着标签的方向成长。这是家长或老师不愿看到的结局。于是我们疑惑:为什么越跟孩子讲道理孩子越不听?为什么我们的教育初衷和实际效果之间的差别那么大?孩子不愿听我说话,直接关上房门了,咋办?怎样与青春期的孩子相处呢?……

(四)以家庭的需求进行个案指导

特别的学生背后肯定有特别的家长,这在现实中一次次得到印证。例如,学生昀,每天能坚持准时来校上学,做到安静有序,但是他的生活习性、沟通模式让同学们无法接受,渐渐地他不跟班上任何人交流,成为独行侠。上课睡觉,课后从不做作业,每天浑浑噩噩。我初次与昀的父母见面,通过观察,发现昀与父亲的沟通非常不好,与母亲还不错。经过多次长谈,倾听昀的父母的诉说,发现他们非常重视孩子的教育问题,但是相互之间沟通不畅。2017年春季学期,昀在学校的表现更加孤立,那时我正在学习正面管教的相关理论。我运用学到的知识和昀进行沟通。连续两周组织班上学生举行班级沙龙活动,活动中不断地拉昀参与,逐渐把他拉回到班级团队中。而随着昀的父亲的改变,家庭氛围也逐渐改善,昀的状态好转,会主动与班上同学交流了。

四、班主任家庭教育实践的自我暴露

在我看来,班主任与学生的关系基本等同于家长与孩子的关系,撇开父母与孩子的亲密和老师的威严,只是一个对几十个和几个对一个的区别。我利用微信陆续向家长推送日常与学生相处的各种故事,直播我与孩子们相处的状态,分享我曾经的拙劣做法以及导致的结果,也让家长看到现在的我,看到我蜕变后带来的家庭个体“无穷动”的成长。

家庭需要始终保持爱的基调。家里的每一个成员都应该尽可能地建立人际关系的第四层次连接关系[①],从建立良好的家庭人际关系开始,让自由、责任和爱成为家庭的核心,使家真正成为令我们安心的港湾。希望所有的家长都能对教育和自我家庭教育状况加以思考,更希望每一个家庭成员都优雅地转过身来,转变教育态度和观念,提升整个家庭的状态。

---

① 亨利·克劳德的《他人的力量》一书中提到四个层次的人际关系。第一层次,孤立状态;第二层次,坏的连接关系;第三层次,虚假的“良好连接”。一、二、三层次的死循环。第四层,真正的连接关系。建立第四层次的关系,需要主动求助,暴露需求,学会选择值得信任的对象。以自律为基础的,以自由、责任和爱为核心的关系中,彼此真实、真诚、坦白,富有建设性的建议,可以促进每一个人成长,每个人都能成为真正完整的自我。

发挥家委会作用，开展家庭教育指导工作的探索和实践

上海市行政管理学校　张慧红　郭文丽

家、校合力育人已经成为一种共识。越来越多的学校、教师和家长意识到家庭教育在孩子成长过程中的重要性。如何团结更多的家长参与到家、校合力育人的队伍中来，如何使家、校合力育人效果更优化，成为每一所学校不断思考、探索的课题。

根据教育部《关于加强家庭教育工作的指导意见》，我校在健全家长委员会(以下简称“家委会”)组织机构，组织开展形式多样的家庭教育指导服务和实践活动，发挥家委会的作用方面，进行了初步探索和实践，并取得了一定的成绩。

一、健全家委会组织机构，为开展家庭教育指导服务提供有力的支撑

学校始终坚持把家委会组织工作作为学校内涵建设的重要组成部分，摆在十分重要的位置，作为开展家庭教育指导的基础性工作。

早在2012年，学校第二届家委会会上，学校制定并通过了《上海市行政管理学校家长委员会章程》(以下简称《章程》)。《章程》把“团结全校学生家长，充分发挥家长对学校教育教学工作的参谋、监督作用”，把“学校教育与家庭教育有机结合起来，促进学校教育改革，提高教育质量”作为我校家委会的宗旨写进了家委会的章程。

根据《章程》，家委会每届任期两年。因此，学校每两年召开家委会换届大会，聘任新一届家委会委员和选举常务委员。非换届年，学校通过家委会委员大会，增补新一届学生家长代表加入家委会组织。家委会实行家委会委员大会和常务委员会议例会制度。经过多年的实践和摸索，学校逐步建立起了学校、年级、班级三级家委会网络。

家委会成员由家长自荐、班主任或其他家长推荐或班级家长会民主选举，学

校根据行业分布等因素综合考虑后确定,并由学校发给聘书。家委会常务委员会由家委会大会选举产生。家委会常务委员会候选人从家委会成员中推举产生,由学校根据年级、区域、职业、性别等因素综合考虑后确定常务委员会候选人,以差额选举的办法产生常务委员会委员。目前,我校有班级家委会成员 102 人,年级家委会成员 46 人,校级家委会成员 34 人。

学校建立了较为完善的家委会工作机制。学校家委会工作由校长或书记等主要领导人分管,并委派学校负责德育工作的中层干部担任家委会秘书长,负责家委会的日常工作与联络,以及家委会各项工作的具体落实与协调。在经费方面,学校每年都将家委会工作经费纳入内涵建设经费预算,充分保障学校家委会工作的经费需求。

通过健全家委会网络,配备强有力的家委会领导体制和工作机制,家委会成员积极参与并监督学校的管理和有关重大决策,积极协调学校与家长之间的关系,努力为学校教育营造良好的外部环境,充分发挥学校与家庭之间的桥梁纽带作用,促进学校教育与家庭教育的有机结合,切实提高我校家庭教育整体水平。

二、探索实践,组织开展形式多样的家庭教育指导服务

在过去几年中,学校依托家委会,不断创新思路、拓展渠道、充分挖掘家长在学生成长中的作用,开展了一系列行之有效的家庭教育指导服务和实践活动。

(一) 创办"家长讲坛"

家长们来自不同的行业,有着不同的文化和行业背景,其中不乏行业精英、道德楷模,还有在某一领域有着独特研究或特色绝活的人才。为了让家长中的优质资源为学校所用,学校自 2012 年起,创办了"家长讲坛",邀请家长进学校、上讲台,为学生们拓宽视野、增长见识。学校先后邀请了第二届家委会副主任邓教授和家委会常委邱女士等多名家委会成员参与"家长讲坛"活动。邓教授的"未来能源技术"报告和邱女士从家长指导孩子高考的角度谈的"如何备战高考",都得到了广大师生的好评。

"家长讲坛"是我校的特色活动之一。这种别具特色的课堂模式,构筑了学校、家长和孩子三方互动的平台,完善了学校、家庭、社会三位一体的教育体系,丰富了学校的课程资源,创新了教育形式,充分挖掘家校合作的巨大潜力,有利于三方形成教育合力,促进学生全面发展。

(二) 开展教学开放日活动

学校每学年组织开展一、二次教学开放日活动,邀请家委会成员走进学校、

走进课堂，和孩子一起当一天“学生”，体验学生的学校生活。学校先后开展过七次这样的推门听课活动，有近 100 人次的家长参与到活动中来，听课近 600 节次。教学开放日广受家长好评。

教学开放日已经成为我校家长、学生、教师一个互动的良好平台。在这里，家长和孩子的距离近了，家长对学校的了解和信任多了。这种开放、坦诚、温暖的活动也引发家长对各自家庭教育的思考，加强了家长与孩子沟通和交流的针对性和有效性，减少了盲目性与对抗性。

（三）组织“亲子互动”活动

为增加孩子与家长的良性互动，也让更多的家长走进学校，了解学校，了解孩子的学校生活，学校经常邀请家委会成员和家长代表出席学校组织开展的一些大型活动，如十八岁成人仪式，艺术节闭幕式，毕业典礼，亲子运动会等。

学生的成长离不开老师的教育，更离不开家长的一路呵护、指引。2017 年 6 月，18 名家长出席了 2017 届学生毕业典礼。2014 届电子商务班的家长、家委会常委宋先生，代表家长做了发言。他从孩子进校时第一次家长会忐忑不安、失落的心情谈起，讲到孩子在校时的变化和进步，以及他作为家委会成员参与的学校活动和对学校办学的了解。最后，他激动地说：“送孩子进行政管理学校是他不悔的选择。”

有家长表示：自从加入家委会这个大家庭中，尤其是深入学校的各项活动中以后，他们对学校的育人理念有了更深的认同，对学校的管理和教育教学等各个方面有了更多的了解。在这里，他们还找到了可以相互探讨、相互交流的同伴，遇到问题可以一起商量，不会再独自伤神。最重要的是，他们对孩子的了解多了，与孩子的沟通、互动也更加融洽了。

三、探索创新，拓展家庭教育活动平台和沟通机制，创新家庭教育指导服务实践

随着信息化时代的到来，家校沟通与交流途径也越来越多样化，家校联系也变得越来越便利。校园网、QQ、微信、QQ 群、微信群、微信公众号等新型的交流平台已运用到了日常的家校沟通中，家委会的工作方式也悄然发生了变化。

（一）打造家长部落

为了进一步拉近家校之间的距离，学校特地在官方微信公众号上开设了“家长部落”栏目。在这里，家长可以注册会员，可以在“家长社区”版块留言、发起专题讨论；也可以从“家委会”“家校互动”版块中，获悉家委会以及家校互动的最新

工作动态。

家长要与学校取得联系,可以在学校网站发送邮件,可以在学校官方微信后台留言,可以在家长社区发表意见,还可以通过QQ、微信、电话等多种方式与学校取得联系,实时互动。

(二) 网络会议大受家委会成员欢迎

2017年6月,学校召开了第三届家委会第五次全体大会,这是第一次大型的网络会议,主要通过微信群讨论、实现。会议以"校服升级改版"为议题,需要听取全体家委会成员的意见,是否同意校服升级改版。经过热烈的讨论,最终34名家委会成员中,32名同意校服升级改版,2名持保留意见。网络会议既避免了因工作忙,与会人数不齐的问题,也可以节省大家路上的时间。

家委会微信群是家委会成员最常用的沟通平台。家委会成员会在群里讨论最近学生的某种行为,比如玩游戏;或者反馈各班级群里关注度比较高的事情;或者反馈学校在某个方面可能存在的问题,并针对问题提出他们的建议。学校对家委会成员提出的意见或建议,也及时予以调查和处理,得到了家委会成员的一致好评。同时,学校也会及时发布学校家委会相关的工作、信息以及学校的一些重大事件和决策,保障家长对学校工作的知情权、参与权、建议权和监督权。这样实时的互动也激发了家委会工作的活力。

苏联教育家苏霍姆林斯基在《帕夫雷什中学》中提到:"儿童只有在这样的条件下才能实现和谐的全面发展,就是两个教育者,即学校和家庭,不仅要有一致行动,要向儿童提出同样的要求,而且要志同道合,抱着一致的信念。"不仅仅是儿童的教育如此,需要家庭教育与学校教育的一致行动,中职教育更是如此。

家校合力育人是一个永恒的主题,家委会是开展家庭教育指导服务的重要平台。虽然我校在家委会工作推动家庭教育指导方面已经摸索出一些方法,也取得了一些成绩,但我们深知这还远远不够。我们将继续认真探索,不断更新观念,创新工作方法,拓展工作途径,为孩子们的阳光、自信成长凝心聚力,实现家校合力最大化。

探索家教指导模式　凝聚家校教育合力

——开展“四个一”的“家长沙龙”活动

上海市第二轻工业学校　陆丽敏

我们在对学生的教育中发现，孩子的问题往往折射出家庭教育的问题。要帮助孩子必须帮助家长，改变家长的教育理念和教育模式。根据这样的理念，我校从20世纪90年代开始就非常重视家、校沟通与合作，形成了一整套家、校合作的制度体系。通过课题研究、问卷调查、创新实践等，开展了以“家长沙龙”为主要形式的家校互动、家庭教育指导活动，营造和谐平等的沟通氛围，对家长进行针对性辅导，引导家长创造和谐的家庭教育环境，形成教育合力。经过不断探索和改进，从2010年开始形成了较完善的“四个一”的“家长沙龙”活动模式，使家教指导工作上了一个新台阶。

我们在开展“家长沙龙”活动中做到了“四个一”，即一次调查，一种氛围，一项活动，一个共识。

一次调查——在对家长的调查中，跟踪热点问题，找准教育方向。

在“家长沙龙”前和“家长沙龙”中，广泛倾听家长对学校教育工作的建议，了解家长对学生成长发展的规划和要求，同时通过班主任了解家长在学生教育中的一些棘手问题，进行专题分析，找出家庭教育的热点，制订“家长沙龙”的学期活动计划，每次选择一个主题，有序开展家庭教育的系列培训活动。比如，如何与孩子进行有效沟通；如何引导孩子正确地与异性交往；如何引导孩子合理消费；如何给孩子立规矩；青春期孩子的特点和家庭教育；如何引导有攻击行为的孩子；引导孩子学会情绪管理；让孩子更好地适应中职生活等。

一种氛围——在温馨的环境中，放松心情，倾吐心声。

在“家长沙龙”中，创设和谐温馨的交流环境，设置一定的情景和温馨的环境，包括温馨的人文环境和物质环境。人文环境体现在周到细致的工作过程中，包括电话联系确认，细致的接待服务，真诚的沟通交流等。温馨的物质环境主要体现在场地的布置上。家长面向投影设备方向,围坐在一起,让人感觉亲切而温暖。

一项活动——在家长的参与中,找寻关键所在,指导教育方法。

"家长沙龙"是一项活动,家长在教师(主持人)的带领下开展。邀请家长和学生演说自己的做法和结果,所有出席的家长、学生和教师平等交流,在你我他做法的碰撞中,指导合适、正确的家庭教育方法。

活动分为热身、导入、展开、分享和总结五个部分。

每次热身活动,根据主题的需要精心设计,带领家长在轻松愉快中彼此认识、活跃气氛、激发兴趣、交流情感,使身心都投入到活动中去。

导入是热身的自然展开。主持人进行简单共情和小结后,引出活动主题。

展开是整个活动的主体部分,需要运用心理辅导的一些技术,如"家庭雕塑""情景扮演""空椅子技术""行为训练技术""放松技术"等。让家长(学生)在共同参与中,展示不同的教育观念和教育方法,直观地看到家庭教育的问题所在。

分享和总结是整个活动的落脚点和画龙点睛之处。情景表演结束后,主持人引导家长讨论问题,可以分组讨论,也可以自由回答。然后主持人对沙龙的主题进行总结,指出刚才的情景演示和观点哪些是正确的,哪些是有问题的,问题出现的缘由,家长应该从哪些方面了解孩子的情况,如何正确地教育、引导孩子,配合学校做好孩子的思想工作等。

以戒除网瘾为例,沙龙活动开始,家长们议论纷纷,各讲各的做法。在大家的争论声中,主持人邀请家长和学生代表分别表演自己是如何与孩子沟通的。通过观看演出,家长往往若有所悟:孩子上网成瘾,可能和家长长期与孩子的沟通交流不畅有关。主持人顺势引导:每遇到一件事,先平等地倾听孩子的诉说,然后从自己的感受和评价,指出孩子的问题所在,再先易后难地提出要求,在尊重的基础上,促使他改变。戒除孩子的网瘾,可以分四步来做:第一步,了解孩子上网做些什么;第二步,陪同孩子上网做些事;第三步,尝试在家让他上网;第四步,逐步限制上网的时间和次数。

一个共识——进行跟踪辅导,指导家庭中的主要家长形成科学家教的共识,营造和谐的家教氛围。

"家长沙龙"活动后,针对个案实际,进行跟踪辅导。我们走过了学生个别辅导、家长辅导和家庭辅导三个阶段,发现家庭辅导的效果优于仅对某个家长的辅导。于是,我们逐渐朝家庭辅导的方向转变,先是与孩子及其主要家庭成员进行个别沟通,然后请他们坐到一起,达成共识,共同努力营造和谐的家庭氛围。

此外,我们还开展各种形式的家校互动。召开家委会,向家长介绍学校教育的措施和目的；设立教学开放周，请家长走进学校听课；成立家长志愿者团队，参与学校文明督导；开展公开的主题班会；开展亲子拓展等，增进了家庭和学校关系的和谐，增进了孩子与家长关系的和谐，增进了家庭教育的和谐。

“家长沙龙”活动在创新家校互动模式的同时，也提高了家长参与的热情。

“家长沙龙”主题针对性强，交流平等，形式上机动灵活，氛围上温馨和谐，改变了传统的家长会上“一个人讲，多数人听”的模式，还原了家校联系中家长、学生的主体地位，提高了学生、家长参与的热情，进而实现学生、家长、学校的有效沟通，受到了家长的欢迎。

从2010年开始常态化，“家长沙龙”平均每年举办6～8期，家长的出席率越来越高，参与的家长越来越稳定，有的家长连续参加好几期，常常是沙龙活动结束时间到了，家长们还意犹未尽，围着辅导教师咨询，或者留下联系方式，以求更进一步的指导。

“家长沙龙”活动在帮助家长了解职业教育的同时，也提高了家长对职业教育的信心。

“家长沙龙”以互动的形式向家长普及教育学、心理学知识，指导家长改进教育方法。“家长沙龙”也展示学生才艺，帮助家长了解孩子的成长和学校的专业发展。一次烹饪专业“成果汇报”主题沙龙，家长们看到一盘盘精致的菜肴、一份份精美的糕点、一朵朵雅致的蔬果刻花，看到孩子在制作糕点、烹制菜肴时的那份认真劲儿，当场就流下了热泪。“我的孩子长大了，懂事了。”“今后我们一定支持孩子的专业技术练习。”不仅给孩子树立了专业学习的信心，也争取到了家长对学校专业发展的信心和支持。

“家长沙龙”活动在提高家长科学家教能力的同时，增强了家校教育的合力，使孩子得到更快、更大的进步。

根据调查发现，凡是参加过“家长沙龙”的家长都不同程度地改变了对孩子的认识、对学校教育的认识，家庭教育方式有了变化。有些学生本打算退学的，经过辅导，在家长的配合下继续学习并顺利毕业，有的还考入高一级职业学院学习。我们深深体会到，家长的支持与合作以及家庭教育能力的提高，是学校教育得以成功、孩子能更快更大进步的基础和关键。

习近平总书记在2015年春节团拜会上强调：我们都要重视家庭建设，注重家庭、注重家教、注重家风……使千千万万个家庭成为国家发展、民族进步、社会和谐的重要基点。我们将牢记总书记的嘱托，进一步提高对家庭教育的认识，不忘初心，继续前行，不断探索和努力，为推进国家发展、民族进步、社会和谐贡献我们的力量。

爱“怨”交加的手机情缘

——利用心理咨询平台，做好家庭教育工作

上海市工业技术学校　郭顺清

教育可以分为家庭教育、学校教育、社会教育三大板块。其中，家庭教育是基础，学校教育是重点，社会教育关系着学生未来发展的方向。家庭教育与我们的关联是最密切的，因为我们最先接受的教育便是家庭给予的。学校在为学生传授知识的同时，应该作为一个中间部门，使家庭教育、社会教育实现融合。

在现代科技高度发达的当代，手机已经成为社会关系交流的重要工具，本文的三个案例亦都与手机有关，颇可以作为当代学生人际交往方面的典型。

一、编排心理短剧，强化感恩教育

案例 1：学生小军为了追求一名女生，在寒假回老家期间，要求经济困难的单身父亲为自己购买最新款式、像素高、内存大、屏幕宽的手机。小军的父亲是上海某建筑工地的临时工，工资不高，还要赡养父母，无法为小军购买这样的手机。无奈之下，小军的父亲找到非法的地下牵线人，在家乡非法卖血两次。而在回到建筑工地后，小军的父亲因没有休息就开始加班，最后晕倒在工地。

由于小军要在医院照顾父亲，连续三天都未到校。班主任多次与小军电话联系，但小军总是支支吾吾，不肯说出原因。后班主任打电话与小军的父亲联系，才了解到情况。班主任将情况汇报给学校，并与心理辅导教师一同到医院找到小军的父亲，进行了一次特别的家访，揭开了一段关于手机的“孽缘”。

辅导流程：发现案例—了解案例—辅导案例—家庭咨访—编排心理剧（自编、自导、自演）—家长参与。

心理辅导与效果：

(1) 打开关于手机的心结。面对面访谈，引导学生提高认知水平，接纳自己，接纳父母，接纳生活本身，并对将来的美好生活充满希望，努力提升自己。在

学校,同学们可以通过考证、做志愿者来提高自己的能力,为以后的生活创造条件。小军在老师的开导之下改变了自己。

(2) 升华情感,感恩教育。将事件改编为心理情景剧,参加校级创作演出,对学生进行感恩教育,扩大教育的影响面,提高家庭教育指导的成效。

二、利用微信、QQ 交流,协调家庭关系

案例 2:学生小雯是非沪籍家庭子女,母亲是小学毕业,父亲在意外事故中丧生。母亲平时以做钟点工维持生计,经济并不宽裕。小雯平时经常要母亲买这买那,但母亲常常不能满足小雯的要求,因此小雯对母亲有很多的怨恨,心里也瞧不起母亲。母亲不擅长表达自己的情感,与小雯基本不说话,母子关系僵化。

小雯在学校上课时常常睡觉,作业也不能完成。班主任多次打电话给小雯的母亲,可电话中传来的永远是"您拨打的电话正在通话中"。后来,班主任通过家校通讯录找到了小雯的姑妈,通过孩子的姑妈,才联系到小雯的母亲来校面谈。谈话中,小雯的母亲多次说到由于自己文化程度不高,因此孩子看不起她,不准她来学校,还偷偷将母亲手机中班主任的电话号码加入了黑名单,并将母亲的 QQ 号退出了班级群,切断学校与母亲的联系。

由于母女间交流有困难,班主任分别让母亲和孩子给对方书写了一封信,让二人在不见面、不起冲突的情况下互相倾诉。在班主任的开导下,母女二人都在信件中了解了对方,并找到了解决问题的方法。

辅导流程:了解案例—辅导案例(学生 QQ、书信交流,母亲微信、书信交流)—自我反思—自我成长。

心理辅导与效果:

(1) 培养学生的换位思考和理解能力,走出自卑。

(2) 重塑妈妈的角色与责任,告别自责,强化母亲教育能力。

(3) 学生通过书信向心理辅导教师进行倾诉的过程中,焦虑得以消除,自信得以恢复。不管是借助微信、QQ,还是书信,可以自在而轻松地抒发内心的情感,重新树立解决问题的信心。现如今,微信、QQ 已经成为沟通心理辅导教师与学生的桥梁,成为来访者探索自我成长方式的重要手段之一。

三、表情包制作,正面引导交流

案例 3:学生小飞偷偷拍了一张女生君君的照片,做成了手机的表情包,上传到班级 QQ 群。其后,君君的表情包又被其他同学转发到更多的群。君君觉

得自己被侮辱,便把这件事告诉了好朋友——隔壁班级的女生丽丽。

丽丽为君君抱不平,于是又把这件事告诉了同在一个班级的好友小健。小健联系了五个"好朋友",打算在周末回家的路上"教训"一下小飞。

然而,小健正打电话和"好朋友"商量如何"教训"小飞的时候,同寝室的小陈听到了他们的计划。小陈感到很害怕,不知道"该不该汇报老师"。

正当小陈犹豫不决时,小陈的妈妈来短信询问小陈周末回家是否需要接送。于是,小陈便将小健几个人的"周末特别计划"告诉了妈妈。接着,小陈的妈妈及时联系了心理辅导教师。一个表情包引起的误会也由此被揭开。

最后,小飞认识到自己的行为是对君君的不尊重,当面向君君真诚赔礼道歉,并在班级的QQ群里撤销了表情包。丽丽、小健也认识到了自己的冲动,了解到"冲动是魔鬼"的道理。

辅导流程:发现问题—解开心结—因势利导—改变认知。

心理辅导与效果:

(1) 及时多方沟通,避免事态恶化。由于心理辅导教师及时与君君、丽丽、小飞、小健沟通,才避免了一场闹剧。同时,丽丽也学会了以更好的方式帮助他人。而心理辅导教师则多次与小健谈话,对小健进行了沙盘与行为认知的心理干预,使小健告别了冲动,在心理上有所成长。

(2) 善于利用科技解决问题。许多教师害怕学生使用手机,但是学生使用手机是时代发展的趋向,这是不可回避的,相反要以积极的心理方式处理。我校教师利用手机组织学生开展"与好心情做朋友"系列手机表情包活动,优中选优,整理了18个最受欢迎的表情包推送到家长群共享,包括"合作、自信、宽容、孝顺、理解"等主题。通过这样的活动,家长也改变了看法,明白手机的价值主要取决于社会对手机使用的引导。

与手机相关的故事还有很多,我们的教育也因时代的不断发展而永远在路上。我们将始终担负起家庭教育指导工作的重任,与家长携手,时刻为学生健康成长保驾护航,为千万家庭幸福美满加油助力!

“E”路同行，一路同心

——“互联网＋教育”背景下中职家校教育共同体建设

上海市南湖职业学校　杨　柳

一、案例概述

“互联网＋教育”就是利用信息通信技术以及互联网平台，让互联网与教育进行深度融合，创造新的发展生态。它代表一种新的教育形态，即充分发挥互联网在教育资源配置中的优化和集成作用，将互联网的创新成果深度融合于教育之中，提升全教育的创新力和有效性，形成更广泛的以互联网为基础设施和实现工具的教育发展新形态。

“家校教育共同体”就是学校与家庭基于共同的教育目标，组成共同承担责任，有效双向互动，紧密联系，合作共赢的教育团队。目标一致性、内容互补性、实施合作性、地位平等性是这个共同体的基本特征。

我校基于“互联网＋”的家校共育共同体建设，依托网络将微信公众号、校园网、中职易班、晓黑板、QQ群、微信群等新型家校沟通交流工具，与传统的家长会、家长开放日、家长学校等家校沟通方式很好地进行了融合，使得更多家长参加家长学校，参与学校活动。更多的家长积极参与专题培训和家庭教育咨询活动，对自身人才观和教育方式进行反思，改善了教育方法。教师与家长随时可以沟通，家校共育互动变得更为生动、真实、务实。教师、家长也拉近了距离，大家目标更明确，劲也往一处使，家校同行同心，有效推动了学校教育的发展，提升了教育成效，促进了学生的发展与成长。

二、目标与内容

（一）研究的目标

（1）形成基于“互联网＋”适合中职校的家校教育共同体建设的路径；

(2) 形成基于“互联网+”具有成效的家校共同体建设策略。

(二) 研究的内容

(1) 微信公众号、校园网、中职易班、晓黑板、QQ群、微信群等家校沟通交流工具的建设与应用分析;

(2) 分类互补的家校共育内容的梳理与分配;

(3) 落实家校共同体建设的实施方法、操作规程、实施策略的研究。

三、过程与方法

本案例研究以行动研究为主,通过行动,形成经验与共识,探索方法与规律。此外还采用调查法,包括问卷、座谈、访问,充分了解教师、家长、学生的真实想法和感受,不断分析事实情况,据此形成工作改进的要点与策略。

(一) 基于“互联网+”适合中职校的家校教育共同体建设的路径

在案例实施推进过程中,学校将微信公众号、校园网、中职易班、晓黑板、QQ群、微信群等新型家校沟通交流工具与传统的家长会、家长开放日、家长学校等家校沟通方式很好地进行了融合,形成了形式多样、便捷易行、常态化的家校教育共同体建设的路径。

1. 建设功能强大的学校网站,实现家庭教育资源共享,打造家校共育的共同家园

近年来,学校加强了学校网站建设,有针对性地设置了学校网站的版块。校园网不同的栏目版块侧重点不一样,但无一例外都充分发挥了学校网站教育、信息共享及家长指导的功能。

比如,“德育天地”栏目让家长及时了解学校的相关活动信息,提高了家校共育的配合度;“心理辅导”栏目让家长知晓学校心理健康教育的活动和内容,提高家庭教育工作的参与率和家教知识传播的信息化程度,实现家庭教育的有效指导;“实习指导”栏目将实习管理制度等及时在网上发布,让家长提前了解相关政策,配合学校做好学生的实习指导等。

2. 学校、家长、学生共同参与,打造便捷而丰富的南湖微信公众号,有效补充学校网站的功能

学校利用微信公众平台推送关于本校招生就业、学校活动、素质教育、校园文化等方面的最新资讯信息,实现学校信息的发布和品牌的传播。同时,学校还会通过微信公众号“问政”于家长,征求家长对学校某些教育教学工作的意见与

建议，取得家长的支持。我校将南湖微信公众号打造成家校合作的项目，同时制作成微网页，家长可以直接留言、评论，后台也会第一时间回复家长，实现家校联系的空间时间零障碍。

在2017秋季招生启动时，我校第一次尝试在公众号推出专业面试，指导家长和学生在公众号上就可完成面试题的答题及提交，大大提高了面试效率，极大地方便了学生和家长，得到了学生和家长的大力拥护。

3. 拓展应用中职易班、晓黑板、QQ群、微信群功能，实现家长与班级的双向互动，引导家长参与班集体建设

"中职易班"是在教育系统内构建的学校教育、社会教育、家庭教育三位一体的，不受时间、空间的限制的交互式信息沟通平台。"晓黑板""QQ群""微信群"则是由班级直接组织建立的更为直接的沟通交流平台，通过拓展应用这些功能，家长可以在第一时间了解关于子女的成长信息。班主任既可根据每个学生的实际情况进行有"针对性"的信息发布，又能及时传达学生家长普遍关心的事情，还可以向家长及时发布"平安短信""向家长提供教育方法"等必要信息。家长也可通过相同途径给班主任、校领导留言，继而实现家校之间的双向互动，对家校合作有着相当大的促进作用，是家校教育共同体最常用的沟通交流平台。同时，通过这些拓展应用，家长还可以及时参与班级事务的讨论决策中，在家校共育中发挥主人翁的作用。

有个班主任分享了这样一则小故事：组班之初，班级学生因为专业的需要，建议购买统一的厨师服。班主任意识到这是引导家长参与班集体建设、参与班级管理的绝佳时机，于是在班级微信群告知了这件事，希望家长们群策群力，提出好建议。班主任原以为家长们会说"老师您看着办吧"，谁知家长们的反响异常热烈，大家纷纷上淘宝、找链接、货比三家，虽然中间出了点小插曲，但在班主任及时的指点下，家长们很快达成了一致意见，在极短的时间内就定下了服装的款式、价格，出色完成了孩子中职生涯第一课的家长答卷。班主任感慨：职校孩子的家长只要给对平台，多加指导，一样是班级管理的有力配合者。而这样迅速有效的沟通平台非"互联网+"莫属。

4. 发挥网络环境优势，创建网络情景式家长会

家长会是传统的家校联系方式，我校以"发挥网络环境优势，创新家长会模式"为突破口，针对传统家长会模式单一的弊端，集思广益，积极构建多元互动的家长会模式，提高家校联合育人的效力。

有的教师将学期末的教师报告会依托网络情景进行创新，运用班级多媒体

设备,演示家长会流程、班级情况细节等;有的班级还将平时学生在校的学习、生活情况做成视频播放给家长看,以既直观又生动的形式让家长了解班级和认识学生,全方位见证孩子的成长。

家长们赞叹:家长会开得多了,初中乃至小学阶段孩子的家长会,多数是老师的告状会,迫于无奈而参加;如今的家长会不仅形式不多见,更多的是我们从这里看到了孩子的成长,我们家长的背脊也能挺直了。这样的家长会,我们喜欢!

(二)基于“互联网+”具有成效的家校共同体建设策略

基于“互联网+”具有成效的家校共同体建设创建了四方家校信息交流平台,成为家校合作开展教育工作重要的纽带和桥梁。

1. 网络交流

通过校园网、微信、晓黑板、QQ群等形式,教师给家长写信息;家长可以与教师进行沟通;家长之间也可以通过网络互相通信,交流教育子女的心得。

2. 家长互助交流

充分运用家长的教育资源,由家长自愿结合,通过微信、QQ群建立家庭教育研究小组进行互助活动,其目的是以小部分家长带动更多家长参与到家校共育工作中来。

3. 家校座谈会交流

家校座谈会增进了了解和沟通的渠道,也是进行家长培训的有效形式。不定期地组织专题性、讲座式、展览式、表演式等形式的家校座谈会,相互促进、相互了解,增强家庭教育与学校教育的互补性。

4. 家校互访交流

家长与学校的沟通是双向的,确立家长来访制度和教师家访制度是很有必要的。学校每学期确立一天家长来访日,让家长与教师进行充分的沟通和交流;班主任和其他教师在家访时也应做到因材施教。

四、成效与展望

我校基于“互联网+”的家校共育共同体的形成,使得教育摆脱了时空等因素的限制,经过多年的探索实践,在家庭教育指导、家校共育方面取得了一定的成效。

(一) 促进家校共育的多维度一体化，家长的教育主体责任得到有效回归

通过及时、有针对性的互动合作，家长的教育主体责任得到了有效回归。他们深刻认识到，家长与学校的积极合作，既是做父母的责任，也是孩子健康成长的要求，应该成为每一个家长的自觉行为。

1. 促进了家校联系一体化

目前每周通过微信群、QQ群、晓黑板等平台与班主任联系的家长占75%以上。学校管理和教育教学更加透明，家校联系由原来学校"单向作用"转向"互动合作"，家长问卷满意度的比例不断上升就充分说明了这一点。同时，家长与学校的配合率与日俱增，很多家长从前忙于工作，认为孩子上了学，教育就是学校的责任；或干脆家庭教育缺失，对孩子不管不问。现在，很多家长能够主动与教师联系，并配合学校和教师共同教育孩子，形成合力，共促学生发展。

2. 促进了教育内容家校一体化

学校更多地借助微信公众号、校园网，班主任更多地借助中职易班、晓黑板、QQ群、微信群等教育网络平台，提示家长及时浏览校园网及易班，向家长介绍学校的办学理念、教育教学相关内容，使家长在繁忙的工作之余也能对学校的教育教学内容了如指掌，配合学校同步开展教育。家长对孩子的关注度明显提高，之前，部分家长只简单关注孩子的分数或者连分数也不关注，而今，家长更多地关注到了孩子的学习过程、孩子身上的闪光点以及全方位的发展，这是一个观念上的进步，也是家长自身的进步。

3. 促进了教育理念家校一体化

基于"互联网＋"的家校共育共同体建设，使得教育摆脱了时空等因素的障碍，能够及时发布信息、传递资源、共享资源、互动交流。教师与家长可以随时沟通，从而促进教育理念一体化，家长教育理念得到较大转变。特别是我校部分家长为外来务工人员，教育观念相对陈旧，对孩子所付出的心力和时间极其有限，教育方式也比较单一。通过"互联网＋"家校合作措施的实施和渗透，家长们多数认识到了自己的教育问题，对孩子的陪伴投入以及教育方式方法都有明显的改观，家校共育互动变得更为生动、真实、务实。

(二) 有力激发家校共育合力，进一步促进和谐育人

在"互联网＋"时代，家校合作共育的密切程度，更有利于一个班集体良好班风和学生良好学风的形成。

1. 家长从旁观者转变为班级管理的直接参与者,有力推进了良好班集体的形成

在以往只有面对面的家校联系时,班主任们常常会遇到困扰:家长对孩子的班级管理的情况了解得很少,能提出管理建议的更是少之又少。有些家长即使有心了解,也会囿于时间、空间的限制,不能参与或不能及时参与。基于"互联网+"的家校共育共同体平台的即时性、高效性,以及多方交流的便捷性,使得这些问题迎刃而解,家长越来越愿意参与到班级管理中来。

每学期开学之初,班主任利用微信群、QQ群、晓黑板等平台组织家长一起讨论班级管理工作的看法与计划,让新学期的班级管理工作顺利进行。组织家委会成员定期对班级管理工作进行监督,发现问题时能及时讨论解决。让每一个家长切身参与到班级管理工作中去,家长从旁观者转变为班级管理的直接参与者,有力推进了良好班集体的形成。班级管理在顺畅的家校沟通中变得从容淡定、和谐愉悦。

2. 乐做家校沟通的桥梁,学生自主意识提升

在大多数学生和家长的心目中,如果哪一天班主任说"明天叫你家长来学校一趟",基本就是不祥之兆。在家校沟通正式开始之前,家校沟通双方已经有了一定的隔阂。现如今,除了形式新颖的家长会、家长接待日之外,基于"互联网+"的家校共育共同体平台却成了学生和家长欢迎的沟通方式。在这个平台上,家校沟通、家长与孩子的沟通更多地体现了尊重与平等,甚至有时家长可以免去尴尬,畅所欲言。而学校和教师在这个平台上更多的是展示孩子成长进步的点滴,有些家长在生活中吝于对孩子的一句赞扬之语,但在微信、QQ等平台上却是经常点赞,这无形之中也大大激发了学生的自信,融洽了亲子关系。因此,学生们也更乐于在这样的平台上做家校合作沟通的桥梁。

比如,邮轮班的小刘同学,在长春上初中时,是个问题学生,曾殴打初中的教务老师,且在东北留有案底。从小到大,小刘一直跟着奶奶和爸爸生活,她常常自暴自弃,觉得自己学不好。小刘的妈妈是单位的领导,整天很忙,两人之间的沟通非常少,交流也是简单粗暴命令式的。班主任多次建议家长选择适当的教育方式,在孩子面前要学会示弱,进行有效沟通。特别是采用家校平台互动方式后,班主任更是经常有意识地向小刘的妈妈晒晒孩子的点滴进步,让小刘的妈妈"随手"点赞。经过一段时间,小刘的妈妈兴奋地告诉班主任,说这一招特别有用,孩子居然变得愿意和自己说话了!

同时,学生自己也可成为班级自媒体的发言人。学生可利用易班及其他班

级公共账号，分享学习与生活，学生自主意识不断提升。这些，对于建立良好的班风学风，形成优良的班级精神，都起到了良好的催化作用，同时也凝聚了班级师生乃至于热心家长的人心。

总之，网络技术发展的今天，基于"互联网+"的家校共育共同体平台已成为学校管理、班主任工作专业发展的摇篮及师生、家校和谐温暖的交互平台。在教育中我校会继续充分利用这种优势，通过家校合作共育，实现教育的高效性，让互联网能真正成为每个南湖学子生命中的加号。

春风化雨润心田

上海市经济管理学校　潘丽虹

万物生长，那是因为生命有了珍爱的阳光；天地不荒，那是因为生命有了珍爱的力量。每个学生，都要经历一段痛苦挣扎的过程，既需要原生家庭的温暖和照顾，也需要学校教师的关心和爱护。这时，家长、教师的爱就如春风，能滋润心田，润物无声，能让他们在呵护中茁壮成长，让他们在关爱中青春飞扬……

蓝色——我想你是迷路了

我班有名学生小C(化名)，在新生报到的那一天，以一头棕色的头发和一双湛蓝的眼睛给我留下了深刻的印象。他，是一名中德混血儿，也是一个能说会道、诙谐幽默的大男孩。军训期间，爱讲笑话的他，在那个炎热的夏日仿佛为全班同学带来了一丝舒适的凉风，吹走了炎热，驱散了劳累，甚至忘记了疼痛。原本以为小C是班级的“开心果”，可是正式开学后发现，他可是一个不折不扣的“惹事精”。英语课上不认真听讲，和邻座同学开玩笑，是他；数学课上抱着书包呼呼大睡，也是他；德语作业抄袭，对老师的批评一副不以为然的样子，还与老师“讲理”，又是他……刚开学几周，我多次找他谈心，为他开导，对他的违反校纪行为进行批评教育。在某一个特定的时间段里，这种教育方式是有效的，然而，没过多久，他又旧病复发。由此看来，我的工作还没有走入他的内心深处。

经历了谈心失败之后，我对他的教育进入了迷惘期。有一天，我偶然在一本杂志上看到古希腊医学家希波克拉底说过的一句话：“了解什么样的人得了病，比了解一个人得了什么病更为重要。”为此，我想换种教育方式，从各个层面了解他，走进他的心里。

一天放学后，我乘办公室无人之时又一次将他找来。他开始表现得有些惶恐，显得手足无措。为了缓解紧张的气氛，我只是笑着谈他喜欢的电影，扯些家常，“天气冷了，要及时添加衣服。看你，还穿着一件短袖加秋季校服，小心着凉啊！”慢慢将话题引到他的行为问题上来。我开始问：“最近怎么老是在上课时睡觉，是晚上睡得太晚吗？”“不是，是我晚上总是睡不着。”他说这话时神情黯然。我又轻声追问：“为什么？”他几次欲言又止，还是没有开口说话，十五分钟之后，我打破了沉默：“不想说没有关系，等你想说时再告诉我吧。”“老师，我初三时得了抑郁症……晚上总睡不着……有过自杀的念头，那段时间看了心理医生，还吃药治疗……”话说得断断续续的，而且声音很小，但“抑郁症”三个字我听得十分清楚。

接下来，谈话进行得很顺利，他将埋藏在心底的故事一一讲述给我听。原来，小C是私生子，亲生父亲在德国已有家庭，回德国后再也没有联系他们母子，于是，他从6个月开始就被寄养在邻居家里。两年后，他的妈妈嫁给了美国人，生下了弟弟。又过了三年，妈妈改嫁德国人，现在她跟她的第二任丈夫以及弟弟生活在广州，而这个德国父亲跟他没有血缘关系。初三那年，妈妈告诉了他的身世，当时再加上友情的背叛，双重打击击垮了这个原本开朗、活泼的大男孩。从此，他封闭了自己的内心，不再相信友情、亲情，不再相信任何人。“老师，我觉得我是多余的，不应该来到这个世界上。”他痛苦地说着。“孩子，你是幸运的，寄养家庭的外公虽然跟你没有血缘关系，却像亲人一样疼你爱你呢！”我赶紧宽慰道。“是啊，外公是这个世界上唯一爱我的人，他现在60多岁了，哪天他不在了，我该怎么办啊？”说到这，他再也抑制不住感情，失声痛哭，泪如雨下……

金色——点亮你的心灯

小C走后，我的心久久不能平静，既为他的身世唏嘘不已，也为今后的教育寻找新的方向。针对这种情况，我认为只有和他的家长一起从思想、人生观等方面进行心理疏导，他才有可能走出心灵的雾霾，重燃生活的信心。

于是，我一方面请求学校心理辅导教师的帮助，为他进行心理辅导，另一方面，我拿起电话，打给了他远在广州的妈妈。当我诉说完小C在学校的表现以及可能有心理障碍时，小C的妈妈却表现得异常淡定，“老师，你不要紧张，我家孩子我特别了解，他经常拿抑郁症说事的。这次他又要吓唬你，目的是为了逃避学习的压力。没事的啊，你别担心！对于他的学习，我没有太高的要求，及格就好，反正中专毕业后我会安排他去德国的。”说完就挂了电话，好像很忙的样子。

那晚,我一夜无眠,"抑郁症""自杀"这些词反复出现在我的脑海,挥之不去。不行,我不能放任这样的学生不管,班主任的职责再次提醒我,我得再试试。于是,第二天清晨我又拨通了小C妈妈的电话。这次我先说了小C在班级里表现好的方面,再说到现在学生的心理问题日渐增多,危害性也越来越严重,并讲述了几个我曾经遇到的案例,最后建议家长暂时给他停几天课,安排他到广州与家人团聚,对他进行心理疏导。这次,小C的妈妈耐心地听我讲完,并表示会考虑。精诚所至,金石为开。一个小时后,我接到小C妈妈的来电,说是已经帮他订好了回广州的机票。后来,我再次见到这个孩子时,他的脸上露出了久违的笑容。

从那以后,我继续与小C的妈妈保持沟通,交流一些教育子女的方法。针对他学习动力不足的问题,我建议小C的妈妈要告诉他,去德国留学只能靠自己,不能靠其他任何人,包括家人。如果家里有在德国的亲戚或者朋友,可先让他们给他讲讲德国的学习环境和考核制度,让他明确学习的目的和方向。

在我的指点下,小C的妈妈渐渐地开始转变了思想观念,改变了对小C的态度。现在小C的妈妈每天和小C视频电话,向他询问学校里发生的事情,让他关心集体,关爱同学,劝说他融入温暖的集体中去,或者询问在学校里老师和同学对他的态度,让他明白除了家人还有许许多多的人都在关心他,爱护他,帮助他燃起生活的信心。小C的妈妈还每月来上海看他一次,不仅为他添置一些生活用品,新的服饰,而且在精神上给予他更大的鼓励,让他以积极的心态面对美好的生活。小C的妈妈还答应他每次寒暑假都能回广州与家人团聚,感受家庭的温暖。

同时,对于寄养家庭的外公我也做了相应的沟通和教育指导。我把小C情绪不稳定的情况及时告知他,并建议他抽时间多陪陪孩子,不仅是生活上的照顾,更重要的是思想上的关心和爱护,平时要多跟他聊聊天,多和孩子进行户外活动,让他保持愉悦的心情。60多岁的外公和我交流时言语不多,但每一句都透露着对孩子的关爱,以及今后更加悉心照顾的决心。

彩色——破茧后的美丽

那么,如今的小C同学有何变化呢?他情绪稳定,自信开朗,学习进步。我们一起来看几个校园生活片段吧!

镜头一:

晚上七点,教学大楼四楼商务系的楼道里异常安静,唯独16017班的教室里还亮着灯，里面传来几个学生的讨论声。原来，小 C 和班长、宣传委员正在为温馨教室的评比活动做准备工作呢。

镜头二：

随着一声清脆而响亮的口哨声，一场扣人心弦的拔河比赛开始了。商务系参赛队员紧握绳子以排山倒海之势向后倒去，一个个咧着嘴，鼓着腮帮。眼看着只剩下半米了，大家一鼓作气，把对方拔了过来，最终，我系赢得了比赛。原本，小 C 因为有腿伤没有报名参加这次比赛，但是看到我们系落后，便在决赛时挺身而出，毅然换下个头比他小的同学，站到了队列的第一个，为我们系争了光。

镜头三：

学业水平考后的第一个早自习，班内洋溢着轻松、欢乐的气氛，大家互相诉说着考完试后的娱乐活动。突然，教室里一片安静，十几双眼睛一起望向教室门外的小 C，他右脚打着石膏，穿着拖鞋，手拄拐杖，艰难地走进教室。有同学说："学业水平考都考完了，你还来干嘛，脚伤了就在家好好休息吧！"他笑了笑："没什么大碍，我能坚持，还要期末考试呢！"接下来的两周，他每天都准时到校，期末考试成绩也比原来提升了 5 名。

小 C 的不良表现主要来自家庭的特殊、家长的冷漠、关爱的缺失。一个学生往往能够折射出一个家庭的状况，每一个学生的成长都离不开良好的家庭环境，所以要想解决学生的不良表现，就要从他的家长入手。

上述案例中，一开始我对小 C 的表现有些愤怒，努力尝试着用批评教育的老方法帮他扭转过来，可是效果不能长久。原来他的这些表现和他的家庭环境是密不可分的。在了解他的家庭情况之后，我调整了教育方法，一方面建议家长给他更多的关心和爱护，对他进行积极的心理干预与指导；另一方面，时刻关注学生的心理变化，加强对他的心理监护，激发他的兴趣，让他找回自信，重拾信心，使心理健康发展。

冰心老人说过："情在左，爱在右，走在生命的两旁，随时播种，随时开花。"班主任对学生的关爱，犹如春风化雨润无声，能激发学生的潜能，净化学生的心灵，让他们鼓足勇气，扬帆起航，驶向理想的彼岸。

让家庭更有温暖，让未来更有方向

上海市宝山职业技术学校　黄鸣宇

如今中职和高职分别占据我国高中阶段教育和普通高等教育的“半壁江山”。以上海为例，从 20 世纪 90 年代中后期上海市中职学校招收本市户籍全日制初中应届毕业生，到后来逐步扩招一部分成人中专学生（含上海本地生源和外地户籍生源），再过渡到现在的同时招收在本地参加中考的本市户籍生源学生、外来务工随迁子女（享受国家助学政策）、成人中专学生（含在上海参加过九年义务制教育，以及在外地中小学就读后再转来本市就读的外地户籍学生）。随着时代变迁，学生生源的不断变化，也造成了我们在开展学生家庭教育指导方面的种种变化。为此，我们也在实践过程中，不断地尝试探索新的教育改革之道。

【案例一】　女生小 A 的故事

小 A（化名）是我校成人中专班学生。入校时，小 A 留给大家的印象是：长相甜美，为人活泼，擅长绘画，聪明开朗，文笔不错。军训时，她踊跃自荐负责宣传板报，继而担任了班级宣传委员，工作表现出色。

一个节假日的清晨，我突然接到小 A 的母亲打来的电话。原来小 A 昨天与家长产生矛盾，离家出走了！小 A 的母亲恳请我们帮忙一起寻找孩子。

放下电话，我赶紧打开班级 QQ 群，联系学生们一起寻人。中午时分，有女生打电话来说找到小 A 了，现在人就在她家。我连忙和小 A 通话，经过一番谈心，她终于答应回家。下午，小 A 的家长打来电话，确认孩子已经到家，我才暂时放下心。

几天后，我专程赶到小 A 家进行家访。一是为了更好地了解上次事情的始末，二是为了协助家长一起，仔细分析小 A 的心路历程，看看能不能找到防微杜渐的好方法。

当我敲开小A家的房门——位于老式沿街居民楼内的一套住房。小A的母亲带我进入其中一间，并面露难色地说："老师，不好意思，这里是群租房。我们全家四口人都住在这一间房间里。"此时，我才看见小A，她正一个人默默低着头，蜷缩在卧室一侧布帘后的小板凳上。

原来，小A离家出走并非第一次了。她是家中唯一的非上海户籍（由于属超生人口，父母当年就将她落户在外地亲戚家）。为了今后升学打算，小A在上海读完小学后，就被送去户籍所在地就读初中。远离父母后，她与家人交流的机会愈发少了，也渐渐对学习失去信心，甚至和同学发生了冲突。所以，在一次次严厉批评甚至责打之后，她选择了逃离，只身一人悄悄乘车返回上海，并坚决向家人表示：再也不要去外地读书了！长期对峙之后，家长只得草草安排小A借读于本区一所初中。她开始变得自暴自弃，和周围一群不良少年混到了一起，甚至还学会了抽烟。每当被父母严厉批评甚至打骂之后，小A不是选择离家出走，就是选择自虐（在她的胳膊上，至今留有划伤和用烟头烫伤的疤痕）。进入中职校以后，全家人能感觉到她变得开朗了，也会聊聊学校里的事。但那天晚间，在与家人产生了一些小争执后，她就拿上衣物和洗浴用品，佯装去外间的合用浴室洗澡，还故意把淋喷头开得很响，自己则悄悄溜出了大门……

在弄清了小A的经历之后，我感到在她身上，确实存在很多心结。回校后，我另找机会约谈了她。原来，她觉得父母只喜欢哥哥，自己在家就是累赘。而抽烟是她在初中就学会的，想马上戒掉有点难，但她愿意试试看。平时在家，由于父母年纪都大了，和他们沟通比较费力，而且他们总是早出晚归打理菜场生意，无暇顾及她。爸爸每天凌晨出门进货，她常常被吵醒，睡眠质量很受影响。妈妈每天白天照顾摊位，回来后陪宠物狗的时间，总感觉比陪她要多。家里有好吃的，妈妈总是先想着哥哥。爷爷奶奶家的动迁安置房又远在浦东，考虑到一家人的工作和学习实际，立刻搬过去也不现实，所以只能继续租住在这里。

同样是花样年纪，班里有的孩子住在复式房里，生活条件优越，父母各种宠爱。而小A从小就要面对很多同龄人所不能理解的问题。家庭生活的现状也许一时之间难以改变，但父母教育方式（小到一个眼神、一句话语、一种态度）的转变，却是十分必要的。我告诉家长："想要教育好孩子，必须了解孩子在想什么，所以你首先要能成为她的朋友。"为此，在前期家访的基础上，我又跟小A的父母进行了数次电话沟通（因为年龄的关系，家长对于网络交流并不擅长）。其间，我跟他们谈到了关于换位思考的问题，以及如何从衣食住行，到学习、锻炼、心理、健康等多方面，对孩子加以培养和疏导。关于平时家人和小A交流思想时的语气和态度,我也提出了以下建议。

青春期少年,格外渴望得到外界的认可和尊重。当家长确实因一些状况需要批评孩子的时候,务必要解释是因为什么具体的事由,并要让孩子在接受批评的同时,了解家长对她发自内心的关心和爱护。今后倘若再遇到孩子和家长有明显矛盾冲突导致离家出走的情况时,不要或极端打骂,或无原则让步,而应先冷处理,让她能在顺利返家后,先正常到校上课,待她平静下来后,再细细了解她的想法,是苦闷,抑或诉求?如果家长和她的关系依旧紧张,可考虑让哥哥出面,跟她更好地进行交流。如果依旧无果,可以寻求学校或周围邻里朋友中,对她比较有话语权的人,尝试交流、引导她更好地调整心态和做法。

此外,要多发现孩子的亮点和长处,赞许时要有技巧,批评时要讲原则。不迁就、不放弃,她才有继续前行的动力和可能。所以,我在开家长会时,有意识地让小A同学以班委身份,出好迎接家长的黑板报,并安排她参加专业技能展示。让她在众多家长面前,展示自己进校后所学的新技能,增强自信心。同时,我还请班里其他学生家长现身说法,谈谈家庭教育的成功事例。关于如何管理和约束小A的作息时间,尤其是外出、交友等问题,我也给家长出谋划策。正巧,当时小A的哥哥也面临择业问题。在家长的期望下,小A的哥哥如愿在居住地所在派出所里谋到一份临时工作——负责路口、小区监控。严格的家庭教育和日常校内外的监管——双管齐下,也使小A的父母内心里有了更多的安定感。这样一来,就不愁小A再出现离家出走的情况了。

同时,我也利用课余时间,经常和小A交流,侧面了解家庭教育的进展情况。在校内,督促小A严格禁烟;回家后,这个监管的责任自然落在了家长的身上。在班级工作方面,总是尽可能多地给予她鼓励,表扬她的长处;在专业课学习方面,她乐于助人,学习也很勤奋;在参加学校组织的各项文体活动中,她积极参与,并获得了一些荣誉。我及时将小A的点滴进步反馈给家长,并请家长平日里要多多表扬这个小女儿,避免简单粗暴的惩罚模式,让她感受到家庭的关爱。正巧班里有几个学生和小A家住得比较近,有的还曾是她的初中校友。我就以此为契机,建议她们成立互助组。小A的专业课学习能力优于同组其他学生,我就特意给她安排了校外"小师傅"的任务,无论是文录练习,还是软件操作等,她都亲力亲为地去帮教"邻居"同学。同组里有的学生因父母离异,平日与祖辈居住,小A就热心地当起"班级志愿者"。同时,其他组员负责监督小A是否还存在校外吸烟问题。渐渐地,互助组里几个学生的家长之间也熟悉了起来,有什么情况,家长之间会及时联络,遇到教育困惑的时候,除了偶尔打电话咨询老师外,家长也会互相商量,并找到行之有效的解决方法。后来,每逢周末或假期,小A也愿意主动帮父母分担一些家务和菜场里的临时工作。就连遛狗，小A也乐意陪妈妈一起去，边走边聊，母女俩的隔阂渐渐变少了……一年来，小A的父母终于想明白了：忙生意不是生活的全部意义。所以，他们还特意带女儿去旅游了。

到了实习期，小A顺利自荐到一家房地产装潢设计公司。我去企业探访的时候，公司领导对她的表现表示了肯定。看她学习设计软件时的认真模样，主动接待来访客户时到位的言谈举止，我由衷地为她高兴。毕业后的那年九月，小A提着定胜糕和喜糖来学校。原来，通过动迁房置换的方式，她家的住房问题顺利解决了，哥哥即将在国庆时举办婚礼——可谓双喜临门！父母在欣慰之余，也没忘记曾经给予他们家庭教育指导和帮助的老师们，所以叮嘱她一定要回学校看看，再跟老师们聊聊一家人现在的生活和工作情况。

其实，学生离家出走不是个案，但其中或多或少存在共性问题。例如：一，学生成长经历或人际交往关系；二，人文环境或社会因素；三，学校教育或家庭教育。曾有专家指出："一个个离家出走的故事背后，不仅透露出孩子的一时冲动，更揭示了孩子的不安、焦虑和危机感。在他们的世界里，似乎逃离才是第一选择。如何解决这些问题？家庭教育依然是关键。要让孩子觉得家长是关注他（或她）的，或者说让孩子愿意和家长聊天，这是非常重要的"。以家庭教育不当所导致的孩子离家出走，一般归因为：一，家长过度苛求孩子，急功近利之举，往往令他们无所适从；二，由于工作忙碌，家长疏于对孩子的日常监管，或缺乏必要的情感交流；三，家人间感情不和，甚至常常存在家庭暴力，也会使孩子心态萌生突变；四，遇到问题，家长批评教育孩子时，缺乏应有的方式和技巧；五，青春期孩子正处叛逆期，社会环境、家庭环境、校风班风、网络交友……，影响因素繁多。如何引导孩子正确交友，如何直面学习和生活的难题，不只是学校的责任，更是家长的职责所在。作为班主任，如果能做好家庭教育指导的工作，那么，小则令一名学生或一个家庭受益，大则令整个社会受益。

【案例二】 女生小D的故事

小D（化名）是一名外来随迁子女，就读于我校某校企合作班。在校期间，她学习成绩优异、思想要求上进，担任班级团支部书记工作。在企业实习期间，她每月考核成绩优秀。每次我作为实习指导教师下企业走访时，也总能听到领导和带教师傅们对她的赞誉与肯定，毕业后的留用，应该是顺理成章的事了。

然而，天有不测风云，就在她实习期已过大半的某天，我突然接到小D的家长打来的电话。“老师,小D出车祸了,伤得非常厉害……”小D母亲哽噎着说,“麻烦您跟实习单位联络一下,她住院了,恐怕没有办法再去上班了。”听到这个消息,我惊呆了!如此乖巧懂事的孩子,怎么就遭遇了严重的事故呢?

原来,事发当天小D休息。由于闲暇在家,妈妈就提议带她去太仓玩。小D的母亲骑上电瓶车,小D坐在车后座,母女俩就出发了。谁知骑到半路,一辆逆向行驶的集卡迎面而来,小D的母亲也许是条件反射,跳下车躲过一劫,小D却无可幸免地倒地,被集卡拦腰碾过……紧急送往太仓当地医院后,医院立即做了应急抢救,但医生表示:由于治疗条件有限,建议家人尽快安排孩子转院,以免耽误最佳救治时间。就这样,小D连夜被救护车送到了长海医院。

几天后,我带上班里的两个女生,一起赶到长海医院(由于实习期的关系,学生们也是好不容易请出了假)。在医院的骨科病房里,我们终于见到了小D。虽然不久前我刚去企业看过她,然而这一日所见的她,就仿佛换了一个人——黑黑的眼圈、深陷的双眼、消瘦的面庞,还插着导尿管……然而这还不算,最令人难过的,是看到小D平躺在床上,两根粗粗的金属管,突兀地插在她的腹部两侧。小D的母亲也是满脸的疲倦,双眼红红的,不知是因为连日的陪护,还是因为过多的哭泣造成的。

其实在这几天里,我已多次联系小D的母亲,也知道小D一直试图回避我们的探访。小D不希望大家看到她现在的模样——用她自己的话说,她觉得自己就是个“鬼样子”。可是,由于实在放心不下她,所以我再三通过网络和班委商议后,决定还是要到医院看望她。趁小D的母亲去倒尿盆的间隙,之前始终沉默着的小D终于开口了。她说:自从车祸之后,自己没再好好睡过一次觉。她常常会被噩梦惊醒(梦里也总是重复着车祸时的场景)。即便醒来,她也无法翻身,每天只能傻傻盯着天花板,还要忍受各种疼痛不时袭来。即便觉得已经麻木的时候,她也会时不时地想起那个集卡司机,因为是他,害得她有可能从此都无法下地走路了。

小D的母亲回到病房后,拿出X光片给我们看。其间星罗棋布的各种链条状或片状或螺丝状的连接件和固定件,令我们十分震惊——小D究竟是如何承受这样的手术疼痛?骨盆粉碎性骨折、下肢骨折、全身多处撕裂伤……接下来的她,还要怎样面对不可预知的未来呢?小D的母亲甚至担心起小D今后的工作,以及结婚生子等一系列问题。我们只能竭力安慰家长,同时询问关于车祸事故认定和相关理赔的问题。虽然小D在实习期间,单位已为她购买过工伤意外保险,但是,我特意咨询过负责该项保险的经理:由于出事这天是休息日,而且是小D的母亲骑车带人(本身也存在违规问题),所以,并不涉及小D的上下班交通问题，因而不属于相关理赔范畴。面对高额的医疗费用，小D家能够考虑的，只能是和集卡司机以及对方运输企业协商或打官司了。

看得出，在整个叙述过程中，小D的母亲一直难掩内心的自责，还总是说："如果出事的是我，孩子能健健康康的，该多好呀！她爸这些天也总是在埋怨我。只有照顾好孩子，让她早日康复，我才能觉得没那么不安。她爸爸除了工作，还要去找肇事方。可集卡司机也是外来务工的，说自己赔不起多少钱，车队肯不肯出钱、肯出多少钱都还不知道。"环顾四周，整个病房里，除了小D，其他的住院病人都是上了年纪的。小D的康复治疗期肯定是漫长的，我也很担心她在这段时间里要怎么度过。小D术后心理上的积怨和抑郁，小D母亲强烈的内心自责感，都将成为这段时间里她们一家人时常会面对的难关。

是坎就要迈过去！如何做好心理疏导，如何挽救这个家庭的内部关系，成了摆在我面前的迫切问题。这里不是普通的儿童病房，小D虽已快18岁了，但心态上还只是一个小女生，周围没有一个同龄人。她每天只吃一点食物，有时甚至不肯吃。如果她每天沉浸在回忆恐怖过去和对未来无限焦虑的惶恐里，人势必只会越来越消瘦，身体想要恢复就难上加难了。离开病房前，我给小D的母亲递上慰问金，略表老师们的一点心意。同时，我给小D的母亲提出了几点建议：一，在小D身体状况允许前提下，每天给她一些使用手机的时间(事先我已征得实习生们的意见，大家都十分乐意在工作之余陪小D聊聊天，缓解她内心的恐惧和焦虑)。二，班委或她的好友们，会以志愿者形式，分批来院探望小D——当然，探访名单，也务必是在小D本人认可的范围之内(女孩子们有时也有小团体、小心思，此时我们要适当地体谅她)。三，关于小D母亲的心理疏导问题，我特意咨询了专业人士，通过不定期的电话形式，跟家长聊聊家常。尽量不要因车祸问题，导致家长之间矛盾频出，影响家庭夫妻关系，进而造成小D内心更大伤痛。四，关于交通事故认定和理赔等问题，小D一家如果有难题的，我们可以联络从事相关工作的家长，提供一定的法律援助。五，关于小D和母亲之间，由于事故产生的一些负面情绪，我会通过网络形式，时常加以疏导。六，关于小D实习期未满和即将面临毕业的种种问题，我会尽可能地从学校层面帮助小D走"绿色通道"，从而真正解决小D一家的后顾之忧。实习单位那边，我也会妥善沟通，为她争取康复后继续工作的机会。七，如何更好地进行食疗和心理修复，如何更好地进行有计划的身体局部锻炼，也是要重点关注的问题。此外，可通过咨询心理医生，避免小D终日情绪低落而出现抑郁症的事故并发症。

一段时间后，关于肇事方的事故赔偿问题，终于得到解决。小D也一天天好起来，在医生的建议下，出院回家，继续康复之路。小D的母亲依旧悉心陪伴在她的身边,擦洗、翻身、更衣、导尿、输液……事无巨细。我们也始终关注着小D的点滴变化,并时常给她带去关怀和慰问。也许是年纪轻,加上坚持康复锻炼,又有悉心呵护的关系,半年后,奇迹终于出现了——小D能够独立行走了!不久后她独自回到学校,补领毕业相关材料。此时,她不再自怨自艾,能够顺利地迈开脚步上下楼,笑容也再度扬起在她的脸庞,我们都不由地为她欣慰。虽然小D还要面临至少一次大手术(取出第一次手术时安放在体内的部分金属构件),但她已然克服了心理和身体的两道难关,自信地迎接毕业后的崭新生活,这就是用爱心和恒心换来的奇迹,这也是学校和家庭共同携手,取得的又一个成功案例。

习总书记曾对广大教师提出殷切期望:"学为人师,行为世范,做学生健康成长的指导者和引路人"。教育最重要的,是帮助学生认识自己、发现自己、唤醒自己,最终成就自己。在学生成长之路上,家长、教师、社会上的每个人,都有可能成为他们健康向上的指导者和引路人。当家长在家庭教育过程中遇到困惑的时候,我们同样应该成为家长的指导者和引路人,联手打造学生更美好的长期发展之路,从而更好地推进家校互动,让家庭更有温暖,让未来更有方向!

合力育人结硕果

上海西南工程学校　吴慧红

一、案例背景

陈同学平时走路大摇大摆、拖沓懒散、脾气倔强、性格孤傲，一有不顺心，就大发脾气或以破坏公物来发泄自己的不满情绪。有厌学表现，上课睡觉，不完成作业。由于家境比较好，好吃懒做，成为女生群里的花花公子，是老师们最头疼的学生之一。

事件回放1：某节专业课上，当老师站上讲台准备上课，班长叫起立时，他继续趴在桌子上睡觉。同学提醒他，他还是低着头，手撑着课桌，脚踩在椅子的横档上。而当同学继续提醒他时，他出人意料地大吼大骂起来，脚踹倒了椅子。看到这个情景，老师立刻大声制止他破坏公物的行为。他用眼睛瞟了一眼老师，然后说："我就这样，怎么着？"还大声地指责老师对他讲话声音大，并歇斯底里地说出一些不堪入耳的话。

事件回放2：某次数学课上，老师批评他上课讲话，擅自换座位。他心里很不开心，直接在课堂上骂老师，甚至对老师有粗鲁行为。

事件回放3：某个周一早晨，宿管老师到我办公室告状，强烈要求陈同学的家长来学校处理与教育他，并决定中止他的住宿。原因是晚上熄灯后他还在大声喧闹，还与宿管老师吵架。我了解详情后，一方面教育他要学会遵守学校宿管科规章制度，学会尊重人，并向宿管老师道歉；同时，由于宿管老师也有疏于管理之处，我和宿管老师协商沟通，给予陈同学一个悔改的机会。

二、原因分析

根据陈同学在学校的种种表现，通过调查、了解，我做了以下分析：

(一) 家庭因素

通过深入家访,我了解到:陈同学成长在一个离异重组家庭,父亲是老板,平时对他不管不问,只负责提供他充裕的经济支持,后妈主要负责照顾他的生活。由于家庭添了一个弟弟,父母(父亲和后妈)生怕他有失落感,倍加宠爱、庇护他,对他的要求也仅仅是不要惹是生非,不要触犯法律,能太太平平毕业就行。这致使他养成了懒散、凡事以自我为中心的毛病,“小事天天有、违纪三六九”,对老师的教育、关心也产生反感,对学校的校纪校规很漠视,对班级环境形成抵触,内心非常霸道,产生了厌学表现,并严重影响到其本人的学习和人格的正常发展。

(二) 学校因素

陈同学是外地来沪子女,学校环境随父母迁移一直在改变,他的学习成绩也因此一降再降。他以外地农民工子女的身份进入上海的初中,没有户籍资格通过中考进入高中就读,也意味着不能参加上海市的高考。在初中老师眼里,他变成了不折不扣的“差生”,可能因此在各方面都无意中对其降低了要求。这对他厌学态度、不良行为习惯的形成也产生一定影响。

(三) 自身原因

对陈同学来说,到中专学校就是来混日子、混文凭的。因家庭疏于管教,他时常不能正常到校学习,混迹于网吧、游戏厅等场所,并在此过程中结识了一些社会上的“小混混”。久而久之,形成了他唯我独尊、玩世不恭、蛮不讲理的个性,容不下任何人的批评教育。犹如一只离群的孤雁,陈同学的“三观”正在偏离,也严重脱离了班级群体发展的轨迹。

三、教育方法

(一) 指导思想

其一,“每个学生都是一粒种子,只是发芽开花有迟有早,只要我们引导得当,终究会绽开美丽的花朵”。

其二,在孩子们的健康成长之路上,一定离不开家庭的温暖与长辈的携手关爱;孩子的家庭生存状况同样需要学校、教师的密切关注与悉心指导。

(二) 实施方法

1. 转变家长教育观念,增强其第一责任人意识

通过多次电话联系与深度家访,在与家长沟通中,了解到陈同学的家庭情况及在家表现。我在充分了解的基础上,向家长提出期望:一是转变育人观念和态

度，让家长了解孩子的成长不是一蹴而就的，需要有足够的耐心、恒心，要舍得在孩子身上花时间，懂得如何陪伴孩子的成长；二是改变教育方法，使家长懂得要“投资”孩子的教育，除了物质给予，更重要的是精神鼓励与陪伴，要善于通过亲情的呼唤，让孩子学会珍惜、懂得感恩。经多次耐心沟通后，陈同学的父母感触很深，表示愿意配合学校共同教育好孩子，相信自己的孩子一定会有转变。我深刻感受到：在孩子的教育问题上，和家长达成教育共识，是有效开展家庭教育的前提和保障。

2. 适时开展家庭教育指导，改善孩子家庭生存环境

鉴于陈同学的家庭实际情况和家长的教育能力，我和家长一起共同规划家庭教育方案，提出了具体可行举措：一是建议并推荐家长阅读一些教育孩子的相关书籍，以便更快转变育人理念和方法，提高自身教育水平；二是要求家长创设温馨、和谐的良好家庭环境，主动和孩子交朋友，抽时间多和孩子聊天、谈心，多了解孩子的想法，以亲情沐浴、感化孩子，逐渐消除孩子的对立情绪；三是把握育人技巧，要多鼓励、表扬，少批评、责骂，合理对待孩子的需求，要懂得孩子的成长规律，不溺爱孩子，更不能无原则地袒护孩子；四是加强和学校、教师的联系，共同形成育人合力。为此，专门为陈同学建立了家校沟通手册，并要求家长经常主动和班主任及其他教师保持联系，及时处理、化解孩子成长中的各种问题。

3. 以生为本，倾注师爱

教育是心灵的艺术，尊重每一个学生，“以生为本”是对每一个教师的基本要求。如果我们承认教育的对象是活生生的人，那么教育的过程便不仅仅是一种技巧的施展，而是充满了人情味的心灵交融。这样教师就会产生热爱之情。心理学家认为“爱是教育好学生的前提”。对于陈同学这样的学生，我敞开心扉亲近他，以关爱之心来触动他的心弦，用宽广的胸怀接纳他身上的缺点，并细致入微地想办法协助他纠正身上的恶习。

4. 找闪光点，扬长避短

虽然陈同学身上存在着诸多缺点，但也有很多优点。比如，他对篮球很感兴趣，我便任命他为篮球队小队长。起初，他干得不是很自在，时不时地也会犯些小错误。但做小队长对陈同学是一个很好的约束，他想管理别人，首先自己先要做到老师的要求。久而久之，他身上的坏毛病也改掉了不少：上课不乱插话了；有捣蛋的学生闹课堂，他还站出来协助老师管理；下课不在教室里打打闹闹，脏话也很少从他口中冒出了。当他表现出色时，我也不吝啬在班级里表扬他，让他在同学们中形成一定的威信。在他的带动下，班上几个爱捣蛋的男生都到了篮

球队训练,上课违纪的次数也少了。在我的鼓励下,他们还力争在比赛中拿奖呢!

四、基本成效

通过与家庭的及时、有效沟通与指导,家长的教育方式和家庭氛围都有了很大改善,孩子在家庭的生存环境得到了优化。在学校、家庭的积极引导下,陈同学的逆反心理已逐渐消除,他和同学、老师的紧张关系也得到了很大程度的缓解。最可喜的一个变化是,当他做错了事能主动承认,晚上不通宵玩游戏了,作业也能按时交了,学习成绩有所提高,甚至能够协助班主任管理一些"问题生"。

五、案例感悟

在家校合作与家庭教育指导过程中,有很多经验值得提炼。对陈同学成功帮教的案例,让我感慨颇深,也从中得到不少启发:一是作为班主任,首先要密切关注每个学生的家庭生存状况,对不良家庭生存状况的学生应在深入了解的基础上及时干预,针对性地开展家庭教育指导与帮助,提高家长的教育意识和能力;二是无论教师、家长,都应满怀着希望与爱去尊重学生,挖掘、赞美学生的闪光点。对有"问题"的学生,不要轻易放弃,要了解其行为背后的原因,多从心理学的角度去分析,并给予真诚的指导和帮助,使其感受到老师、家长的信任、关爱、尊重和期待,并"心服口服"地认识到自己的问题所在,且愿意接受老师、家长和同伴的教育与帮助。

心理学家曾指出:当一个疲惫的孩子受到赞扬时,他会产生一种新的向上力量。一个教育环境不佳的疲惫家庭,同样离不开学校教师的温暖与春风。离群孤雁需要尽快归队,离不开团队力量的召唤。改变"问题"学生绝非一朝一夕之事,也非学校一方所为,需要学校、家庭、社会合力而为。

共同关爱，让折翼天使再度飞翔

上海市城市科技学校　方　莉

中职学校的生源相较于普通高中更多元，学生成长环境更复杂，家长对孩子的关注度更低，家长在家庭教育方面更需要专业的指导。一系列的客观现实是摆在中职校家庭教育指导工作面前的难题。如何将劣势变优势、突破现状，需要德育工作者运用更多的教育方法、利用更多平台，努力做好中职学生家庭教育指导工作。

本案例讲述了一个“学霸”在遭受了家庭变故后自暴自弃，又在学校和家庭双方共同努力下重新振作，奋发图强，振翅再度飞翔的故事。

一、案例的背景概述

在我担任德育主任的第一年，有班主任向我反映她班级有个很特殊的学生——小陈。我往她指向的班级队伍中望去，看到一个块头硕大的男生，看身形体重至少有两百斤以上。我开始以为肥胖不过是不自律的后果，谁知这学生竟是一个有故事的孩子……

对于小陈来说，完全可以用命运多舛来形容。初中时他是重点中学的佼佼者，由于成绩优异一直被学校认为是能够考进市重点高中的稳妥人选。然而，命运偏偏在他一帆风顺的时候给他开了一个大大的玩笑。小陈的母亲在他初中阶段不幸罹患肺癌离世。痛失亲人的他渐渐迷失了人生的方向，成绩也在巨大的悲恸中一落千丈，身体机能出现了紊乱，体重一下子增长到了两百多斤。最终，他在紧张激烈的中考中失利了，进入我校开始了为期三年的计算机网络专业的学习。

进校后，幸运之神也并未降临于他，所谓祸不单行，小陈的父亲又罹患上了尿毒症，在花光了家中所有的积蓄以后也撇下他撒手人寰。如今只剩下年近八旬的爷爷奶奶与他相依为命。小陈手扶父亲的遗像,整日痛不欲生、以泪洗面,也让他更加思念逝世多年的母亲。他在大哭一场以后选择了自暴自弃,产生了辍学的念头。年迈的爷爷奶奶也不知该如何对他进行教育,一筹莫展。

在得知小陈的情况后,我和他的班主任决定尽力帮助他。

二、帮助与指导过程

面对这个特殊的学生,我们商定,首先要进一步了解他的家庭背景、心理状态,以及目前的生活环境等,然后根据实际情况,为他量身定做“蜕变计划”。同时,仅靠学校单方面的力量是不够的,必须要和小陈的家庭形成合力。尤其在他蜕变的瓶颈期,更需要学校和家庭帮助小陈积极面对现实,调整心态。要相信坚持的力量,相信时间的力量。

(一) 制订辅导计划

在随后的两年中,我和小陈的班主任为他制订了一系列的辅导计划。

第一,学校迅速启动了一系列持续不断的帮扶计划,建立多层次、多角度的疏困工程,最大限度地降低他的生活和学习负担。作为低保家庭,政府和学校免除了他中职就读期间的全部学费和书本费,每个月还给予他 150 元国家助学金;我和他的班主任也定期在每学期的开学、期末或重大节假日进行家访,了解他的家庭困难和心理状况,为他送上特殊的关爱。

第二,加强重心理、重精神的励志教育,以培养他树立自强自立的意识品质,关注他的健康成长。学校心理咨询室的刘老师定期为他进行心理辅导,疏解他的心理压力,让他早日振作和快乐起来;我和他的班主任对他平时的在校学习给予了特别的关照,让他积极地融入班集体,通过班级同学的力量让他感受到班级大家庭的温暖和班集体的关爱。

第三,特地为他量身定做专业发展目标规划,鼓励他把主要精力集中在专业的学习上,创造机会让他积极参加中职生全国职业技能大赛和上海市“星光计划”职业技能大赛,力争让他发奋图强,早日成才,早日自立,将来成为一个顶天立地的男子汉。

(二) 给予家庭教育指导的意见

对小陈的爷爷奶奶,我们也给予了家庭教育指导的建议。

第一,告诉小陈的爷爷奶奶不要在家里抱怨,不能总是唉声叹气。既然命运要小陈接受考验,那就让他勇敢面对现实,家庭的氛围特别能影响青少年的成长:孩子受教育的第一环境往往是家庭,因为家庭是一个具有面对面交往特点的亲情单元，孩子在第一环境中接受教育的影响特别深刻。如果家庭成员积极向上，家庭氛围和睦和谐，那么孩子在家庭中就能接收到更多的正能量。

第二，小陈的爷爷奶奶也要培养自己的兴趣爱好，热爱生活。青少年有时候会抗拒老年人的教诲，因为很多老年人缺乏生气，青少年会从内心抵触。因此想要让小陈重新热爱生活、相信世界的美好，那么爷爷奶奶首先自己要热爱生活，多发掘生活中的乐趣和意义，才能影响孙子的日常情绪以及面对生活的态度。

第三，要和小陈多沟通、多交流。作为小陈的监护人，小陈的爷爷奶奶必须承担更多的责任，不能仅仅负责他日常的饮食起居，更要关心他的精神世界：每天利用饭桌上的时间，聊聊学校发生的趣事，讲讲生活中新奇快乐的听闻，这些都能对小陈的心理进行有效的疏导，彼此沟通得越多，越有利于小陈良好个性的形成与发展；方法上，不能一味地只关心小陈的学习，更要关心他在学习过程中出现的各种心理问题，帮助小陈学会承受各方面的压力，尤其要关注家庭阴影对小陈造成的心理影响，使小陈适应现实的家庭环境，努力消除负面影响。

第四，要帮助小陈重塑信心，一起落实学校制定的辅导计划。小陈的爷爷奶奶要相信小陈是一个有学习天赋的孩子，只是家庭的变故让他一蹶不振，如果放任自流那今后必定贻误一生。因此要多鼓励小陈，让他相信自己的能力，相信生活的美好，相信人定胜天。

第五，要督促小陈每天锻炼身体，饮食要有节制，不可再暴饮暴食。身体是革命的本钱，身体肥胖会影响很多机能，对生活、学习都造成极大的不便，因此爷爷奶奶一定要和学校形成合力，督促小陈健身减肥。

三、指导效果与体会

之后的一段时间，对我和小陈的家长来说，是必须耐心等待花开的时节；对小陈来说是漫长又艰难的日子。幸运的是，最终我们看到了折翼天使的再度飞翔。

首先，在学校和家庭的共同努力下，小陈不再抱怨命运，不再自暴自弃。他说不会再让年迈的爷爷奶奶失望，也不会再让老师担心。他在学校里全力以赴学习，原有的学习天赋让他的学习成绩一下子名列前茅，专业技术也掌握到位。同时，我把小陈推荐给学校的网络专业教师，让小陈利用课余时间参加学校的网络专业集训。原有的学习天赋加上努力付出，使得他学业突飞猛进。

其次，皇天不负有心人，在艰苦的学习后，小陈经过层层筛选，脱颖而出，代表上海市城市科技学校参加 2013 年上海电子信息职业教育集团“华为杯”R&S（路由交换）技术竞赛项目的技术培训与竞赛项目，并取得上海市二等奖。随后，小陈又通过刻苦的学习,获得了网络技术人员、多媒体制作员等多张高级技术证书。小陈毕业时,也由于他的专业技术过硬,顺利被高校自主招生录取。

2017 年小陈顺利从高校毕业,进入网络技术公司工作,收入不菲。现在的他帅气阳光,生活自律,每周都去健身房锻炼身体,保持良好的生活状态。小陈的爷爷奶奶也在小陈的感染下变得更乐观、更坦然。

再次,强健的体魄成为小陈学业突飞猛进的助推器,为了让自己调整到最佳状态,他每天坚持健身跑步,半年后,他再也不是那个两百多斤的大胖子。虽然在小陈的整个蜕变过程中也有反复,但在他看来最痛苦的时期,也是他成长最快的时期。在那段过程中,有时单靠他个人的意志力可能无法熬过来。比如,在减肥过程中,需要严格控制饮食。小陈在坚持一个月后表示已经到达自己的极限,无法再坚持了。此时家长和教师的陪伴和鼓励就显得尤为重要。我给小陈看了网络上很多成功减肥的案例,不断激励他、鼓励他。同时,小陈的爷爷奶奶也积极配合他的减肥计划,用健康烹饪代替浓油赤酱,家里的饮食以高蛋白低脂肪为主,少食多餐、健康饮食。学校和家庭的合力成了小陈最坚强的后盾,最终帮助小陈实现自己的梦想。

小陈的蜕变,让年迈的爷爷奶奶备感欣慰,让我们也不得不感叹学校与家庭合力育人的力量。我体会到:家庭教育工作应当是充满温度的,家庭教育指导工作一定要了解学生的需要、家长的需要,针对不同学生(家庭)的情况运用不同的方法引导学生(孩子)健康成长,最终一定会收获可喜的成果。

悄悄地带你到达青春的彼岸

——关于青春期教育家庭指导案例

上海市市北职业高级中学　唐剑芳

苏霍姆林斯基曾说过:“人的全面发展取决于父母在儿童面前是怎样的人,取决于儿童从父母的榜样中怎样认识人与人的关系和社会环境。”现实生活中,我们很容易发现,那些学习认真、成绩优秀的学生大部分有着良好家庭教育的背景;而那些学困生、迷途生则往往缺失基本的家庭教育。尤其在职校生的群体中,这种情况更为凸显。作为一名中职校的教育工作者,应当着力帮助学困生、迷途生的父母提升家庭教育的能力,及时有效地帮助他们提高对家庭教育的认识,并采取有针对性的措施,让孩子走出青春困顿,重新启航,成长成才。

【案例描述】

婷婷 16 岁,身材修长,亭亭玉立,明亮的眸子散发出智慧的光芒。她兴趣广泛,尤其写得一手好文章,她的脸上似乎总挂着开朗的笑容。初次见面,无论如何都很难把她与中考落榜挂起钩来。一进校,我便发现婷婷语文成绩突出,她理所当然成了我班的语文课代表。

可进校没多久,婷婷脸上少了往日的神采奕奕,眉宇间多了一份忧愁和沉重。这是怎么回事?从任课教师和其周边同学了解到:她上数学课时总是走神,对于老师的提问一问三不知。结果可想而知,几次测验,她一路红灯。我想:出现问题,就必须找到症结。通过与婷婷的一番谈话后得知,她从小学开始就对数学不感兴趣,每堂数学课对她来说都像听天书,用她自己的话说,她就是一个“数学白痴”。她那无可奈何,甚至破罐破摔的样子,我看在眼里急在心里。于是我鼓励她慢慢来,调整心态,先根据自己的实际情况,上课能听懂一点是一点,但绝不能采取放弃的态度;我还安慰她说,与初中相比较,职校文化课的知识点难度并不大,几次测验不好没关系,只要勤奋一点点、用心一点点,相信她一定能找回自信,赶上队伍。她似懂非懂地点点头。我认为,从初中到职校,有一个心理和学习的适应期,她的状态应该是正常的,过一段时间就好了。

可没想到的是,这番谈话之后婷婷不仅在数学学习上没有改善,而且还少了往日的活泼,整个人无精打采的,作业拖拉,上课精神不集中,有一次竟然上午10点才到校,同学们对此议论纷纷。当时,我也没很在意,心想孩子偶尔睡过头也是情有可原的,但没想到接下来一连几天都是如此。那天我想等她放学后和她好好谈一下。就在我转身要离开教室时,一不小心碰到了她的课桌,从桌肚里掉出来一本《数学辅导与练习》,我捡起并顺手翻看了一下,一张纸条跃入眼帘:"婷婷,我好喜欢你,你能给我一张你的裸体照吗? 爱你的Z。"

天哪,裸体照! 我一下愣住了。婷婷谈恋爱了? 怎么会这么快就陷入恋爱的漩涡呢? 这个Z是谁? 什么时候开始的? 当时,我又气又急,但转而一想,可能事出有因。我冷静下来,把纸条夹回书里,放进了桌肚,装作什么事都没有发生过。经过一晚上的情绪调整,第二天语文课下课后,我让婷婷收齐作业后到我办公室。我摸着她微凉的手,问道:"今天天气降温了,怎么穿那么少?"在一阵"东拉西扯"后,她慢慢地向我打开了心扉,向我说了很多事,有家庭的,有学校的,有同学之间的,甚至还羞涩地提到了Z的事,当然她刻意隐瞒了纸条的事。我俩之间的话题越来越多,我的心情也随之慢慢平静了下来,因为我最担心的事情并没有发生。晚上,趁婷婷不在家,我进行了一次没有约定的家访。

婷婷住在一个老式小区,周边环境极差。爸爸正在服刑,妈妈靠打零工维持娘俩的生活,还在外面借房住着,几乎居无定所。婷婷与70多岁的爷爷和50多岁的伯伯住在一起。她的房间不到5平方米,除了一张床以外,空空如也。不难想象,在这样的生活环境中,平时婷婷的作业是怎样完成的。婷婷的妈妈听完我说的情况后,表现出乎我的意料,她说:"她跟我说过,去朋友家住了。"我又追问:"去哪个朋友家,你知道吗?"婷婷的妈妈说:"不知道。""你怎么放心让一个女孩子几天夜不归宿呢?"我耐心地问。婷婷的妈妈面有难色地说:"从小我就一个人带她,有时她也会第二天才回家,我根本没有时间管她,她说住朋友家有人陪她,我也不知道该怎么说她好。"说着,妈妈的眼眶里噙满了泪水。说起家里的环境,她有无限的内疚。我从婷婷妈妈的谈话中了解到,她老家在新疆乌鲁木齐,高中毕业,与丈夫一直感情不和,因她本人的户口没有解决,所以离婚的事就一直拖着。她说能够让小孩吃饭上学就很不容易了,有时连吃饭的问题也要小孩自己解决,整夜不归是常事。好在孩子还懂事,有什么事情能跟她讲,但这次到哪里过夜,还真的不清楚,希望老师能帮帮她。我提出,帮助婷婷是我们共同的责任。从了解的情况看,婷婷是因为成绩跟不上、有压力,加上一个人太孤单寂寞所致。Z是婷婷初中的同学,是最近刚碰见后开始交往的,他们写过情书、有电话联系,偶尔也一起看电影，相互关心对方，但是还没有超出友情的范围。他们的感情是纯洁的，在Z家借宿是和他的妹妹同住，只要我们一起努力还有机会。婷婷的妈妈一听，悬着的心也放了下来，说："我听老师的。"我趁势说，Z提出的那个敏感问题，大概是出于对异性的好奇所致。他们正处于青春时期，对异性充满了好奇和向往，想体验探究一下爱情的奥秘，属于正常现象，只要我们好好引导，他们就能回到正常轨道上来。

【家教指导】

得知内情的婷婷妈妈镇定了很多。但怎样才能引导孩子走出早恋的漩涡，避免不必要的逆反心理呢？我和婷婷的妈妈一起商量了一个方案：一是让婷婷的妈妈购买《青春期必读》和《知心姐姐对你说——青春期的一百个问题》等书籍，悄悄放在孩子枕边。二是婷婷喜欢文学，让妈妈每周抽出一到两次时间和她在一起，谈谈有关早恋的看法，就电视剧中人物的恋爱婚姻问题做探讨交流，提高她的辨别能力。三是婷婷兴趣广泛，喜欢画画、唱歌、跳舞等，我让她负责宣传、文艺等工作，又动员她到街道居委帮忙出黑板报、做卫生等。四是婷婷每周定时与妈妈电话互道问候，或聊天谈心，谈工作学习感受或生活琐事。五是结合地铁专业服务工作的特点，指导婷婷根据自己的性格气质选择合适的服饰搭配，提高自我形象塑造的能力。六是动员婷婷与父亲沟通，通过给父亲写信，汇报学习情况，增进父女感情，提高双方关爱指数和亲情指数。七是在班上成立互助学习小组，制定学习时间表，指导婷婷改善学习方法，提高她数学的学习效率，增强学习信心。

经过一段时间的家庭指导和学校互动教育，那个开朗、大方、自信的婷婷又回到了老师和同学身边，渐渐地她和Z的关系也冷了下来。一直到毕业，婷婷的情绪较为稳定，再也没有早恋的问题。一年后，她被学校评为"德尚风采人物"，并作为优秀学生候选人被推荐到区里参评，最终获得优秀学生干部的荣誉。在高三实习时期，她还凭着自己过硬的专业技能被沪上一家知名婚纱公司聘为形象设计顾问，并利用业余时间自学日语来充实自己。作为老师，我为她感到骄傲，欣喜她的每一步成功、每一个收获，更坚信她将来的路会越走越好！

【案例反思】

早恋一直是学校教育中的敏感话题，处理不好，会朝着相反的方向发展。碰到这种事情，家庭一方往往操之过急，棒打"鸳鸯"，一方面于事无补，另一方面也不利于学生(孩子)的健康成长，但是如果干预得法，则能起到事半功倍的效果。本案例中，家长起初对于早恋的态度非常消极，好在学校教师及时干预，有效施

教,终让孩子走上了健康发展的轨道。这个案例给我们带来以下几点思考:

(1) 对待孩子的早恋不能操之过急,要冷静分析,有效引导。冷静是有效教育的第一步。案例中教师发现早恋问题后,尊重和理解孩子在特定时期、特别阶段的特殊情感,及时与家长沟通,晓之以理、动之以情,“一切悄悄地进行着”;而家长的理解和支持使得棘手的问题得到了有效的解决。

(2) 学生的早恋问题不仅仅是学校或者家庭一方的问题,而是学校、家庭和社会共同的责任。出了问题,哪一方都不能推辞其咎。婷婷的早恋,看上去是由其特殊的家庭环境所致,父亲对孩子的关爱缺失,母亲由于忙于生计没有时间、也没有能力教育孩子,加上爷爷、伯伯因年岁和文化层次等原因没有能力给予孩子更多的呵护和教养,孩子的家庭教育近乎空白。孩子于孤独、寂寞中寻找友情慰藉,难免走到情感的边缘地带。学校看似没有责任,孩子只要在学校没有大错就行。其实不然,孩子是家庭、学校和社会的孩子,哪一处都不能有空白地带,都应主动承担起教育孩子的任务。案例中教师工作细致,对孩子的表现明察秋毫,及时抓住教育契机,运用青春期心理疏导教育的方式,进行了有效的家庭教育指导,从而取得了较好的教育效果。

(3) 加强青春期教育,科学地指导家长提高孩子的青春期认识水平和教育方法,仍然是家庭教育指导中的迫切任务。青春期教育讲了多年,教材进了学校,但在课堂中仍然羞羞答答,好像丑媳妇不能见公婆,使得科学知识得不到很好的宣扬,学生对此总是一知半解,好奇、摸索成为必然。时代呼唤科学的青春教育早日登上大雅之堂,以更好地惠及千千万万的家庭及学子。

用心引导，给孩子一个美丽的未来

上海市奉贤中等专业学校　卫婷婷

一、案例背景

曾经，班里有这么一个女孩，抹着口红，穿着吊带衫、热裤，打扮时尚，她就是我们的主人公——小苏。一个叛逆女孩如何成长为人见人爱的乖乖女？开学第一天，开完家长会后所有家长都散了，但还有一个家长站在门口，“不好意思，卫老师。打扰你几分钟，刚才去宿舍整理席子，小苏哭了。她说一个寝室都是外地人，她想换到都是本地人的宿舍。”话音刚落，我就意识到这是一个很爱自己女儿的母亲，但这种爱是不正确的、有偏差的。“我们班级只有三个本地户籍的女孩，换到哪里都有外省市女孩，你应该给她点时间慢慢适应集体生活。”听完我的话后，这个母亲无奈地走了。

整个军训期间，小苏也非常惹人注目。大家都穿着校服，唯有她虽然穿着校服却还戴着袖套。我去寝室巡视时，看见她床铺上放满了化妆品，而且都是韩国进口的。我想，她家里条件不错，并且父母一定很宠爱她。

九月刚入学时，小苏一周平均迟到 2～3 次，还带着同寝室室友一起迟到。每次趁我不注意时，她总会偷偷佩戴耳钉、项链、手镯等。我与其母亲沟通时，母亲也会帮女儿说话。我意识到，母亲的很多想法与思维影响着女儿的种种行为。要想让这个漂亮的女孩端正自己的行为规范，就得从她的母亲入手。

二、案例实施过程

（一）家校教育建立共识，达成一致的教育目标

我主动联系小苏的母亲，希望通过和她共同努力来改变小苏目前阶段所存在的问题。在与小苏母亲沟通的过程中，得知小苏一回到家就锁上门，从来不与

家长交流,更别提要家长引导她走正确的方向。

在家长的叮嘱下,小苏开始素颜上学了。然而好景不长,她又反复出现不穿校服、迟到等情况。于是利用下课时间,我走访了小苏的家里。当我叩响她的家门,才知道小苏生活在离异的家庭中,她与很多破碎家庭的孩子一样,容易怀疑他人,缺少爱。她爱打扮、不穿校服等行为,从另一方面反映出她希望被人关注。

我和小苏的母亲做了交流。青春期的孩子,正处于心理与生理发展的关键期。作为母亲应该引导孩子对真、善、美的正确理解。人的一生最重要的是健康、快乐。爱美是人之常情,家长应该多鼓励孩子运动,汗水是最有效的化妆品。用身边活生生的例子,让孩子明白家长所有的建议都是为了她的健康与美丽。

苏霍姆林斯基多次指出:“教育的效果取决于学校和家庭教育的一致性。”只有家校合作,才能让我们的教育达到最佳效果。家长与教师坚持不懈共同努力,教育才可持续。

(二) 用心聆听孩子的心声,多陪伴孩子

家长与孩子的疏远一定是有原因的:小时候缺少陪伴,或者发生过什么重大的事情使孩子受到了伤害……但只要你有一颗与孩子修复关系的心,不要怕时间的长短,不要害怕孩子的冷漠,血浓于水,只要坚持就一定能修复的。

我对小苏的母亲进行了跟踪指导,根据小苏在校表现,定期给出建议:

(1) 主动添加女儿的微信,多关注孩子发的朋友圈,只要不是违背社会道德的,都给予点赞,肯定孩子的行为。

(2) 每周孩子回家,与其聊聊老师对她的评价,既可以增进母女关系,也可以增进师生关系。

(3) 多创造与孩子在一起的美好时光。有时候,在家过于单调了,可以一起外出参加各种活动。比如一起去吃顿晚餐,一起去看场电影,一起去周边徒步。

(4) 在家时,可以邀请孩子的朋友到家一起做她感兴趣的事情,比如烘焙,可以一起学习、一起探究。

陪伴是家长能给予孩子最好的礼物。只有陪伴才能让孩子感受到浓浓的亲情。那么,如何让孩子喜欢家长的陪伴呢?那就要遵循尊重与要求相结合的准则。当父母和孩子建立起自由、和谐、尊重的关系时,孩子会无意识地向父母期待的方向去努力。在温暖的陪伴下,孩子会养成良好习惯,会有健康人格的养成,会不断给家长回馈快乐与成长。

(三) 与孩子进行有效沟通,多赞美孩子

语言是有力量的,赞美的语言力量更是巨大,有时他人的赞美可以增强孩子的自信心。作为班主任，我每周与小苏母亲联系一、二次。“孩子很棒。”“孩子在进步。”“她被英语老师选为课代表了。”“这段时间一些小毛病都在改正哦。”“老师们很喜欢她哦。她很棒的。”小苏的母亲听到老师夸自己的孩子，比谁都开心。当然我也希望小苏的母亲也能多夸奖和鼓励小苏。

我指导小苏的母亲，与孩子说话要注意方式和语气。不要随意批评孩子，而是要引导她说出错误所在，并且提出可能解决的办法。作为家长想和孩子进行有效沟通，应做到：一是尊重孩子，用认真的态度跟孩子说话、商量，逐步养成与孩子沟通的习惯；二是换位思考，从孩子的角度出发与他交流；三是多发掘孩子的优点，多赞美孩子。

在一年级第一学期期末，小苏的母亲欣喜地给我打了电话，说小苏为她过生日，买了鲜花和蛋糕，她觉得很甜蜜。我想，母女关系修复得不错。在我的观念里，教育仅仅靠学校、靠教师是远远不够的，最关键的就是家庭教育。家庭教育直接关系到孩子的品格、人格和未来。

三、案例结果

从小苏母亲的朋友圈里，可以看到她真的在很用心地改善母女关系。母女经常和朋友在一起搞活动，并晒在朋友圈。通过我与小苏母亲的共同努力，现在的小苏与刚入学时判若两人。在外形上，她明确了作为学生应该穿好校服，佩戴好校牌，不化妆、不佩戴首饰，要有学生的样子；在思想上，她努力改变自己的现状，努力让自己变得更优秀，多次被评为班级积极分子与优秀班干部。

四、案例分析

小苏的案例带来的启示：

（1）家庭教育要有个性化、针对性的设计。一个班级 40 多名学生的背后有着 40 多个家庭，每个家长所受的教育是不同的，思考问题的方式也是不同的。面对不同的学生，教师在指导家长开展家庭教育时，应该根据每个学生的实际情况给家长制定不同的教育策略，与家长共同努力完成教育目标。

（2）利用激励原则，促使孩子向上。作为父母，在生活中一定要注意说话方式与语气，要积极向上、充满活力，具有激励性，因为家长的每一句话对于孩子都具有暗示作用。我很真诚地告诫家长们：如果你们爱孩子，不妨善用激励，一句由衷的赞叹，一个提醒的眼神，一个会心的微笑，一个热情的拥抱……都会在孩子纯洁的心灵中催生出快乐成长的花朵。

（3）根据孩子表象行为，解析其内在缘由。很多家长能处理好看得见的表面问题，而对问题背后深层次的原因却知之甚少。这样一来，问题就被慢慢积压，最后像火山般爆发，到那时候再与孩子沟通就迟了。作为教师有必要指导家长，透过孩子的行为，看到他们更深层次的心理需求。孩子表现出来的问题，多数是他们通过情绪化方式来发泄心中的不满。而家长应该帮助孩子寻找问题，找到前进的生长点，引导其发展和向善。

青春期是人一生中的重要时期，这一时期良好的心理发展，将是一个人终生心理健康的基础，坚强的意志、良好的人际关系、较强的适应能力，这些优秀的心理品质关乎孩子的一生。家庭教育是整个教育事业的重要组成部分，对孩子的影响是终身的。

让家、校成为孩子梦开始的地方

上海市奉贤中等专业学校　程　齐

中职校里的孩子，正处在形成人生观、价值观与世界观最重要的时期，他们受各种因素影响，思想上会出现出一些不成熟、不稳定的状况，孩子在思想品德、行为规范方面问题多多。想要解决这些问题，引导孩子健康向上并不太容易。这需要我们要了解自己的学生，了解他们的家庭，争取家长与我们协同配合，利用科学的方法帮助他们健康地度过这段成长关键时期。作为班主任，让学生们能够对生活和学习满怀信心，摆脱负面情绪影响，这不仅仅要求学校教育面面俱到，必要的家庭教育也需要渗透其中。

一、厌学孩子的转变历程

小张是我们班的一名学生，自进入学校以来，他的纪律表现相当糟糕，晨会迟到时有发生，即使人到了也常常心不在焉，还时不时地出现旷课现象。几乎所有的课上小张都非常恍惚，经常在课堂上睡觉，门门功课都是倒数，平时与同学的沟通极少，即使有交流也仅仅是那些玩游戏的伙伴们。与他谈话的效果也非常差，他总是表现出没有信心，认为自己读不进书，在浪费时间。

有一天晨会，小张又没有来。像往常一样，我给他打了电话，在避重就轻的支支吾吾中，他似乎下定了决心，提出要退学。他说："我初中的时候就没读好书，现在这些东西我更看不懂，彻底没戏了。"接下来又谈到自己的初中同学已经开始上班了，日子过得逍遥快活，自己也早就按捺不住对工作的渴望了。同时，他也不忘数落起专业不好，等等。我静静地听着他的理由，问道："退学说起来很简单，但工作真的像别人说的那样逍遥快活吗？你考虑过今后的打算吗？"小张想了想，说："那我没找到合适工作前，还是会来学校继续读书的。"

小张的回归是被动的，似乎仅仅只是一种临时的妥协，我开始更加关注他的行为,也深入了解他的家庭情况。他从小随父母外出打工四处漂泊,父母文化程度不高,工作很艰辛,小张基本上处于放任自流的状态,说是带在身边的"留守儿童"也不为过。孩子最近什么情况,学了些什么,他的朋友怎么样,出现问题了是什么原因,等等,家长都非常茫然,也并不想了解。由于经济窘迫,小张和他的家长并不重视学习,将来能有个工作可以挣钱就最好不过了,现阶段也只是孩子年龄尚小先在学校待两年的心态。小张的父母一接到老师的电话,第一反应就是老师来告状了,处理方式也就是简单粗暴地打骂一番,家长和孩子之间没有沟通,没有监督,也没有后续的跟进。当然,小张的父母自己的行为也没有说服力,下班后打牌应酬,与孩子相处的时间少之又少,孩子没有一个好的环境,出现问题也不足为奇。

要改变小张这种状态,除了要转变孩子学习的态度,扭转整个家庭对待学习的态度也是至关重要的。然而,当我打电话给小张的母亲想沟通一下孩子的基本情况时,他的母亲却似乎急于想找个理由中断我们的对话。这样的情况不断地发生着,很显然,小张的家长并不情愿和我交流,每次沟通不会超过 5 分钟,即使说到小张要退学这样的重大问题,小张的母亲给我的回答也还是孩子大了,让他自己决定吧,还时不时流露出学习无用的潜台词。家长的这种态度更加使解决问题困难重重,但我不想放弃。

尽管小张在学校里的种种行为常令我气恼,但冷静下来,我一直在试图找寻孩子的亮点。一次课间,我看见小张杂乱的课桌上有一本与众不同的书《安卓小程序设计》。随后我便找机会和他交流起这本书里面的内容。小张看这本书的出发点很简单,他想要研究游戏里的脚本制作,这样他就能成为伙伴眼里的大牛了。也许小张的目的并不那么高大上,但我意外地有了收获,我发现小张的眼睛闪现了难得的求知欲望。在更深入的交流中,我发现小张的逻辑思维还是挺强的,如果能加以正确引导,也许会有所改变,我感到这应该是改善小张的家庭对学习认知态度偏差的机会。

与小张的父母沟通我也改变了策略,少告状,多说说小张的进步,多次沟通下来,小张的父母也就没有过去那么冷淡了。我也说起了上面这段小插曲,描述着孩子的天资,小张的母亲虽然似懂非懂,但可以感受到她内心的波动:原来儿子并非一无是处,老师竟然会赞赏他。之后的沟通变得顺利了许多,有时我也会委婉地提醒小张的父母要做好表率作用,家庭中有了好的氛围,才能更有效地教育孩子。小张的父母也慢慢接受了我的意见,开始有意识地教育起孩子来。虽然有时候方法还是有些简单粗暴,但从小张早晨的迟到现象越来越少来看,比起以前已经进步不少。于是我趁热打铁,去小张家家访。来到了小张家中,小张显得很惊慌，生怕我又来告状。但这一次我和小张的父母聊了聊小张所学专业的发展前景，谈小张的优势与差距，该如何去努力，还有哪些方面需要改进。同时也希望家长要多关心孩子的成长，多鼓励，多关注，不要过多训斥，当孩子出现不好的苗头也要及时提醒纠正，提供好的家庭氛围才能更有利于孩子的发展。

家访之后，小张在学习上也的确用心不少，平时很喜欢与我进行交流，也愿意接受我的指导。这时我也在引导他做出一些改变，比如，布置程序题的时候，我会选择一些语句复杂的英文语句，要求他记熟。虽然他还是会抱怨，但最终还是付之行动。我还要求他学写程序说明书，锻炼他的写作能力。我常常鼓励他，"你的计算机编程能力比其他同学好，没有理由数学差吧。"学习态度的转变，使小张在其他方面的表现也都变得积极起来。他的父母也在改变，有时他们会主动打电话给我，反馈孩子的一些动向，听取我的建议。他们也真的开始愿意花时间去关注自己的孩子了，工作之余会和小张聊一聊学校的事情，也会为他做的一个小程序而点赞。他们也愿意时不时配合我去做一些提醒与督促，而小张也更愿意接受来自家长和教师的教育与指导。

经过家校共同的努力，小张不断地在变化，他阳光了许多，日常行为也大大地改进了，在专业课上俨然成为大家的小老师，也不再提退学和找工作的事了。因为他有了一个更远大的梦想，他要为这个梦想去努力，更值得高兴的是，小张的父母也开始理解并鼓励他。

二、案例的深层次分析

小张在进步，让我感到非常欣慰，虽然他的未来还有很长的路要走，但他的人生终于走上了正轨。一开始小张出现问题的原因有多种：

（1）糟糕的外部环境。小张从小就随父母四处搬迁，也在四处读书。父母对学业并不重视，也不太会关心孩子各方面的成长。这种居无定所的生活学习状态，加上父母时常不在身边加以督促，造成小张的行为有所偏差，而这种偏差又反作用于学习生活之中，最终成为恶性循环，孩子也不断地丧失自信直至彻底感觉自己没有了希望。

（2）家庭教育缺少一个监督者和引导者。父母没有很好地陪伴孩子，缺少监督与指引，凡事都由孩子自己来决定和解决。但孩子毕竟还是孩子，很难有正确的是非观和判断力。如果家庭中缺乏对于孩子行为的监督者、教育的引导者，势必造成像小张这样的孩子以自我放纵来表达反抗。

（3）小张的内心也渴望取得好成绩、好评价，这表现在每次得到表扬的小张都显得特别自豪。但是因为小张底子不好，缺乏有针对性的指导和学习方法，学习成绩得不到提高,又自我安慰说这些学习的内容毫无用处,更导致学习动力不足,丧失学习兴趣和学习信心等,慢慢地在他的潜意识里就认为自己是差生,把不遵守行为规范当作是正常现象,最终导致了他破罐子破摔的行为,最后用逃避的方式来达到解脱。

仅仅通过学校的指导教育,是无法让孩子彻底改变的,家庭能否给予积极的配合,是一个很重要的因素,让家庭积极地参与教育活动,将更有利于教育的有效性。

三、案例的思考与想法

教育不仅仅是孤立的学校教育,不可能抛开家庭、社会的影响。孩子的发展往往需要家庭、社会的配合。家庭教育不仅要言传,更要注重身教。

(一) 转变家长的教育观念与教育方式,让家庭教育更有成效

正确的教育观念是确保教育方法、教育内容以及教育评价标准选择的科学性的先导条件。要促进学生步入人生的正轨,就需要转变家庭教育中家长们的教育观念,帮助他们正确地看待自己的孩子,能用科学的眼光找到孩子的闪光点。家长不仅仅是孩子的监护人,更是最贴心、最了解孩子的教育者。尊重个体成长规律,能根据孩子的个性特点,以科学、灵活创新、活泼生动的教育方式,给予孩子及时有效的指导,纠正其可能出现的成长偏差。中职生在这个年龄阶段是敏感而脆弱的,心理上往往还会有很多困惑与矛盾,在对其进行教育时应更加耐心、包容,用科学的方式去引导感染他们,才会有更好的效果。

(二) 学校与社会共同发力,提高家长的教育能力

学校作为专门的教育机构,拥有着足够的知识储备和丰富经验的教师,在对学生发展过程中可以实施有组织性、系统性和科学性的教育。媒体的多样化也使“教学课堂”得到提升,这提供了学生一种获取知识观念的有力渠道。因此,要重视学校、社会与家庭教育的紧密联系。例如,加强学校对家长科学教育的综合指导,利用各种交流工具促成“家校”有效沟通的机制保障;借助社会力量实施家庭教育指导计划,只有加强学校、社会与家庭的紧密联系,才能使三者形成“教育合力”,有效促进学生的发展。

家校合力　青春绽放

上海市机械工业学校　陈　菊

这是一名特殊的学生——入学时她曾挣扎在痛苦边缘，她从未学过绘画，语文基础一般。经过三年的磨砺和培养，她竟然在绘画、钻石分级、演讲和写作等不同课程领域中先后获得上海市三等奖、全国三等奖、上海市二等奖、上海市一等奖、全国一等奖！成长的跨度之大，令人惊叹！而她也在学校、家庭和她本人的共同努力下，绽放出最美的青春！

她就是上海市机械工业学校的范予姝。

她的成长，是家校合作的结晶。作为她的班主任和她的语文、日语老师，我和她的家人一起陪她走过了最艰难的时刻，也见证了她的拼搏和光芒！

沉沦·沟通

2014年，范予姝怀着复杂的心情进入了上海市机械工业学校，学习珠宝专业。

或许是对中考成绩的失落，抑或是对父母擅自选择的专业感到不满，她对这所学校的一切都不曾上心，以后的三年怎样度过？她似乎不愿想，也不敢想。她好像是埋在沙土里的鸵鸟，不敢正视现实，在安乐中浑浑噩噩地过着无意义的生活。在那段时间里，她萎靡不振，总是眯着一双瞌睡的眼。

看到她那个样子，作为班主任的我很着急，于是拿起电话联系了她的母亲。在电话里交流了情况后，我感到问题比我想象的还要严重，当即决定请她的母亲到校，我们面对面进行沟通，商讨对策。

她的母亲说，范予姝时常感觉到黑暗包裹着她，她什么也不能做。深夜经常做噩梦，甚至有时从噩梦中醒来，泪水会把枕头打湿……我震惊了，深感这种情况一天也不能继续下去了！我一定要和她的家人一起，把她从失望的边缘中拉回来！

那么该从哪里入手呢？我仔细地询问了她的兴趣爱好，得知她喜欢动漫。我的眼前一亮，对范予姝的母亲说："学校马上就要开日语选修课了，让她跟我学日语吧。这样她有事做，就不会那么无所事事，萎靡不振了。"范予姝的母亲长舒一口气，说："她总算可以做一点正事儿啦。"

磨砺 · 互动

也许是范予姝对动漫的喜爱，也许是对我本人的感激，她一反常态，对日语的学习特别上心，她开始了每天忙忙碌碌的学习，背单词，记句型，忙得不亦乐乎。她的母亲也特别开心，仿佛看到了希望。

收到范予姝母亲报喜的微信，看着刚刚有些起色的她，我的心稍稍宽慰一点，觉得她终于可以进入到正轨了。但是不久一盆冷水又浇了下来，让我又一次体会到现实的"骨感"：范予姝的母亲来电话说，她在家又开始唉声叹气，满脸愁云了。

我一边劝慰范予姝的母亲不要着急，我们共同来解决问题，另一边又找范予姝了解情况。她说自己从小就被定性为"手工不好"，这次又被专业课打回了原形。原来在专业课上，她不是这个铜丝敲坏了，就是那个铜块焊化了，涂颜料涂出格了，画草稿的时候手抖了……专业课老师说她在专业课上的表现实在是太糟了，上课时手忙脚乱，完全不在状态，动手能力在全班中几乎是最差的，很难赶上一般同学的水平。

她说自己总是无奈地坐着，看着剪得七歪八扭的焊药或是挤得只剩半管的颜料束手无策，无论怎么补救，最后都是被打回重做。持续的挫败使她感到沮丧和失望。她开始害怕去做，不敢去做，也不愿去做。她对我说，她再次感觉到黑暗就如同一张大网笼罩着她，使她无法思想，更无法行动。

我安抚她不要着急，万事开头难，谁都不会一下子就成功的。只要每天学会一个动作、一项技能，就已经不错了，千万不要让自己处在紧张、焦虑和自责中。我特意对她说："老师相信你一定行！"同时又把她的情况及时反馈给范予姝的母亲，让范予姝在家多听一些轻音乐，舒缓一下紧张的情绪，另外家长可以尝试着周末带她去博物馆和美术馆，让她感受经典的魅力。在学校的学习生活中，我让她时刻感受到我对她的关注和关心。比如在语文课上，我会有意让她回答一些简单的问题，增强她的自信心，还让她朗读课文，培养她对语言文字的感悟能力和在众人面前的表达能力，等等，让她感到受人重视。另外，我结合学校开展的“工匠进校园”活动，让她主持“工匠精神”的主题班会，在班级活动中崭露头角，更让她去查阅，并试图理解“工匠精神”，在学习和感悟中成长。

主题班会开很成功，得到了学校的表扬，范予姝的脸上开始有了笑容，学习中也开始一点点地改变。丝敲得不好，问老师重新要一根，再敲一次；齿口上的爪焊歪了，调整位子再做一遍……，在反反复复、点点滴滴的磨炼中，她逐渐积累了经验，掌握了技能。

又是一天的贵金属加工课，老师让同学们做戒指。范予姝立刻紧张起来，心想：我连敲丝都敲不好，怎么做戒指？圆丝发下来，她煺完火后拿起锤子，在万分犹豫之后，小心翼翼地锤了下去，敲得非常平整。这是她第一次敲出了如此完美的丝。

她有点不敢相信，还有些惊喜，甚至觉得那团一直束缚住她的黑暗正在渐渐远去……范予姝的母亲给我发微信，说她这段时间作息时间很有规律，在家里能主动做家务，还会陪母亲出去散步，主动给母亲讲一些学校的事情和自己的想法，等等，我感到她确实开始在重塑自我了。我对她母亲说，在家要多鼓励她，让她感到自己的努力是有回报的。

光芒·见证

在我和家长的努力下，范予姝开始相信自己。相信勇于开始，才能找到成功的路；相信坚持就会有成果。

不需要笔记和理论，熟练地加工贵金属和瞬间的素描已变成了她的目标和追求。终于，她做出了人生的第一枚戒指。在冷却之后，她急切地把它放在手上看了又看。

它没有华丽的装饰，更没有色彩鲜艳的宝石镶嵌，就是一枚普普通通的一字圈戒指。但它厚薄均匀，焊接口平整。重要的是，这是她所有努力的结晶，浓缩着她所理解的工匠精神。即使没有抛过光，这枚戒指在她面前所放射出的耀眼光芒，是那么灿烂，那么辉煌，一下子在她的面前开辟出一个新的天地，也为她驱散着过去的噩梦。同时，她又感觉这枚小小的戒指，就像一把标尺一样，丈量出从失败到成功的距离。

我让她把戒指带回家，把自己的劳动成果给父母看。范予姝的母亲惊喜万分，她说从来没有想到自己的女儿会做出这么好看的戒指，一定要把它珍藏起来留作纪念。我说，孩子的状态已经走上正轨了，只要学校和家长配合好，多鼓励、多帮助她,一定会带给我们更多的惊喜。

一学期下来,范予姝的成绩突飞猛进,跃升为全班第一名,她的脸上也绽放出自信的笑容。我让她做团支部书记,带领全班同学一同前进。学校开始成立家委会,我推荐她的父亲作为我们班级家长的代表参加学校家委会的管理。她的父亲也在班级的家长群里交流孩子们的成长,分享教育孩子的心得体会,很受家长们的欢迎和好评,成为班级管理的好助手。

2016 年 11 月,上海市中职学校学生纪念红军长征胜利 80 周年绘画比赛和全国“广艺杯”钻石鉴定比赛接踵而至,让范予姝应接不暇。她对我说,绘画的构思毫无头绪,钻石鉴定更是没有一点感觉。她显得紧张、急躁而无序。

看到了忙乱的她,一方面我及时和她的家人沟通,告诉家长不要给她再施加任何压力;另一方面,我也特意提醒她,工匠精神不仅仅是精神,更是一种态度,不能浮躁。只要把平时的学习和积累展示出来,顺其自然就行了。她根据赛程的安排,开始合理地分配时间,努力去做好每一件事。

最终,好消息传来,范予姝同时获得上海市中职学校学生纪念红军长征胜利 80 周年的绘画比赛三等奖和全国“广艺杯”钻石鉴定比赛三等奖。让我喜悦的是,通过这些比赛,她把工匠精神和自身联系起来,成为自己人生的一部分。

再接再厉,乘胜追击。2016 年 12 月,范予姝获得了日语能力二级证书。

2017 年 1 月,我作为范予姝的指导教师,和她一同参加了第 13 届“文明风采”征文和演讲大赛。我和她一起梳理她这三年的成长,把所有的改变和感悟都化成文字,并一遍遍地修改文章,用实际行动诠释了“工匠精神”的内涵。文章的结尾这样写道:“我的成长源于那枚戒指。一枚戒指的光芒,就是上天的礼物,它不仅驱散了曾经环绕着我的黑暗,还给我带来新的启迪,新的人生,当然还有深入骨髓的工匠精神。”

2017 年 3 月,她的《冲破黑暗的戒指》一文荣获上海市“文明风采”复赛征文类一等奖和演讲类二等奖;2017 年 5 月,她的《冲破黑暗的戒指》一文又荣获全国“文明风采”决赛征文类一等奖。

思考·结语

三年,范予姝如凤凰涅槃,浴火重生了。回想她三年前的无助和挣扎,看看她今天的自信和笑容;想想她从最初的学习困难,到最后的华丽绽放,我是多么欣慰和喜悦呀!一路走来,甘甜自知。她的成功,是她、家人和老师共同努力的结果,更是家庭、学校合作的结晶。

2017年9月,范予姝升入大学开始新的人生旅程。她和父母专门到校面谢老师和学校对她三年的精心培育,并说家人将把她这三年的成长,记录下来,作为宝贵的记忆永远珍藏。

家庭和学校是学生成长的两股最重要力量,只有加强二者之间的合作,才能在突出各自的教育特点的基础上,形成综合力和协同力,促使学生的顺利成长。范予姝的成功,一方面证明了学生有无尽的潜力,它需要学校和家庭共同来培育和挖掘,另一方面更证明了学生的成长不是一蹴而就的,它需要一个长期的、渐进的、不断积累的过程,其中可能有挫折、有反复,绝不会是一帆风顺的。特别要指出的是:在困难的时刻,家校双方要多配合,多沟通,双方都能坚持理想,追逐目标,不抛弃,不放弃,就显得尤为重要。

家校合力,青春绽放!我相信,范予姝的成长案例,一定会有其独特的价值。

离婚不离爱，陪伴孩子向前走

上海市机械工业学校　陈晓霞

有这样一个16岁男孩小王(化名)，由于父母离异和不当的养育方式导致他情绪控制能力差，且伴有抑郁，对自我的评价非常低。心理辅导教师利用家庭治疗的方法，有效尝试了家校合作育人的新模式，帮助小王建立新的家庭互动模式，让小王有了新的转变。

一、个案概况

小王，16岁，中专一年级学生，父母在他一周岁之前离异。离异后抚养权判给母亲，而母亲外出打工，小王由外公外婆养育。父亲在与母亲离异之后与小王没有任何联系。母亲在小王的成长过程中又有过两次婚姻，最终都以离婚告终。外婆对小王的管教比较严厉，有时候甚至表示，如果小王表现不好就不想再抚养他了。

某日晚上，小王与高年级学生在学校QQ群里发生冲突，后来在寝室用刀片把高年级学生的脖子划开，伤情较重。

班主任与同学反映：小王平时不爱讲话，坐在班级最后一排，只和一两个同学有交往。同学们不想和他有进一步的接触，发生刀片划人事件后，大家都会躲着小王，看到他有些害怕。

二、问题分析

心理辅导教师在对小王进行心理咨询的过程中发现，小王从小由外公外婆养育，外婆时常对小王说，父母离异时谁都不要他，外婆是觉得小王可怜才带在身边养育。从小到大，母亲很少回家看望小王。小王在学校又被身边的同学欺负，后来尝试用极端暴力的行为反击，久而久之同学们对小王避而远之。小王觉得这样暴力的行为可以让身边的人怕自己，没有人敢欺负自己。小王还多次提及母亲会经常说“不要他了”之类的话，这使小王更相信母亲真的会不要自己。

由此可以判断，小王人际交往存在问题、情绪控制能力差，主要是由于家庭教育不当造成的。因此，不能仅限于对小王进行心理咨询，更需要他母亲的参与。

依据系统家庭治疗理论的观点，小王是家庭问题的“替罪羊”，他的极端行为是家庭系统出了问题的表现。小王事件从表面上看是和同学之间相处不好，存在冲突，但是更深层次的诱因在家庭，这需要借助系统家庭治疗来进行干预。

三、辅导过程

在征得小王的同意后，心理辅导教师邀请家长来学校进行了三次咨询。

(一) 建立良好的咨访关系，理解母亲的辛苦

小王的母亲在 20 岁时就生下了小王，在孩子不满一周岁时，因为前夫有外遇，最后被迫离婚。小王的母亲从 20 岁开始就一直在外打工赚钱抚养孩子。心理咨询老师对其母亲的经历做到充分的了解，利用倾听、共情、同理等咨询方式，建立起良好的咨访关系。

在了解母亲以及外公外婆对小王的养育方式以及小王的家庭状况之后，心理咨询老师与小王的母亲一起探讨家庭教育中可能存在的问题，指导她找到更好的方法与小王相处。

(二) 利用系统式家庭治疗，构建新的家庭互动模式

系统式家庭治疗是家庭治疗的重要流派之一。系统式家庭治疗的理念主要在于“家庭系统观”，即任何个体有了“病症”，是因为他的家庭系统“生病”了。来访者的个体只不过是该问题家庭的“替罪羊”，所以治疗的对象不是有病症的个体，而是整个家庭关系或家庭系统。

家庭治疗的要点在于通过引入新的观念和做法，改变与问题行为相关联的反馈环；强调分析家庭内部的相互关系格局，并通过对整个家庭的干预来改变滋生个人心理病症的家庭关系格局，使家庭产生新的冲突，通过对冲突的重新组织，获得新的变化，产生新的规则和互动模式。

1. 澄清家庭中的现有问题，剖析家庭关系格局

为了了解小王家庭的关系格局和互动模式，在咨询过程中采用多种提问方式。

咨询片段再现一

师:当听说你儿子在学校发生用刀片划伤同学的行为时,你们家哪个人最着急?

王:外婆吧,怕我坐牢。毕竟她把我养大的,我要不是担心她,坐牢对我来说也无所谓。

母:我妈在家急得不得了,快疯了。我觉得赔偿的压力很大,他父亲又不会承担任何费用。

师:平时妈妈怎么管教小王的?

王:我妈基本不在家,也很少管我,除非我在学校学习不好或者犯错,老师才会叫我妈去学校,我才能见到她。我也很讨厌老师,只要见我妈就是告状。小时候外婆就是打我,怕我犯错丢人。

母:我一直和他说让他好好学习,只能靠自己,我要在外面忙着赚钱,根本没有时间管他。

……

根据小王和母亲的回答,可以观察到小王家庭的互动模式,而这种模式可能就是导致问题行为的根源。小王由于长期缺少父母的关爱,外婆又总用拒绝养育来威胁他,使小王严重缺乏安全感。小王非常期待自己变得强大,避免别人伤害或歧视自己。小王的母亲也在咨询过程中意识到自己只关心孩子的物质需要,忽略了他的精神需求,对孩子缺少关爱。

循环性提问让家庭成员的互动方式暴露无遗,同时也为家庭成员提供了不同视角,引发他们的自我觉察和思考。

2. 关注正向积极行为,寻找例外事件

咨询片段再现二

师:什么时候你们母子相处比较满意?

王:我妈偶尔休息,会来外婆家和我一起做饭,那个时候我就会感觉特别好,很有家的感觉。

母:有时候,我们会坐在一起看连续剧,看电视的时候我就会搭着他的肩膀拍拍他,聊聊学校的事情。感觉这个画面是比较温馨的。

……

让母亲意识到生活中特别简单的陪伴或者短时间的相处都是孩子特别期待和满意的事情。同时也引导小王的母亲意识到陪伴孩子的时间很少,可以增加一些单独相处和沟通的机会。

3. 利用未来取向的提问方式，构建新的家庭互动模式

咨询片段再现三

师：如果有一种神奇的力量，可以让妈妈（孩子）变成你想要的样子，你希望是怎样的？

王：我希望妈妈能找一个真正爱她的男人，而不是骗她钱财的。和妈妈可以很好地相处，我们两个人可以彼此照顾。

母：希望儿子在学校能够管好自己的情绪，不要太冲动。在家要像一个大孩子一样帮妈妈承担一些家庭的重担，一起照顾年迈的外婆外公。

……

引导家庭成员构想关于未来的行动计划，小王和母亲都说了希望对方能够改变，也说出了自己的期待，这正是他们需要改变的方向。但这种改变需要小王和母亲的共同努力，外公外婆需要后退，让母亲成为关心和照顾小王的主要角色。

（三）咨询成效

小王的母亲先后三次来学校接受心理辅导教师的咨询，回家之后也一直和老师保持微信联系，描述小王在家里的变化，心理辅导教师会针对小王的母亲在教育儿子过程中遇到的问题，及时给予一些建议，帮助母亲更好地改变。

每周末小王回家之后，小王的母亲都会抽时间和小王一起聊聊天，了解彼此这一周生活和学习的情况。沟通过程中，小王的母亲改变了以往“指责和提要求”为主的表达方式，鼓励儿子多说，并认可儿子的进步。为了培养小王为家庭分担责任的意识，小王的母亲每周都会和小王一起做点心、干家务，在共同劳动的过程中促进彼此的交流和沟通。小王的母亲和心理辅导教师说，自从自己改变了沟通方式，心平气和地倾听儿子的想法，孩子在家里说的话越来越多，彼此的关系也融洽了很多。

经过几个月的努力，班主任反映小王在寝室里和同学之间的关系也有了改善，遇到事情不会像原来一样冲动不计后果，也会主动关心身边的同学，帮助班主任参与管理班级，等等。

四、思考

近年来，中职学生中父母离异的家庭比例较高。父母在离异之后忙于工作

或者又组建了新的家庭,往往疏于对孩子的关心,加之青春期孩子容易叛逆的特点,造成父母与孩子之间的沟通很不顺畅。心理辅导教师在家庭成员之间搭建了一个平台,让双方体会到积极沟通的效果,并且尝试在家庭中做到多沟通、多交心,才能相互理解,帮助孩子更好、更快地成长。

依据系统家庭治疗的理论,未成年人的心理问题与家庭有着密不可分的关系。在个案咨询中,我们也遇到过很多“5+2=0”的困扰,学生5天在学校得到心理辅导教师和班主任的疏导,可是2天双休日在家,父母不恰当的表达方式又刺激了孩子,于是孩子又会带着新的情绪和愤怒回到学校,这样非常不利于学生心理状况的改善。小王的案例让我们体会到,家庭治疗的成效要比单独干预学生更好,这将是我校尝试和探索家校合作育人的一种新途径和新模式。

“牛皮凡”变形记

上海市建筑工程学校　周　璇

一、案例介绍

小凡，男，17 岁，本市户籍，家中独子，与爷爷奶奶、父母住一起。小凡入学前，我从学生档案里得到的信息是：初一、初二时遵章守纪，活泼开朗，学习成绩良好，初三时略叛逆，2014 年毕业。而我所带的班级同学均是 2015 年初中毕业，这期间小凡在上补习班，复读一年后的成绩反而不及以前。看来，这个学生是我今后需要特别关注的对象。

新生入学的第一课就是军训，当我给班级学生发出军训通知时，很快就收到小凡请病假不参加军训的要求。我马上与小凡的家长联系，了解孩子的病情。家长先是沉默了一会，然后说孩子患了重感冒，希望老师准假。我听出了事情的蹊跷，于是诚恳地跟家长说明了军训的重要性，希望孩子不要失去融入班级、养成良好品质的最佳时机。小凡的家长听了我的话支支吾吾，表示同意并会将小凡准时送到，然而最终小凡还是缺席了军训。开学后，我马上感觉到小凡果然是一块“难啃的骨头”。平时不参与班级、学校的任何课外活动，上课喜欢睡觉，对任何一个任课教师都不理不睬，但是一下课便立刻“活”了过来，与同学“高谈阔论”，讲自己的一身名牌，讲毕业后的“宏图”，讲自己周末“高大上”的休闲活动，吹嘘家里亲戚的富裕程度，甚至无中生有地编造一些故事。大家都知道他在吹牛，于是同学们暗地里都叫他“牛皮凡”。

二、个案分析

小凡在入学之时，以身体为由拒绝参加军训，可见小凡的任性与不诚实。联系小凡的家长时，家长居然帮孩子“圆谎”，可见孩子出现这样的问题，很有可能源自家长的溺爱与纵容,家庭教育存在缺陷。

小凡吹嘘自家物质条件如何优厚,并以此取得同龄人的羡慕,这反倒体现了他自卑,想博取他人的关注。要想让小凡"变形",必须找到问题的症结,对症下药方能让孩子健康成长。

三、个案指导

(一) 小沟通　诉心扉

在取得家长的信任与配合之前,我先与小凡进行了一次促膝长谈。从小凡复读的这一年经历着手,我了解到,小凡自身根本不想参加复读,是父母觉得考上中专很丢人,在未经小凡同意的情况下,就让他去参加了一整年的复读。复读的学校是市区的一所民办学校,学费昂贵,他所在班级的同学家境都非常富裕,他们每天谈论的话题就是各种名牌的衣服,甚至是某些奢侈品。中午学校午餐需要自费,但是小凡的家庭条件非常普通,动辄上百元的午餐费对他的家庭来说难以承担。这让小凡备受打击,渐渐讨厌上学,讨厌老师,而对自己的父母,也充满了怨恨。于是他便开始"作",处处跟父母作对,但在爷爷奶奶的袒护下,小凡的父母无可奈何,只好一味迁就。

(二) 小约谈　助家教

了解了"病根",我开始行动。首先我约谈小凡的家长,力求指导和帮助家长树立正确的家庭教育观。我在心理辅导室宽松的氛围里,首先肯定了小凡爱帮助同学等优点,也客观地描述了小凡的在校表现,爱吹牛、上课睡觉等不良习惯。同时,将小凡与我交流的真实想法委婉转述给了家长。小凡的爸爸默默低下了头,他真切意识到当时"要面子"的做法是非常不可取的,孩子今天的表现,父母有不可推卸的责任。我建议小凡的爸爸也可以将这番话对孩子说,解铃还须系铃人,父母的坦诚或许会帮助孩子解开心结。事实证明,父母回家后和小凡进行了交心长谈,并对今后的学习生活提出了要求,小凡在心里理解了父母,也表示要认真学习,改正身上存在的不良习惯,做一个好学生。

(三) 小微信　传真情

接下来就是家校联手"托举"让小凡向"高处"走。手机微信发挥了巨大作用。我密切关注着小凡的一举一动,一旦发现"亮点",马上"微信"家长:

"小凡爸爸您好!最近孩子的进步很大,他开始有真正的朋友了,您在家也好好表扬表扬他。但上课时还稍有些欠缺,希望您能与他多交流。谢谢!"

"小凡爸爸您好!最近孩子代表班级参加了学校的篮球比赛,希望您能就此表扬他，感谢配合。”

“小凡爸爸您好！最近小凡上课不睡觉了，任课教师提问的时候也能积极回答了，他很棒。”

……

在班主任和家长的积极鼓励和帮助下，小凡一点一点地发生着可喜的改变。

（四）小日记　吐心声

我有个“作业”，就是让学生写日记或者周记，不仅为了练笔，更希望他们说真话，比如对父母、老师的看法，甚至是自己的梦想。同学们出于对我的信任，什么话都会说。

从小凡的周记中我了解到，在父亲心目中，他一直是个“小屁孩”，所以当小凡对父母的某些做法提出意见的时候，他只会一味地指责小凡不懂事，甚至不给小凡解释的机会。小凡会把一些事情详细记录下来，请老师“评理”。为了帮助小凡的家长改变教育方法，在得到家长“保密”的承诺后，我把小凡的几篇周记发给了家长。读了孩子的日记后，小凡的父亲觉得儿子不再是“小屁孩”，他长大了，他的有些想法确实是对的。从此，他们改变了对小凡的教育方式。

（五）小合作　促和谐

得知小凡和他的父亲都喜欢打篮球后，我利用周四下午德育课的机会，举行了一个特别的活动。我邀请了班级几个会打篮球的父子，3 大 3 小为一组进行亲子篮球比赛。小凡和他父亲在比赛中配合默契，表现出色，最终以大比分获得了亲子篮球比赛的冠军。小凡和他的父亲在拿到我颁发的奖品后，非常开心，父子击掌庆贺，小凡还拥抱了父亲。事后，小凡的父亲非常感动，说儿子好久没有这样亲近他了。

之后，小凡的父亲告诉我，小凡像变了一个人似的，他们多么喜欢现在的小凡啊！同学们也感受到了小凡的变化，集体活动积极参加，再也没有吹嘘他所谓的富裕生活，“牛皮凡”的绰号也被同学们渐渐淡忘了。任课教师也反映，小凡居然肯主动回答老师的问题了……这样的小凡非常讨人喜欢。

四、案例体会

教育犹如海上行船，必须按正确的航线行驶，否则，就会有触礁的危险。小凡的案例让我意识到，学生的很多问题，既是长期家庭教育中不利因素的积累，也是环境对孩子心灵影响的结果。因此，作为教师和班主任，在教育学生的过程中，不仅要承担对孩子的教育，而且更要重视对家庭教育的指导和帮助，只有学校和家庭共同合作，才能使教育取得预期的成效，使孩子茁壮成长。

家校联手，让父亲"就位"

上海市建筑工程学校　张　剑

一、案例介绍

"神秘"的父亲

初识立的时候，我就注意到他总是紧锁着眉头，较同龄学生少了一份少年的朝气，多了几分不应有的忧郁。立的妈妈在军训期间两天一个电话频率联系我，了解儿子的情况。内容基本差不多："张老师，我家阿立怎么样，身体吃得消吗？和同学相处得好吗？你帮我多关心关心他，有事电话打给我，他爸不管他的！"

挂了电话，我好像明白立忧郁的原因了，尽管档案上有父亲的名字，实际上立是单亲家庭的孩子。因为害怕伤害学生，我从来没向立证实我的猜想。在一段时间的观察和相处后，我发现他守规矩、敏感、胆小、易紧张，也不善于交流，我想这应该和立在长期缺少父爱环境下成长有关系。

一个周三下午，立的妈妈带着立来到我的办公室。家长的突然出现让我感到意外，"张老师，阿立放在宿舍的东西一直少……"我赶紧让立的妈妈坐下慢慢说。"上周我给他买了一箱矿泉水放柜子里，才一周多，24 瓶水已经没了；还有周末给他带的水果，昨天就没了……"

立紧锁着眉头，小声嘟囔道："他们后来和我……"还没说完，看到妈妈在瞪着自己，就赶紧闭嘴了。我意识到可能有误会，便鼓励立把话说完。

"他们打球回来想喝水，说先喝我的，以后再给我买。"后来我了解到确实是宿舍同学先拿了立的水喝，却忘了再买。水果也是立在吃的时候，其他同学围上来分享了。

在得知孩子并非被欺负后，立的妈妈总算放下心来。我将家长送至校门口，看到坐在驾驶座上的男子，立的母亲说他是立的爸爸，并解释道："他爸爸反正不管立，就没让他上来。”

二、案例分析

父亲缺席谁之过?

原来立有一个完整的家庭，之前我的判断是错的。立告诉我，妈妈对自己的照顾无微不至，而爸爸什么都不会，立所有的事情都是妈妈决定的。很多时候，立觉得很压抑。在与立的妈妈电话沟通的过程中，我发现，这是一名“假单亲妈妈”，她不放心将孩子交给其他人，哪怕是孩子的父亲，所以，孩子所有的事她都一手包揽。

看来，在立的家庭中，妈妈是主导，她对孩子是全身心投入、不肯放权，将父亲在家庭教育中边缘化，父亲被迫做了“甩手掌柜”。

“人是关系的产物，父亲只有接近孩子，融入孩子的生活，才能为孩子做榜样、树规范”。父亲在家庭教育中的地位，很大一部分取决于母亲对父亲参与教育的态度，以及是否为父亲创造接触孩子的环境密切相关。

显然，在这个家庭教育中，父亲缺席，并不全是父亲的责任，母亲“大权不愿旁落”的想法和做法，也是很大的原因。

三、案例指导

妈妈退一步，爸爸进一步，教师伴左右

相较于母亲能给予的幸福感，父亲更多的是传递安全感。立在一个看似完整的家庭中长大，母亲的过分关注和父亲长期的被“缺席”，让立感受不到父亲的存在，更别说受到来自父亲的影响。这样的环境让立缺乏足够的安全感，慢慢养成了他敏感、自卑、交流能力差等性格特点。

研究家庭社会学的唐国建博士认为，在父亲的陪伴、处事风格影响下，男孩往往大胆、果断、自信和刚强，父母所扮演的不同角色有助于孩子性别意识的形成。立身上缺乏的正是大胆果断、刚健顽强等具有男性特征的东西。

为了帮助立健康成长，我多管齐下寻找突破口。

首先我与立加强了沟通交流。常常找他闲聊，在轻松的氛围下，我们聊生活琐事，聊成长体会。我主动与他分享了自己的成长经历，聊父母对自己的帮助。他也聊起了自己的家庭。闲谈间，我感受到了他对父爱的渴望，他说母亲的关注会让他倍感压力，却也无力改变。我建议他今后遇事多和父亲沟通交流，有些拿不定主意的事情可以去征求父亲的意见，而不是像从前，一切都只跟母亲商量。我努力将父亲从家庭教育的边缘拉回中心，让父亲发挥应有的作用。

借班级感恩父母主题班会的契机,我邀请立的家长参加活动。主题班会上有个亲子游戏环节,我有意邀请了立和他的父亲参与了游戏,为《父子》这首歌曲配动作。“如果你是一棵参天大树,我就是一粒种子,你宽大的树阴把我守护”,立高大的父亲张开双臂,模拟出大树的样子,立则在父亲的手臂下享受“荫凉”,我发现父子俩的眼里都有泪光,整个画面非常感人,或许,那天立的父亲意识到自己应该承担为儿子遮风挡雨的责任。

班会后,我留下立的父母,我们聊了很久。我从立的性格说起,肯定他在学校的良好表现,讲述了他与同学之间的一些趣事,指出了他性格上的一些问题。实事求是的评价得到了家长一致的认可。在基本达成共识的基础上,我将自己的担忧抛给了他的父母:父亲在家庭教育中的缺席,不利于孩子,特别是男孩子的阳光发展。将“妈妈退一步,爸爸进一步,教师伴左右”的教育策略告知家长,希望家长能够思考,并和我保持沟通和联系。

活动后,我将立与他父亲的那张照片命名为“父子”发送给了立的父母,照片上立眼里常有的忧郁一扫而空,满脸的灿烂笑容,父亲的样子也是高大而慈爱。这张照片深深触动了立的父母,他们分别给我打了电话,表示非常乐意尝试我的建议。

之后,在与立的母亲互动中,我将“夫妻关系大于亲子关系”“强势妈妈的弊端”“缺失的爱”等家庭相处课程分享给立的妈妈。帮助立的妈妈编制了一张家庭任务分工表。在任务表中,专列了一项,那就是每周有半天是立与父亲“单独活动”时间,妈妈不参与。关于立与父亲的“单独活动”里组织哪些活动,立的父亲会征求我的意见,我也会提出建议,比如建议他们去远足、骑行等,努力帮助立培养“男孩子气概”。

正值学校国旗队到班级招收新队员,我看到立有些激动却没有报名。我想到军训期间立在日记里曾提到爸爸当过兵,他自己对军装有一份特殊的感情。我给立的父亲打去电话,建议他鼓励孩子参加这次活动。这一次,我和立的父亲配合得很好。周末,立的父亲拿出了自己珍藏的军装,给孩子讲了很多自己当兵时的趣事。周一,我找到立,向他表达了我的期待,最后立主动提出参加国旗队选拔。而我也和立的父亲保持着很好的沟通,在立训练期间关心他的情绪和身体情况,立的父亲在周末对立的弱项进行指导和帮助。渐渐地我发现,立的父亲主动联系我了解孩子情况的频率越来越高了,父亲开始回归孩子的教育中心了。

事实证明,我们的努力没有白费,立比过去开朗了很多,他与同学的交流更顺畅了,甚至敢在大家面前表达自己的想法,遇到问题,也不会像从前那样闷在心里,或者找母亲、老师,而是自己能够处理好。现在,立是学校国旗队的常任升旗手之一,记得他第一天升旗的那个早晨,他的父亲也赶来了。我和他站成一排,看着国旗下的立,他站姿挺拔、动作标准,我们相视一笑,很是欣慰。

四、案例反思

著名的心理学家格尔迪曾说过:"父亲的出现是一种独特的存在,对培养孩子有一种特别的力量。"与温柔似水的母爱不同,父爱在严厉的要求中带有深沉的关怀,这对孩子的人格塑造、社会适应力的培养都有十分重要的作用,是母爱所无法替代的。立的案例充分证明了这点。当老师找出学生出现的性格问题的症结时,通过对家长耐心的帮助和指导,使家校携手、共同教育,会取得事半功倍的良好效果。

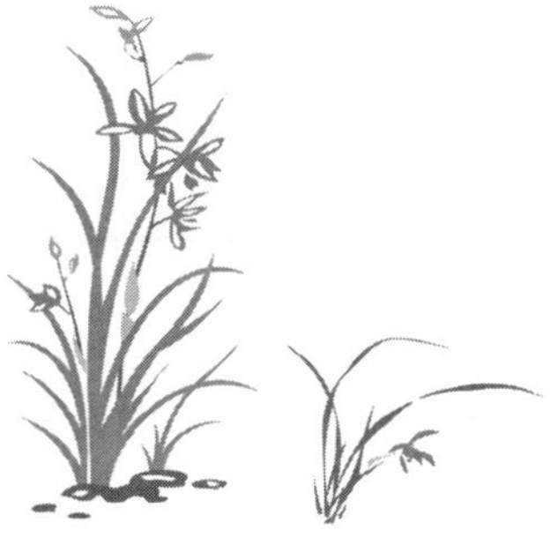

孩子是我们一生中最重要的作品

上海市现代职业技术学校　王俐敏

一、研究背景

每一个孩子都是上帝的礼物。有些父母知道这份礼物的珍贵，给他们的宝贝吃饱穿暖的同时还给他们适当的教育，正面的引导；但也有些父母虽然对孩子充满了爱，但却不知爱的真谛，不知如何引导自己的孩子走好人生之路。他们中有各种各样的错误行为，有些是对孩子无原则的溺爱；有些是语言粗鲁或乏味说教；有些缺乏耐心与教育动机，觉得孩子不读书照样可以生活无忧，甚至还有些家长在客观情况有困难时把孩子交给了(外)祖父母照看。在我们职业学校里，时常会碰到这样的父母。下面介绍我们班里的一个孩子和他的家长。

二、基本情况

小陈，男，16 岁，来自离异家庭，跟随母亲生活，但是因为母亲忙于工作，很少有时间陪伴孩子，平时和外公外婆住在一起。小陈上课经常走神，甚至睡觉，不愿跟着老师朗读；随堂练习速度非常慢，写几个字发会儿呆，所以很多考试从来没有及格过，中考分数很低。而且小陈的平时习惯比较差，校服不好好穿，卫生劳动不认真做。

三、原因分析

从智力因素看，小陈对于学习不感兴趣；从行为因素看，小陈缺乏良好的学习习惯；从家庭因素看，家庭教育的缺失，导致小陈的行为规范有偏差。

四、个案指导

了解了小陈的基本情况后，我采取了针对性措施，从指导家长进行科学的家庭教育开始。我和小陈的妈妈进行了长时间的交流和沟通，并和她一起制定了共同帮助孩子成长的计划，主要的措施有以下六点。

（一）树立信心

职业学校的专业课程并不难，只要是智力正常的孩子都能掌握。就算不是很聪明，但勤能补拙，只要刻苦努力，是可以取得优良的成绩，而绝不是像现在这样 30 分左右的成绩。

（二）培养习惯

习惯是一种巨大的力量，从小事情做起，逐渐培养好的习惯，改掉不良习惯。比如，可以从作业入手，保质保量完成每一次作业。如果不肯做就全家一起施加压力，既要讲道理，又要采取强制措施。一开始培养习惯一定不易，但只要坚持，久而久之就会自觉养成良好的习惯。

（三）每天交流，有效沟通

孩子回到家，不要问他太多考试分数或者学习情况。应该先问“今天学校有什么开心的事吗?”“今天老师有没有表扬过你?”“和同学们相处愉快吗?”让孩子觉得家长是在关心他，而不只是关心他的学习。当气氛融洽后再慢慢地将话题转移到上课表现，作业情况，学习上还存在哪些困难。只有了解了他的困难，才能对他有所帮助。

（四）坚持陪读

学习习惯和基础好的孩子一般无须陪读。但是小陈不是这样的孩子，家长应该在一段时间里进行陪读。晚间学习情况的检查，就是其中的重中之重。如果只是喊一嗓子“作业做好了吗?”孩子答:“做好了!”而不去细致检查，往往不会有什么效果的。比如，在让孩子们背诵英语单词的时候，家长可以替孩子准备好设备，播放录音让孩子跟读，当孩子发现家长很认真的时候，他自然也会认真起来的。

（五）参与家庭劳动

小陈的家里有老人，一般不会让孩子做家务，使他养成了懒散的不良习惯。所以，我要求小陈的妈妈，孩子回家后给他布置一些家务来完成，从简单的扫地到帮忙洗菜，还可以让他自己整理布置自己的房间。通过这些事情培养孩子的劳动心、责任心。

(六) 家庭成员齐抓共管

小陈的学习之所以很糟,还有一个原因是他在家里经常玩手机游戏。沉溺于游戏的孩子一般注意力涣散,智力也会有一定的下降。小陈的学习基础本来就不好,再加上游戏打得太多,学习当然就不好。我要求小陈的家长统一思想,共同管好小陈的游戏机和手机,平时学习期间最好不要碰它们。可以采取运动,走访亲朋,或者发展兴趣爱好的方法来充实课余生活。

五、实践效果

小陈的妈妈按照我俩制定的改善家庭教育的计划,加强对小陈教育引导:首先制定了规矩,小陈回到家之后先完成作业,未完成作业不允许玩耍。小陈回家后要多问问孩子一天的学习以及生活情况,对于好的行为要给予鼓励,不好的行为要给予批评或是帮助孩子一起解决。晚上腾出时间陪伴孩子一起完成一些任务,比如打扫房间或是到外面散步,等等。作为老师,我与小陈的妈妈保持联系,了解小陈在家的情况,也经常反馈小陈在班级中的情况。当发现小陈有进步的时候,我会在班级里给他正面的表扬,为他树立自信心,同时也把进步告诉家长,鼓励家长坚持进行家庭教育。慢慢地小陈在同学中的形象改变了很多,不再大声喧哗了,课上听讲认真了,每天的作业基本完成,重要的是由于妈妈坚持不懈的管教,他对妈妈的感情也更深了,改善了本来冷淡的亲子关系。小陈的妈妈后来感谢地对我说:“现在我把塑造儿子当成我人生中最大的任务,培养出优秀的孩子就是完成了最重要的作品,再苦再累也值得!”

家校共携手，引领孩子遨游“e”时代

上海商业会计学校　赵　然

家庭生活在儿童成长的每一个时期，甚至在人的整个一生中，其重要性是无可替代的。家庭是孩子的第一个课堂，父母是孩子的第一任老师。家庭教育工作开展得如何，关系到孩子的终身发展，关系到千家万户的切身利益，关系到国家和民族的未来。但是，很多中职家庭的家长缺乏正确教育孩子的方法。学生存在的一些不良习惯，多多少少和家庭教育有一定的关系。为了使孩子能健康成长，家校合作显得非常重要。

一、问题的提出

A 同学(化名)是我班级的一名女同学，性格活泼外向，积极参加文体活动，在校园里经常可以见到她活跃的身影。可是上课时她就没这么“积极活跃”了，经常低头玩手机，懒洋洋的，看不到认真学习的态度。就这个问题我和 A 同学进行过几次谈话，她都表示会改正，但是上课时依然我行我素，无法专心听讲。为了让同学们暂时远离手机的干扰，班级购买了一个手机袋，我提议上课期间把手机放进手机袋，得到了同学们的普遍响应。但我还是看到 A 同学在上课时低头看手机，而对应她学号的袋子里明明是有手机的，细究之下我才发现手机袋里是一部手机模型。我没有当着同学们的面揭穿她，放学后和她谈话，她表示以后不会再发生这样的事了，可结果却一次又一次令我失望。

我和 A 同学的母亲取得联系，母亲说女儿回到家就在自己房间看手机，和父母的交流越来越少，母亲也表示非常担心。入学后的第一次月考，A 同学的数学成绩没有及格，为此 A 同学的手机也被父母没收了。我发现 A 同学情绪非常低落，可想而知，这样下去，学习成绩可能会越来越糟糕，而且还有可能变得更加逆反。我再次和 A 同学的母亲沟通，母亲希望得到老师的帮助，一起商量找找对策。

在班级和学校中,类似 A 同学的情况还是较普遍存在的,面对这种情况,应如何进行家校共建,找出引导学生如何科学、合理、文明地使用手机的办法。

二、背景分析

腾讯 CEO 马化腾曾说过:“手机是一个 10 倍级的能量,10 倍级的成长,甚至 10 倍级的毁灭。PC 互联网 2.8 小时/天,移动互联网 16 小时/天,比 PC 多出 10 倍以上的使用时间。”华东师范大学心理教育专家陈默教授说:“00 后是 iPad 一代!”和大多数教师一样,在面对 00 后的学生时,我也面临这个问题:当教师在课堂上使用多媒体上课时,学生们也在无声地用 QQ、微信、微博等“交谈”着。

“手机控”是处于信息化时代的学生们不得不面对的一种诱惑,也是班主任不得不面对和思考的问题。班主任和家长对该问题的担忧:一是对课堂听课效率和课堂秩序的担忧;二是对学生“沉迷”手机的担忧。前者影响学生的学习质量,后者影响学生个人的身心健康,影响家庭的亲子关系。

面对这一问题,很多教师和家长采取严防死守,一味禁止的办法,甚至用没收手机的极端方式来解决。其实,我们可以换一种角度思考,学生的一生要面对许许多多的新生事物,让学生排斥新生事物绝不是教育的应有意义。反之,教育应该引导学生勇敢地面对新事物,在勇于面对中理性认识,并正确对待新生事物。所以,引导学生正确使用手机,并以此为契机,唤醒学生生命中的自觉、自律、自控意识,才是教育的真正意义之所在。

在校内,利用班会课和生活中的实例教育学生按照规定使用手机,引导学生如何科学、合理、文明地使用手机。通过引导,学生能形成文明使用手机、网络的习惯。

在家庭,引导家长如何对孩子进行手机管理,让家长参与进来,充分发挥家长的作用,在家长参与的过程中,遇到问题及时进行沟通并且给予一定的指导,学校和家庭之间共用探讨,交流宣传正确的教育理念和科学的教育方法,改善和提高亲子关系。让天下的父母育天下的孩子。

三、家校合作的目标

(一) 促使家长家庭教育观念的转变

家长的教育观念对于家庭教育的效果具有重要的影响。家庭教育观念对于家庭教育具有指导性的作用。因此，班主任对于家庭教育的指导是一项重要的工作，能够促使家长家庭教育观念的转变，形成正确的家教观。对于子女成才的问题存在两个极端的方向，有的过于的放纵自由、不管不问，有的过于严苛，在学习上过于追求完美。因此，针对一些家庭的教育观念，教师应该对其进行指导，促使其观念转变。面对不同类型的家长应采取不同的指导方式。对于文化水平和层次较高的家长，可以从理论教育层面进行指导；对于文化水平较低的家长，可以采取案例指导的方式，和家长进行讨论，这样更加有利于家长对家庭教育的理解。

（二）指导家长创造良好的氛围

首先，创造爱读书的家庭环境。比如，父母尽量少看电视、手机，少打麻将，多读书，久而久之，孩子也会觉得书是一个很好的东西，孩子走到哪里都会先去书店。

其次，父母的实际行动比语言更有力量。孩子看到父母积极投身于有意义的工作的态度，也会效仿的。

最后，创造良好的夫妻关系也是孩子健康成长的肥沃土壤。不和谐的家庭中，父母经常争吵，会影响孩子的生活、学习和身心的健康发展。

（三）指导家长及时与学校沟通

班主任应该经常与家长联系，探讨教育孩子的内容和方式方法，使学校教育与家庭教育保持一致。家长可以通过以下三种方式和学校沟通：

（1）利用电话及时和教师联系。

（2）借助校讯通等进行家校互动，教师可以发信息提醒家长，家长也应及时回复。

（3）通过班级微信群和学校取得联系。

四、家校合作的路径探析

针对学生手机管理的问题，结合上述分析，尝试通过以下途径开展家校合作。

（一）建立畅通的家校信息交互频道

诸如A同学上课看手机的情况，家校共建的前提是班主任和家长、学生建立起一致的沟通渠道。要注意沟通方式和技巧，否则家长和教师越“强行禁止”，学生可能越“逆反”。A同学的家长认为，学生有了手机，孩子的自控能力较差，会导致成绩变差等不良后果。学生认为教师只会和家长打“小报告”，所以对教师有抵触情绪。这种境况下,教师很难和学生进行有效的沟通和谈心。面对这种情况,教师可以寻找一种沟通媒介,借助这个媒介拉近和学生的距离。比如,针对A同学,我发现她的朋友圈上传的图片很漂亮,还有精彩的小视频,就大加赞赏,便询问是怎么做的,这时A同学紧张的情绪有了一丝放松,就和我介绍起了一个App,还滔滔不绝地讲解起这个App如何使用,等等,逐渐地我和A同学的沟通处在一个频道上了,也增进了师生的感情。之后,我主动要求向A同学学习使用这款App,然后说以后班级活动会请A同学帮忙拍照片、制作视频。最后再语重心长地讲,上课一定不能玩手机,业余生活中也不能沉迷于手机。这时候沟通的效果就好很多。

事后当我再单独与A同学的家长沟通时,家长的情绪也发生了很大变化。作为家长,既要肯定孩子使用手机获得的实用技能,也不要让孩子感觉家长是站在他们的对立面。家长和学校一起配合引导学生正确使用手机。

(二) 强化规范意识教育

规范意识是教育的重要内容之一。比如,教育的实施从班规开始,班规的构成先要充分考虑学生的手机使用状况,发扬民主,让学生提出手机的使用规范。这样,班规的作用就充分发挥出来了,既然班规是大家制定的,那么理应要大家共同遵守和维护。

在我的引导下,学生们纷纷提议了各种应对手机使用的班规,最终达成的共识是订制手机袋,规定上课时大家一律将手机装入写有各自学号的手机袋中,统一挂在教室后墙上。规定了在某些课上可以使用手机查阅资料、手机班级群中的聊天语言规范,以及每日聊天专题等。将这些纳入班规,不仅有助于解决"手机控"问题,还有助于学生规范意识的培养,养成在移动互联网环境下健康的生活和学习习惯。

在家长会上,我逐条宣读这些班规,让家长知晓。这样在面对问题的时候,更容易沟通。显然,A同学的行为没有遵守班规,这样让A同学明白我将这件事告诉父母是本着一种对她负责和关心的态度,而不是打"小报告",班规是大家一起制定的,自己也是集体的一分子,要遵守这个班规。A同学的家长也理解教师的用心,也愿意积极地配合班主任工作。

(三) 制定"手机使用公约",用制度促使自律

基于班规的基础上,我和A同学的家长开始规范孩子手机的使用。在校期间由班主任负责,回家之后家长和学生商定一个"手机使用公约",由学生自己拟定,家长修改,最后达成一致意见。最后A同学写了自己应该如何使用手机,以

及使用的时间，甚至还有学习计划和目标等，也写到了若自己违反“公约”该如何处理等。A 同学在整个过程中，有所成长，自控能力和学习也有所提高。

“手机使用公约”的制定是一种形式的外在约定，它的作用在于时时刻刻提醒着每一个从“手机控”里走出来的学生，告别“手机控”，做自我的主人。

五、家校合作的效果和展望

没有家庭教育的学校教育和没有学校教育的家庭教育，都不能承担培养年轻人这个艰巨而复杂的教育任务。因此，为了孩子的健康成长，我认为与家长合作、家校共同努力是班主任工作的关键。作为班主任，我在指导家庭教育上有了很大的收获和成长，主要有以下三个方面。

第一，电话访问要注意把握方式。与家长交流时，不要让家长感觉是在“告状”，尤其是面对一些消极的家长，如果没有把握好语气语调，可能很难让家长通力配合。应多向家长指出孩子的优点，这在一定程度上能让家长轻松、自信、愉快地面对教师，主动向教师提出孩子目前存在的一些不足，期望得到教师的指点与帮助。

第二，及时给予家长有效的建议。有很多家长由于知识、工作或性格等多方面的原因并不懂得怎样教育孩子或者没有时间来教育孩子，面对家长的消极应对，应尽可能地给出切实可行的建议。

第三，教育需要持之以恒。在对学生进行多次教育没有明显效果后，不要放弃。一个坏习惯的形成不是一朝一夕的，学生的改变也不是一蹴而就的。很多家长缺乏教育的耐心和恒心，这一点需要班主任通过家长会、单独沟通等途径传递给家长。

家庭教育指导是学校工作中非常重要的一部分，做好家长工作不仅能使学校的各项工作顺利开展，更能使家校一致，促进学生的全面发展。从这个案例中，可以看出家庭教育的重要性，只有学校的教育与家庭教育紧密结合，我们对孩子实施的教育措施才能取得更好的效果。让家校同携手，建立与家长沟通的桥梁，让老师、家长、学生都能相互理解彼此，共同为孩子铺起成长的道路。

以爱之名，静待花开

——陪伴是最好的家庭教育

上海科技管理学校　张惠洁

美国教育学家莎莉·路易斯在她的作品《唤醒孩子的才华》中写道："两年前，有人研究哪些因素促使孩子在学习能力倾向测试上得高分。智商、社会条件、经济地位都不及一个更微妙的因素重要，那就是，得高分的所有孩子都经常与父母一起吃晚饭。"而餐桌对话就是我们的家庭教育。家庭是每个孩子成长的起点和根本，家庭教育是学校教育与社会教育的基础，良好的家庭教育是孩子最好的大学。可是什么才是有效的家庭教育呢？我想，家庭教育最大的特点就是情感，是爱，是陪伴，是心灵的贴近。

今天，我要分享的是一个真实的案例，一个关于爱和陪伴的故事。

一、初识　冷漠

我带过的中高职贯通班有一个名叫陈自清（化名）的同学，以全班第二的高分进校。本想对这个孩子委以重任，谁知道他一脸不愿意，吞吞吐吐地告诉我他做不好，接下来的日子更是让我大失所望，除了英语成绩还算稳定以外，其他门门功课都只是勉强及格，第一学期成绩就落到中下水平。班级工作也是能躲就躲，毫不上心。

我多次与他谈心，他一脸沉默，我找班干部帮助他，他婉拒。我翻阅他的档案，发现这个孩子从小到大都在一流的私立学校读书，老师的评价也相当正面。我困扰了，到底是什么原因让一个原本应该优秀的孩子落伍了。

二、矛盾　冲突

我与他的僵局终于因为一个手机而打破。一次专业课上，我路过教室，扫了一眼班级情况，全班都聚精会神地听着课，可是他却低头看着手机。我瞬间明白了，终于找到了原因！我一脸阴沉地等在教室门口，一下课就冲进去夺过他的手机，他一愣，我压着怒气告诉他，想拿手机放学后来找我。

放学后，他来到办公室，僵直着身体站在我的面前，却没有开口道歉。我主动开口，说："你应该清楚我为什么收了你的手机，你需要解释一下吗？"他沉默。我似乎已经习惯了他的无动于衷，继续说道："那就这样，我不认为你可以很好地管理你的手机，所以，根据班规，明天开始手机由我保管，每天放学后来拿！"他身体颤抖了一下，咬紧的嘴唇小声而坚定地说了一句："不！"他顿了顿，提高了音量，说："手机是我的私人财产，你没有权利没收！"

我有些意外他的反应，要知道，这是他第一次主动和我说这么多话。可是也使我恼怒，不遵守校规校纪，还振振有词地狡辩。我刚想开口教育他，他的眼神忽然松懈下来，自言自语道："老师，连我爸妈都不管我，你干吗老是浪费时间来管我！""你的爸妈怎么会不管你，他们都很关心你，很爱你啊。""是啊，他们一起来开家长会，一直打电话给老师问我的情况，他们甚至翻我的书包想看我的手机，可是，要不是因为怕影响我中考，他们早离婚了。"我从他的眼神里看到一股巨大的悲痛压抑着这个男孩，让他喘不过气。"他们从小送我去最好的学校，进最好的班级，以为这样就是爱我，他们眼里只有我的成绩，从来不知道我在想什么。""不过现在他们应该也绝望了吧。"我不知道怎样安慰眼前这个泪流满面的大男孩，那种悲痛不是我三言两语能够安慰过来的。

"对不起，老师真的不知道情况是这样。"我安抚着他的肩膀，说："如果你愿意的话，下次心里难过的时候可以找我聊聊，也许说出来就不那么难过了。"他点了点头。

三、寒冰　消融

回家的路上我自责不已，我居然如此忽略了这个内向孩子的感受，一直把他的消极怠工归咎为他的不争气，实际上问题的症结在于家庭教育。我想要通过家庭教育的指导，使家长改变教育方法，和学校一起共同改变学生现在的状况。

第二天，我就打电话给陈自清的妈妈，听完我的描述后，陈妈妈也失声哽咽，承认的确是家庭的不和谐造成孩子这几年性格上的巨变。原来陈自清的父母早已分居，现在孩子和奶奶一起生活，父母每天通过电话"关心"孩子，从起初孩子简单的"嗯""哦"回答，到沉默。父母都以工作忙为借口，一两个月才见一次孩子，见面也是照例询问学习情况。长此以往，亲子沟通越来越艰难。同时，我也致电陈自清的爸爸和奶奶，经过多次努力和沟通，终于安排了一次特殊的家访——周六由我邀请陈自清一家三口共进午餐。

家访一开始就陷入尴尬而冷场,陈自清的父母和我一阵寒暄之后相互之间就不说话了。我特意带来了陈自清英语月考第二名的好消息,他的父母才略感欣慰,我接着追问:"英语这么好,一定是有什么诀窍吧?"陈自清的妈妈笑着回答:"是啊,他从初一开始就直接看美剧原版,我看不懂,他就当我的小翻译呢。""为了他学英语,我们也没少花心思。"陈自清爸爸接着说:"小时候我经常一下班就送他去英语补习班,饭都来不及吃,儿子怕我饿着,经常在开车的空隙喂我吃汉堡呢,小时候真是一枚暖男啊。"沉浸在过往回忆里,陈自清也慢慢抬起了头,相信他也好久没有听到父母这么谈论自己了。"他呀,从小最爱吃河虾,但又不愿意自己剥,每次都要我给他剥。"陈自清的妈妈夹着虾仁往陈自清碗里送,一脸宠溺。"别说河虾啦,小龙虾也懒得剥,和我出去偷偷吃夜宵,也是我给剥的。"饭局在闲聊中愉快进行着,陈自清从沉默不语到眼眶湿润……

其间,我与陈自清的父母恳谈关于家庭教育的重要性:家庭教育是心灵教育,是终身教育,家庭教育要以爱为基础,以陪伴为手段,多一些鼓励、多一些沟通、多一些理解。爱孩子也要注意方式、方法,要"艺术"地爱孩子,父母的陪伴是最好的心灵教育,家庭对话是最有效的心灵养护。与孩子的谈话不要总是"训诫教导",总是试图灌输点道理到孩子耳朵里,如果父母总是不间断地唠叨应该这样,不应该那样,你成绩多少,班级排名第几,这样的谈话不仅不能拉近心灵、增进了解,只会把孩子越推越远,令他厌烦、疲倦和麻木。同时,针对陈自清家庭的特殊情况,我也给他的父母提出了一点"小要求",就是每个双休日一定要抽空和孩子见一面,吃饭、看电影、逛街、玩游戏都可以,前提是必须愉快,只有心灵的贴近,才能施加教育的影响力。

家访后的周一,当我走进教室时,陈自清依旧是一脸冷漠,接下来几天也是如此。但是我却发现他抬头的次数越来越多了,上课开始能和老师有互动了,这是进步的开始。

陈自清父母的计划也同时开始了,他时常被妈妈以工作为由请教英语问题,也会突然被爱好马拉松和篮球的爸爸强行拉去跑步、打篮球。渐渐地,陈自清那张阴沉严肃的脸上开始有了这个年纪该有的笑容,父子、母子间的感情明显好转。虽然学校里的陈自清仍然算不上活泼开朗,但终于愿意开口和同学、老师交流了。

同时,陈自清的爸爸还成为校家委会成员,每次开会、学校开放日等,陈自清的爸爸都会积极参加。通过到校听课、观摩教育教学活动等,不仅能让家长直观地了解学校教育的现状和孩子的表现,了解到自己家庭教育的效果,更能让孩子感受到父母对自己实实在在的关爱,也可以从学校的教育教学活动中得到启发,进一步完善自己的家庭教育方式。

四、打开　心扉

二年级的第二学期，有一天陈自清突然发来一条短信："老师，我爸妈今天离婚了。"我正想着该怎么安慰他，他马上又发来了一条："老师，您放心，我很好。他们虽然分开了，但我知道，他们仍然爱我。你说过的，我总要学着长大，学会独立。"接下来的一年多时间，陈自清的成绩逐步提升，开始默默抢着为班级做事，帮忙出黑板报，帮忙打扫卫生，也开始敞开心扉交朋友，和其他男生一起勾肩搭背地走到地铁站一起回家。

三年级十八岁成人仪式上，陈自清的父母都出席了这次活动。当他拿着父母一起写给他的信朗读时，从颤抖到哽咽到泪崩，最后抱住父母痛哭，我想应该是他真的解开了心结，理解了父母，也放开了自己。今年九月，陈自清进入大学，相信这个大男孩一定会越来越好，路越走越宽。

陈自清的案例让我深深地感受到家庭教育对一个孩子成长的重要性，家庭教育是学校教育的基石。我们每一个教育工作者都应该把对家长进行家庭教育指导作为一种责任、一份工作，以此让学校教育、家庭教育有机整合，共同雕塑拥有完美人格的学生。

去爱你的孩子吧，请无条件地去爱他，就像他爱你一样；去陪伴你的孩子吧，不说教不训诫，就像朋友一样。相信晚开的花朵也有别样的精彩！

爱，让我们携手

上海新闻出版职业技术学校　陈　蔚

一、案例简述与背景

小D(化名)，入学不到一年，状态的起伏让我这个“新手上路”的班主任没少犯晕。小D的父母是央企员工，家庭条件不错，而小D的日常个人卫生却有点糟糕，同学们甚至不愿与其同桌，他自我感觉还挺好；小D的入学成绩在班里名列前茅，但入学后作业不完成，上课打瞌睡，成绩一路下滑，誓言谎言一大堆；新生军训时，小D表现积极，班长把评优名额让给他，他感动地专为班长写诗在班会课上大声朗诵，可转眼他又觉得班长是幕后迫害他的“黑手”；还有他网恋的传闻……在我面前，他总是表现得自信又乖巧，私下里甚至会叫我“妈”。总之，小D的身上聚集了太多的问题。

我一直在思索：是小D自身的心理出现了问题？还是来到中职学校后周围环境的变化引发了他自身的变化？小D的年纪正是人生观、价值观、世界观形成的关键阶段。我迫切地想深入了解他的家庭，以及了解他所接受的家庭教育。因为家庭教育直接关系到孩子能否系好人生“第一粒衣扣”，家庭又是孩子成长中影响最大最广最深的领域。作为班主任，除了努力提高自身的班级管理水平外，更期待与家长的密切配合，形成方向一致的教育合力。

二、指导方法及过程

约定家访的过程，超乎预计的顺畅。微信联络时，没等我完全说明来意，小D的母亲已经急切地发来一段很长的回复：怪我不好，我最近升职了，一直忙得顾不上他，发现他很多问题，正想找个机会约您到外面聊聊，当他面有些话不方便说。看来，我们的“忧虑”是对上号了，问题的症结也即将浮出水面。

周末午后的阳光有些慵懒，我来到事先约定的地点，走进一家放着轻柔音乐的饮品店，角落里摆着一对沙发座。我想，接下来的“家访”更像是一次朋友的相聚，因为发自“爱”之初心，我们有着最为同步的共同语言——小D，更有着一个明确的共同目标——为了小D的一切。

（一）改变观念，树立信心

小D的母亲入座后，刚给她倒上茶，她的话匣子就打开了。小D的母亲对自己忙于工作、疏于对孩子的管理很自责，对小D的父亲在孩子教育上不能及时“补位”也很无奈。可以想见，面前的这个母亲工作认真、勤劳上进，她无法接受孩子每况愈下的状态，更接受不了孩子对他们的各种“隐瞒”，甚至不接受自己发现孩子问题后不得当的处理方式……倾诉中，小D的母亲泪眼婆娑，很是无助，反复懊恼：“我真不该同意他填报中高贯通啊，任他偷懒堕落，就该让他去上普高吃点苦头。”

我递上纸巾让她擦拭暗流的泪水，我理解她承受压力的内心，但我并不认同她把如今问题的出现归结于孩子进了中职学校。于是，我用手机里的照片和视频与她分享起班级活动、上课情景，说起师生趣事的时候，她变得饶有兴致，因为她从未在家听小D聊起过这些。她也承认，有几次小D刚想聊就被她打断。自从孩子进了中职学校，最怕别人问起孩子在哪上学，她对中职学校还是存在一定的偏见。趁热打铁，我又讲述起学校和班中众多品学兼优的学生事例，他们在中职学校能够迅速调整心态，找到自己发展的方向，锤炼自身综合实力，获得各类赛事奖项，学业和就业的前景照样光明无限。

分享过后，小D母亲的心结逐渐打开，也明白了要想让孩子真正生活得阳光自信，首先得从家庭的认可开始，孩子的每一个进步都要主动积极地去肯定，也都值得肯定。

（二）倡导平等，建立信任

随着话题的深入，小D的母亲很不好意思地说出了深夜在小D熟睡时，用他的指纹解锁手机，查看小D聊天记录的事。她坦言，自己都觉得很可耻，触犯了孩子的隐私，但不看不放心，看到了又着实心寒。事后，这件事被小D发现了，自然就是一段母子间的龃龉。

我很理解为人父母的“关心则乱”，但这并不意味着家庭教育中的对等关系可以就此失衡。尤其在孩子处于青春叛逆期，他们需要一定的释放，宜疏不宜堵，越堵越僵。

小D的母亲若有所悟，每次责怪小D玩游戏到深夜的时候，小D就会说，爸爸比我玩得更晚,为什么一个家要有双重的标准?

我支持小D的说法,确实如此,无论师生关系还是亲子关系,“平等”是信任的基础。作为师长,只有先以身作则才拥有“话语权”。要求孩子克服困难,改掉各种毛病,我们首先得审视自身的行为方式。

(三) 专业指引,善巧应对

这次家访临近尾声,小D的母亲开始焦虑,担心小D是否已经出现心理问题。

这时,我把事先做好的“功课”搬了出来。我向她介绍,学校配备专职的心理辅导老师,有专门的心理健康课程,定期对学生开展心理健康测试,学校的“学生心理危机干预三级预警机制”项目让学生学会自我心理保健,形成健康阳光的心态,培养学生的优秀个性品质,让学生养成良好的行为习惯,助力职业生涯规划。我还咨询过学校关工委的资深教师、资深班主任,他们也觉得,很大一部分中职学生表现出自信心不足或过足、行为夸张,表面上与成绩相关,但一个重要的原因却是得不到父母或周围人有效的肯定、支持与鼓励。在家校联合教育的过程中,学校会及时与家长保持沟通,在家庭教育指导上给出一定的专业指引,有效地应对、解决问题。对于我这样资历尚浅的班主任,学校会给予多方面的专业指引,也是我们进行家庭教育指导最坚实的依靠。

这时,我跟小D母亲笑言,难怪小D私下要叫我“妈”了,原来是来求安慰了。该是亲妈赶紧让小D回家求安慰的时候了。我们都没走得太远,一切都还来得及。

三、指导结果和反思

都说“清官难断家务事”,没曾想,一次平常的家庭教育指导进行得如此顺畅:因为“爱”,家庭教育是成长中最丰沃的土壤;因为“爱”,家庭教育需要得到及时精准的扶助;因为“爱”,家校联合中有着最深的默契。

(1) 家访后,小D的母亲开始试着主动与孩子聊学校的事,小D也渐渐打开心扉,能与父母坐下来、走出去畅聊一番。在微信朋友圈里我也能经常看到小D一家欢乐游玩的身影。

(2) 自从小D与父亲有了删除游戏的约定,父子俩都把游戏戒了,闲暇之时拿起心爱的吉他切磋琴艺。小D在学校能自信地走上舞台,并带领吉他爱好者开设了学生社团。我也会将小D的活动照片和视频第一时间发送给他的母亲,没过多久就能看到她朋友圈的分享与求赞,幸福与自豪满溢。

(3) 小D开始注重自己的形象，与同学的关系日益融洽，不再是那个“开不起玩笑的小D”。学习成绩也稳步回升。

像小D这样中高贯通专业的学生，在中职学校略显特别，学生和家长的心态特征有点“非典型”：学生在自我的肯定与否定中徘徊迷惘，父母的心理也是懊悔与妥协的矛盾纠缠。很多时候，个人成长和家庭教育都苦于找不到合适的定位和指引，往往在何去何从的纠结中，已然渐行渐远。此时，家庭教育指导的责任与意义就凸显得更为深远。

所幸，爱，让我们携手，让小D和他的父母得到及时调整，个人成长不再迷茫，家庭教育不再错失或者错位；而我，作为一名新任的班主任，能够在第一时间得到学校团队的专业指引和系统支撑，进而对家庭教育做出及时的反应，内心倍感温暖和充实。在家庭教育指导中的作用，我们不仅要及时发现问题，更多的是要学会良好地沟通，用自身的“情怀”去守护学生的成长、协同家庭教育的实施。

走进心灵，关爱成长

上海市振华外经职业技术学校　张永慧

我校多年来一直重视家校合作，因三分之二的学生来自外地，家长多为外来务工者，育人水平参差不齐。为改变家长对学生教育管理疏忽或者方法不当的情况，学校进行分层、分年级召开家长会，加强了家长会的时效性。面对家长提出的亲子关系中的棘手问题，学校派出专职心理辅导教师，对家长进行育人意识、方法、孩子身心特点等专题培训，提高家长育人意识与能力。不仅如此，学校还延伸工作维度，根据各年级学生的心理特点，心理辅导教师及班主任通过多种途径，协助家长解决学生在成长过程中的心理行为问题。

家长在学生健康心理培养过程中的“补位”，有效提升了学生在家中的幸福感和快乐感，成为“大家一起来”的全动力德育文化中的重要一环，并做好渴求父母关注的孩子的家庭辅导。

心理学家霍尔将青春期形容为“暴风骤雨的时期”，是指青春期的孩子在身体和心理的各个方面都在发生剧烈的变化。对于家庭而言，一个进入青春期的孩子的变化可能会对亲子关系造成巨大挑战，要平稳地度过这一阶段，需要家长和孩子相互理解、相互支持。更重要的是，双方都要经常反思自己的行为，能够站在对方的立场上考虑问题。本案例通过对一个渴求父母关注的孩子的家庭辅导，简述了关注孩子感受对改善亲子关系、解决亲子冲突的重要性。

一、案例基本情况

小白是我所带的职一班级的一名学生。一天，小白跟父母一起走进心理辅导室。相比小白的镇定，父母显得很急躁、很激动。根据小白父母的叙述，小白上网没有节制，父母不让他上网，他却显得无动于衷，反而与父母吵架。昨天与父亲吵架后，用力关门还压伤了父亲的手。小白有时会打心理热线或找邻居评理，小白认为心理咨询师都是站在他这一边的。最近小白向父母要历年亲朋好友给的红包，说这是他的钱，并扬言要离家出走独自生活。咨询中小白回忆起一件事情：那是在他 4 岁的时候，他与妈妈以及亲戚外出旅游，当时还剩一个番茄，妈妈叫他与表妹(2 岁半)猜拳决定给谁吃，结果他赢了，但妈妈还是把番茄给了表妹。妈妈说因为这事小白用很难听的话骂了她，小白却说这些脏话都是父母骂他时学来的。

在与小白的单独会谈中发现，小白认为父母都很爱他，不过他觉得自己和母亲的感情更深厚一些。妈妈对他的管束较多，爸爸经常要应酬到很晚回家，小白跟父亲很少交流，平时会感到很寂寞。小白说："要搞点事情让父母注意我。"所以，他会把妈妈惹哭。另外，小白还谈到父母对自己的惩罚：小时候妈妈叫他跪过洗衣板，从晚上 11 点开始跪了整整两个小时；有时妈妈会扇他耳光；爸爸还帮着妈妈把他按在床上打……

为了更好地了解小白的情况，我让小白的父母做了 CONNERS(康纳斯)父母量表，该量表是目前国内常用反映儿童多动行为方面的量表。结果表明，小白在品行问题维度上的得分要高于同龄人的平均水平。这说明，小白容易与人发生冲突，不服从管理或不遵守纪律，爱发脾气，具有破坏或偷窃倾向。另外，我还让小白填写了青少年生活实践量表。结果表明，小白在人际关系因子和受惩罚因子上的得分较高，说明小白的人际关系状况紧张而且受到较多惩罚。

二、心理问题分析与咨询目标

青春期是人一生中的重要发展时期。在这个阶段，青少年的独立意识增强，渴望脱离父母的约束，过自己想要的生活，但是由于各方面能力的缺乏，又必须依靠父母生活，因此，会造成一种激烈的矛盾冲突。本案例中的小白就是这样的情况，小白的父母与小白的沟通交流少，冲突较多。对于小白的一些出格行为，比如索要压岁钱、故意气哭妈妈等，小白的父母感到愤怒是正常的，但是问题在于父母没有了解小白这样做的意图是什么。他的动机其实很简单，就是"要搞点事情让父母注意我"，渴望得到父母的关注，"搞点事情"的结果是父母确实注意到他了，将小白定性为"不听话""欠收拾"。小白的父母对孩子非打即骂。冲突和惩罚，这显然不是小白想要的结果。这样的"注意"只会加剧亲子之间的矛盾冲突。毋庸置疑，小白采用"搞点事情"的方式吸引父母的关注，是欠妥当的。但父母是孩子成长路上的第一任老师，应当善于辨别孩子行为背后的动机，给予孩子正面的积极引导，纠正孩子的不良行为，而不是被动地被问题所缠绕。

对于小白而言，处于青春期的他不懂得如何与他人沟通，这在他的青少年生活事件量表结果中也能体现出来。而与父母的相处模式又间接地影响着他与家庭之外的同学、老师的交往。若小白与父母之间的相处方式是简单粗暴的、冷漠的、不友好的，则他与其他人的相处方式也会受到影响，难以与他人建立起良好的人际关系。

三、心理辅导过程

本案例的心理辅导过程主要包括倾听和建立关系、心理测试及评估、单独会谈和家庭会谈、回家作业四个步骤。

(一) 倾听和建立关系

倾听来访者的诉说并建立良好的咨询关系是心理咨询师的第一步。在小白的案例中，父母强烈要求咨询，孩子也不反对。父母要求咨询的基点是让咨询师评理，证明孩子是错的，而孩子认为咨询师一定会站在自己的角度来批评父母。这时就需要心理咨询师倾听所有家庭成员的诉说，了解他们的情绪、态度和观点，并在这个过程中观察家庭成员间的互动。

(二) 心理测试及评估

在心理咨询与治疗中，心理测试是一种有效的评估手段，是一种将人的心理特征量化的心理诊断方法。心理测评使得心理诊断更具科学性，可以让咨询师在短时间内快速有效地了解来访者的问题及问题的程度。心理测评具有间接性、相对性和客观性的特点。间接性指心理测评是通过个体对测评题目的反映这种外显行为来推论受测试者的心理特征；相对性指个体的心理特征是与所在的团体的大多数的行为或某种人为的标准相比较而言的；客观性指测评必须标准化。

(三) 单独会谈和家庭会谈

在本案例中，我与小白进行了单独会谈。会谈中，小白对沙盘表现出浓厚的兴趣，他主动要求玩一盘沙盘。小白是这样解读他的沙盘的："沙盘中间的人是指挥者是我。我很迷茫。一方面我觉得当后面有怪兽追赶我时，父母会拦住怪兽保护我。因为我是未成年人，父母保护我是他们的责任。另一方面，我认为父母应该把我的压岁钱给我，这是属于我的钱，我拿着这些钱就可以离开父母做自己想做的事。"从小白对沙盘的解读可以看出，他对父母有依赖的一面，但又感到自己长大了，希望能不受父母约束。在谈话中，小白提到他经常会把母亲弄哭，并认为让妈妈哭是让她宣泄，是有好处的。对此，咨询师对他进行了认知调整，让小白认识到妈妈会哭首先是因为受伤害了，而且四五十岁的人容易抑郁焦虑、心跳加快、血压升高，所以哭对妈妈是有害的。并让小白认识到这样伤害一个百分之百爱他的人是不对的，这时小白才知道自己让妈妈生气是伤害了妈妈，并因此感到愧疚。

随后，我与小白的父母、小白进行了一次家庭会谈。会谈中，我邀请小白的父母与小白分别给对方进行评分。结果，小白的父母对小白的打分远远高于小白对父母的打分，这让小白非常感动，也让父母看到了孩子对自己的态度。对亲子关系进行感情评分是一种简单明了的方式，通过这个方法可以让家庭成员即便在关系出现问题的情况下，也能去感受亲情与爱，增强修复双方关系的信心。另外，我要求小白在父母在场的情况下说出自己为什么要搞出事情来让父母心烦，让父母真正地了解孩子的需求，并鼓励孩子当面说出对父母的要求。

（四）回家作业（从行为观察记录来分析理论）

我与小白一家共同讨论出巩固和强化良好互动行为的回家作业。

回家作业一：父母要学会多倾听孩子的需求，感受孩子的感受，每天抽出一定的时间让孩子表达自己的想法，即使孩子的想法有不恰当的地方，也不要否定和指责，坚决不能动手打孩子，而是要和孩子一起讨论错误的原因，让孩子心悦诚服。小白的父母表示会认真完成回家作业。

回家作业二：鉴于小白难以控制自己的上网时间，而父母又要上班，我与小白一起制作了每日上网的记录表，格式见表1。

表1　上网时间记录表

日期	规定上网时间	实际上网时间	自我评价	父母评价

表中，规定上网时间由父母和小白共同制定，考虑到小白现在上网成瘾，不可急于大幅度缩短上网时间，而应该循序渐进，否则难以达到理想的效果。

通过心理辅导，小白与父母的对立情绪得到了缓解，爸爸开始倾听小白的内心需求和感受；小白也尽量做到不惹是生非，与父母经常沟通，倾吐内心的想法。小白与父母之间重新建立起信任和支持的桥梁。

四、案例启示

通过家庭心理辅导，小白和父母的关系有了改变，父母表示出对孩子进步与成长的信心。小白也体会到父母的真情和深深的爱，亲子关系趋于缓和。该案例给予我们的启示如下：

（一）激发家庭亲情的正能量是解决亲子冲突的基础

在亲子冲突中，往往彼此之间看到的都是对方的不足，沉浸在愤怒、敌对的怨恨情绪中。在个案咨询中，应引导来访者把注意点转移到感受亲情上，激发隐藏在彼此内心深处对对方的爱意，这种正能量一旦被激发出来，就能产生强大的修复力量，为解决亲子冲突奠定基础。当然，一次咨询并不能解决全部问题，需要一段时间的跟踪查询。

（二）倾听家庭成员的心声是提升亲子关系的保证

亲子冲突往往都是因为家庭成员只从自己的角度去考虑问题并对对方横加指责而产生的，这种家庭互动方式非但不能解决问题，反而会使家庭矛盾激化，其结果必定是家庭中所有成员筋疲力尽，深受其害。因此，学会站在对方的角度倾听对方心声，才能关注到家庭成员的需求，使亲子关系不断得到提升。

（三）关注来访者的早年经验和深层次信念

认知行为疗法认为，来访者的认知系统是有层次的，从负性自动想法到功能失调性假设，再到深层次信念，最终可以追溯到童年经历。随着层次的深入，对认知的发掘将会越来越困难，但对很多来访者而言，当前的行为与童年经历有很大的关系，帮其解开童年经历的心结正是改变其行为的关键。在本案例中，小白多次提到了童年时父母惩罚他的事，说明他现在可能仍然受到这些经历的影响，在以后的咨询中要给予关注。

家长如何让孩子感受到爱？爱，是滋润孩子心灵的甘霖，是孩子健康成长的土壤，是孩子与这个世界紧密联系的纽带。没有甘霖，孩子的心会枯萎；没有土壤，孩子就会营养不良，不能茁壮成长；没有这根纽带，整个世界对于孩子就是陌生、对立、无所依靠的。甚至就像案例中小白会因为感觉缺少家长的关爱而做出许多异常的举动。孩子的心是非常敏感并且脆弱的，他们需要父母用语言、微笑、拥抱来表明对自己的爱。然而，中国的父母受传统文化的影响，常常含蓄而不善于表达。孩子们不知道，在父母严肃的面孔下，蕴藏的是多么热烈无私的大爱。

对于家长来说，爱孩子，要说出来。父母经常向孩子表达爱意，可以大大拉近彼此的距离，也能让孩子更热爱生活，更快乐，更有安全感，从而减少“问题孩子”的产生。

有研究表明，爱的滋养对于孩子来说是至关重要的。只有在充满爱的环境中长大，孩子才能学会如何去爱，如何与人相处，如何成为一个真正健康的人。爱也是孩子前进的动力，孩子因此能够体会父母的良苦用心，愿意用自立自强去回报父母。爱是世界上最美丽的语言。爱孩子，就要说出来。

给墙角的花朵多一点阳光

上海市工程技术管理学校　朱　静

在我新任班主任的班上，有个高高瘦瘦的女生名叫小郁，说话的声音很轻，我把她安排在教室的最后一排。文静且脸上常挂着笑容的她，好似静静开在角落里的花朵，好美。

开学不久的一天，在翻阅学生材料时，我发现小郁在家庭成员那一栏只填了妈妈、爷爷和奶奶，这使我很疑惑。班上来自特殊家庭的孩子不在少数，她的家庭情况又是如何的呢？为不伤她自尊，我悄悄地把她叫到一边，试探性地询问她的家庭情况。原来她从没见过自己的父亲，一直是由奶奶抚养大的……

得知了小郁特殊的家庭情况，我对她的学习和生活更加上心了，每周的周记成了我们之间最好的交流方式。有时候学校发了水果，我就把她叫到办公室，送给她带点回去。刚开始她不肯要，但是我坚持说带给她奶奶尝尝，她就收下了，但每次都只拿其中的一部分。

母亲节前夕，我要求学生给母亲写一封信。当我看到她写的信时，被这个孩子的身世深深地触动了。信的开头是这样的："我的母亲，我的傻妈妈，你虽然在我小的时候不常抱我，但是有好吃的总是给我；虽然我不能像其他孩子一样躲进你的怀里，向你撒娇，但我喜欢见你一看到我就冲着我傻笑的样子；虽然你不能像其他的妈妈一样在我生病的时候照顾我，给我买好看的裙子，但我每个星期五回家，你都会站在路口，傻傻地等着我……我的傻妈妈呀，在我眼里，你一点也不傻，你是世界上最好的妈妈……"一字一句都敲击在我的心头，这个孩子心里太苦了！我一定要尽我所能给她温暖和爱。之后我拨通了她家里的电话，从小郁的奶奶那里得知，原来她的妈妈精神上有问题，没有劳动能力，需要人照顾，家里全靠奶奶和爷爷种地和养些家禽换些生活开销。

日子一天天过去了，又到年尾时，寒冬实在有些难熬。我清楚地记得：12 月

31号那天傍晚,当大家都沉浸在跨年欣喜的气氛中时,我接到了小郁奶奶的电话,她很着急地告诉我联系不上孙女了。她说:“都这么晚了小郁还没回家,电话也打不通。我到邻居和附近的亲戚家都找过了,都不在……都怪我不好,都怪我不好……”我一边安抚她的情绪,一边询问事情的经过。原来,前几天小郁想买一双鞋,奶奶没同意;后来在她和同学逛街的时候,奶奶当着其他同学的面再次拒绝了她买鞋的要求。今天,她又跟奶奶提出因为家里电视机坏了好久没修,所以想去同学家看跨年晚会,奶奶没同意。于是,趁下午奶奶外出干农活的时候,小郁跑了出去,到现在也没回来,也不接奶奶的电话……

知道了事情的原委后,我急忙联系班上跟她来往频繁的几个女同学,但她们都说下午一起逛街后,早已经和小郁分开各自回家了。我让她们帮忙联系小郁,有消息就通知我。可是等了很久,电话没响。于是我就在QQ上给她留言,在我连发了几条后,她终于回复我她在网吧。我说我们都很着急,希望她能回个电话给我们。

过了许久,她给我发来一条短信:“从我的父母选择抛弃我的那一刻开始,我就注定是一个得不到幸福的小孩,没有人真正在乎我,我在这个世界上是可有可无的,我就像是一棵野草,不值得任何人的珍惜……”看到这条短信,我很震惊,这孩子身上承载了比我所知道的更多的负担和痛苦。揣着复杂的心情,我再次拨通了小郁奶奶的电话。小郁的奶奶坦诚地跟我说,这孩子是当年她捡回来的弃婴……小的时候很听话,越大脾气越倔强。奶奶把真相告诉了小郁……奶奶说自己现在年纪大了,管不了她了……

我为这孩子坎坷的命运感到痛心。原来,小郁平日里的倔强都是她的保护色,在她的内心深处一直有道过不去的坎、有根拔不掉的刺,她始终放不下自己曾经被亲生父母亲抛弃这一事实。酝酿了很久,我回了一条短信给她:“孩子,千万别抱着自己的不幸不放,用心看看身边爱你的人,想想她们爱你的那颗心,她们才是真实存在于你生活中的亲人。记住一句话,当你因为自己没有鞋穿而哭泣的时候,还有没有脚走路的人却仍然坚强地活着!”过了会儿,她回复我:“老师,谢谢您,我已经跟车某某联系好了,今晚我住她家,我会打电话跟我奶奶说的。”终于,我心中的一块石头落地了,我跟车某某确认之后,我又打电话安慰了小郁的奶奶,并告诉她我会做好孩子的思想工作的……

星期一的中午,小郁主动找到了我。她说第二天她回去的时候,看着奶奶给她洗的晾在外面的衣服,还有给她买的让她带回学校吃的零食,她顿时觉得自己做错了,不该这么任性,不该伤奶奶的心,她说奶奶很爱她,爷爷和妈妈也很疼她。那天她还谈了梦想,就是要让爷爷、奶奶和妈妈过上好日子,说到这小郁的脸上又露出了灿烂的笑容。花朵长时间处在角落之中，失去了她原有的颜色，因为得不到充足的阳光滋养，慢慢忘记了一个事实，那就是自己也是可以尽情绽放的独一无二的花朵。我鼓励小郁勇敢地去追寻自己的梦想。我还决定，要给角落中的花朵更多阳光，帮助她找回自信。

我特意去小郁家做了一次家访，年迈的爷爷和奶奶热情地招待了我。交谈中奶奶也坦言自己年纪大了，要照顾精神有问题的女儿还要干农活赚钱，除了管孩子吃饱、穿暖，实在没有多余的精力去关心孩子，本以为孩子大了，应该懂事了，可小郁却动不动发脾气，越发不听话，实在不知该怎么管。从小郁的奶奶说话的神情中我感受到她的无助和不易。安慰了老人家后，我也给小郁的奶奶支了几招：每个孩子都需要爱，特别是享受不到父母之爱的孩子，他们长期承受了巨大的心理压力，时常感到孤独和无助，所以容易养成暴躁的脾气性格。可以让小郁帮忙干点家务，不要吝啬夸奖孩子，吃饭的时候可以聊聊小郁学校里的事，晚上可以让她为自己捶捶背，捶背的时候祖孙俩可以说点体己的话，小郁其实是个善良、孝顺的孩子，只是比其他孩子更敏感，需要比一般孩子更多的关注……

我们班是酒店管理专业，对口四、五星级的外资酒店，所以学好外语相当重要。因此，我召集了班干部，花了整整两个星期的时间，组织了一场“配音大赛”，以美国迪士尼卡通片为主，让同学们两两组合，选取其中的一个场景进行配音表演。没想到，同学们的反响很热烈，小郁平时喜欢听英文歌，所以英文还不错，在我的鼓励下她也报了名。当我私下要她抽空把他们选的那段电影配给我听听时，小郁居然拒绝了我，说这样对其他同学不公平。结果，她不但没有辜负我的期望，而且还出乎我的意料——他们组脱颖而出，获得了第一名。这让她喜出望外，而我和全班同学也都对她刮目相看。在主题班会中，小郁和两名女生的小合唱得到了全班热烈的掌声，虽然以前知道她爱唱歌，可没想到她的歌竟唱得这么好。于是，在新学期竞选班干部的时候，小郁成功地成为班级的文艺委员。在一次全校文艺汇演中，我鼓励并帮小郁争取到了一个独唱的节目。那一天，看她站在偌大的舞台中央，唱着泰坦尼克号的主题曲 *My heart will go on*，听着全校师生的掌声和欢呼声，我第一次感受到做班主任的满足感和幸福感。

一晃到了分班的时候，高复还是就业，小郁犹豫不决。上大学是她的梦想，但是这个梦想对她而言似乎太昂贵了；选择就业可以帮奶奶挑起家庭的重担。为了给小郁做出正确的引导，我打电话给小郁的奶奶，为此事做了一次沟通。奶奶的想法出乎我的意料，老人家坚持让她选择高复，说自己没读过书，知道不识字的苦，希望小郁能有出息，我把小郁心里的矛盾说给了奶奶听，让奶奶协助我一起做小郁的思想工作。小郁最终选择了高复，为了给她打气鼓劲，我还特意送给她一份礼物。我选了十张我曾经给她拍的表演照片,把它们打印出来,在每一张照片的背后写了一句话。其中一张照片的背后是这样写的:在这之前,相信你从未想过手拿话筒主持的那个人会是你。你是老师的骄傲,曾经是,以后也会是。字里行间蕴含着我满满的祝福和真心的祝愿。我让她把这些照片拿给奶奶看,她说奶奶看了笑得很开心。

天道酬勤,刻苦学习的她终于如愿以偿,收到了旅专的录取通知书……

毕业典礼那天,小郁送给我一条围巾,随后还发了条短信给我:"老师,我觉得您就好似太阳,给我的生活带来了阳光,让我看到了希望,您给我的温暖我都记着,但是不知怎么表达我心中的感激,送一条我亲手织的围巾给您,天冷的时候,要记得戴哦!"每每在工作上遇到困难时,我总喜欢把她送给我的那条围巾拿出来看看。这时,承载着小郁感恩之情的围巾就好似温暖我全身心的太阳。

小郁的家庭情况虽不同于留守儿童,但是却有着留守儿童相同的家庭教育问题,即特殊家庭的隔代教育。我校属于农村中职类学校,由于农村的老人大多目不识丁,他们年龄大、社交范围小、获取信息能力弱,文化水平低,又往往采用教育自己子女的方式来教育下一代,他们几乎不了解孩子内心的想法,不知何为青少年的心理特点和成长规律。

其实,在面对像小郁这样特殊的隔代教育家庭,只要我们积极行动起来,是能够有一番作为的。第一,应当给予他们更多的关心和爱护,不仅是学习成绩方面的,还有他们的生活和心理状况,全方位的爱才足够温暖人心。第二,隔代教育中所存在的问题在本质上是教育观念、教育方法的问题。教师要利用自己的身份尽可能地去影响孩子的主要抚养者,让他们改变自己陈旧的教育方法,摒弃不适用的教育理念,多推荐一些现实当中真实的案例给祖辈父母,不断加强他们对新生事物的接受程度。在这个过程中,我们还要具备两点意识:要想改变祖辈的思想和观念是有难度的,我们一定要有攻坚克难的准备,只有坚持不懈,才能在隔代教育的问题上有所突破;在与祖辈们建立信任关系的过程中,尽量多采用面谈的方式,因为比起短信和电话,他们更容易接受面对面的交流。第三,孩子已经缺少了父母的关爱,决不能再让孩子在班集体中缺少来自同伴的关爱与互助。因此,教师要引导他们和班级同学建立良好的伙伴关系。在学校开展的各项活动中,教师要考虑到这类孩子的客观情况,通过活动让他们融入集体,让他们收获来自班级同学的友情。良好同伴关系的确立,有助于他们形成自尊、自信、活泼、开朗的性格,对他们的健康成长有非常大的好处。

多年后,微信里看到小郁带着奶奶去云南旅行的照片,照片上方写道:带着我心中最美的女人一起去看看外面的世界。看着她们紧紧依偎在一起的模样，想着她们是彼此在这个世界上最深的牵绊，我蓦然抬头望向窗外，正在开花的藤萝显得格外鲜艳！

静水深流

上海市群益职业技术学校　李海燕

“哐啷”一声，办公室门被重重推开了，走进来的是小明（化名）的爸爸妈妈。他们一脸怒气的样子，有种“山雨欲来风满楼”的态势。今天，注定是“不平凡”的一天。

我把他们迎进办公室后，小明的爸爸仍然怒气未消，我一边和小明的妈妈交流，一边安抚小明的爸爸，极力想弄清楚事情的原委。“老师凭什么没收学生的手机？”“凭什么在教室安装摄像头监视学生？这是侵犯学生的隐私权！”……半小时的“控诉”和“炮火倾泻”后，我明白了小明的父母生气的原因。事情的起因是，小明就读的数控中高职班级，专业课学习任务重、压力大，学期末要参加初级工专业技能考试，根据高职院校合作办学要求，一年级结束时需要参加分流考试，成绩不合格者会被分流到普通班。鉴于此，班主任非常重视学生在课堂上的学习状态，发现小明上课时会偷偷玩手机，课余时间也会玩手游入迷，几次找小明谈话，收效甚微。这次，“机械制图”课上玩手机的小明被任课教师发现后，告状给班主任，情急之下，班主任把小明的手机“没收”（代为保管）了，要求小明认真反省，准备周五放学再将手机还给小明。没想到，得知消息的家长不愿意了，来学校找班主任“兴师问罪”。面对“护子心切”的家长，我只能耐着性子，先听他们倾吐不满。听得出，他们更相信儿子回家说的“一面之词”，对班主任充满了不信任和不满。

“小明爸爸，摄像头是怎么回事？”我问道。

“小明说，班主任觉得班级学生上课不认真，总有人讲闲话，玩手机。为了保证课堂纪律，在教室里安装了摄像头，随时监控学生学习。主任，你不觉得这样是侵犯学生隐私权吗？班主任有什么权利这么做？照片视频流传出去怎么办？”说到这些，小明的爸爸情绪又激动起来。

“小明爸爸，不要着急，也许有误会。”我试图让小明的爸爸冷静下来。

“有什么误会，你们学校这样做，是违法的，知道吗?”小明的妈妈插话了。

看着激动的家长，我知道，今天遇上的不是一两句话能说明白的主儿，必须保持冷静和理性，而且要情理兼备才有可能解决问题。

“小明爸爸，喝点水，我们慢慢聊。”说着，我把水杯递给小明的爸爸。

可能是说得有些累了，小明的爸爸停下话头，喝了几口水。看得出，这杯水有助于他缓解情绪。面对情绪激动的家长，教师保持礼貌、理智、理性、理解，是拉近家校距离，拉近家长和教师之间心理距离的第一步。一杯清茶，缓解的不仅是家长的焦躁、紧张，而且使得抵触、不满的情绪逐渐消融。

经过和小明父母的认真交流，询问过小明以及班主任以后，我弄清楚了整个事件的来龙去脉。原来，小明因为不喜欢上制图课，于是在课上玩手机。班主任接到任课教师告状后，将小明的手机暂时“没收”，准备周五放学再将手机还给小明或其父母。没想到，小明把情况片面地反映给父母，还虚构学校使用摄像头监控学生上课情况一事。听得出，小明对班主任严格的教育和管理心存不满，内心积怨已久。教室里确实刚刚安装了摄像头，这我是知道的，那是区里为统一考点安装的，遇到中考或大型考试才会启用，平时并不打开。班主任是在吓唬课堂里的违纪学生，说教室里安装了摄像头，随时会监控，让学生上课注意听讲，不要做小动作。没想到，小明当真了，还添油加醋地告诉了父母，导致偏听偏信的父母直接冲到学校来理论。同时，我也知道了小明的父母情绪激动的原因：小明的爷爷兄弟三人，爸爸这辈只有一个男孩，到小明又只有一个男孩，因此家里人非常宠爱小明，在外也生怕他受委屈，一有事就冲到学校，有些“保护过度”。

为了从根子上解决问题，我先将小明的父母请到独立的会客室，给他们播放了一段学校的宣传片，场景和人员主要是小明所在的班级和他的同学们。其中有“温馨教室”“实训车间”“寝室文化”的场景，也有小明实训操作的镜头，看到这些，小明父母的面色缓和了许多。我又带领小明的父母实地参观了学校的男生宿舍、数控汽修实训车间，边走边向他们介绍数控中高职班的学业要求、学校的相关管理规定、小明的学习情况和在校表现、班级和班主任情况，客观分析了小明的优缺点，转达了班主任对他的期望与关爱，希望取得小明父母的理解。这个过程中，教师的坦诚交流、认真倾听，有助于家长了解客观事实，也有助于传递教师的友好与善意，便于得到家长主观上的认可。教师对学生优点的肯定，极大地传递出教师公正公平处理问题的信号，便于降低家长的戒备心理和打消疑虑。双方基本可以心平气和地交流，有助于进一步解决问题。

“当时报考你们学校和数控专业，也是因为听说学校管得严我们才报的。”小明的爸爸说话的火气不那么旺了。

“家长的心情我很理解，都是为了孩子。”我微笑着说道。

“是的，是的。”小明的妈妈插了一句。

“相互理解，相互理解。”我又补了一句。

“不过，主任，我还是希望班主任要注意方式方法，不要太生硬。”小明的爸爸说。

“班主任还年轻，我会和他交流沟通的，请家长放心。不过，我希望家长能就手机的使用和小明好好谈谈，自我管理好。无论如何，不能因为使用手机影响学习和休息。”我说道。

“那小明的手机怎么办?”小明的妈妈问道。

“家长先带回去，好吗?”我问小明的妈妈。

“好，那我先带回去。”小明的妈妈答应道。

“不过，主任，我们还是希望学校能换个班主任，要既能管住学生，学生又不反感的，最好是像你这样的。”小明的爸爸这句话一出口，我的心又吊了起来，看来家长对年轻班主任还不太满意。但是，班主任不可能说换就换，也不是家长说换就换的。

“这样好吧，小明爸爸，我们给年轻人成长进步的机会，多磨炼他，我多去小明班级听课、检查，也欢迎您多提宝贵意见，接下来，小明班正好要开主题班会，我们一起给班主任、小明他们策划策划，今天我先口头邀请您参加，具体时间定好，我们再正式发邀请函，怎么样?”一席话说完，小明的父母反倒不好意思了。

“主任客气，有时间我们一定来!”家长终于雨过天晴了。

“主任，留个电话，有事情好联系。”小明的爸爸临走提出要求说。

“好的。”我爽快地答应了。我随即把手机号码写给他。看得出，教师对家长的尊重，同样收获了家长的理解和尊重。没有敌意的交流，是接受对方转变认识的基础。

一场手机引起的风波似乎很容易化解了。我还有些沾沾自喜。

没料到，一个月不到，小明的爸爸又来电话了。这次，火气似乎不大，但仍然充满不理解。

“主任，有个事我想咨询一下。”电话那头说的声音貌似平静。

“您说。”

“这段时间小明进步了，感谢老师们。只是听小明回家来说，下星期他们班大值周，不上课，我们想给他请假在家学习，不然一周不上课，落下课程考试不及格怎么办？学生到学校就是来学习的，一周大值周，不是浪费时间吗？我们又不是来劳动的。"虽然小明的爸爸没有生气，但是听得出，他不赞成学校的做法。

双值周是本校的德育课程，更是本校的德育特色。然而，在很多片面强调学习的家长看来，不在教室上课就是浪费时间，大多人重"智育"，认为学知识才是学生的正途和主业。劳动也好，参加活动也好，都是浪费时间。如何转变这种"唯知识论"的观念，不是一朝一夕的事。而家长教育观的转变，需要靠实际行动来验证，绝不能仅凭空洞的理论和言辞。

"这样吧，您看什么时候有空，我来拜访一下。"我客气地说。

"这两天不行，单位很忙，周末吧。"小明的爸爸没有拒绝。

"可以，周末我正好有时间。"我也趁热打铁敲定好。

"我们加个微信吧，方便联系。"我又加了一句。

"好的。"小明的爸爸同意了。

加好微信后，我向小明的爸爸推送了学校的微信公众号，建议他抽空可以先浏览一下学校网站上的德育特色介绍等内容，还向他发送了一段大值周主题班会的小视频。没想到，小明的爸爸回复了个"大拇指"。

周末的见面没有剑拔弩张，有了前期的铺垫，小明的爸爸也接受了。我将随身携带的学生大值周的特色服务小礼物——香囊、杯垫、椅垫等送给他，并详细介绍了大值周的内容、工作流程、职责、意义，以及和未来工作的关系，同时拿出颁布不久的《中小学生守则》(2015 年修订)、《中小学德育工作指南》等纸质稿给他阅读，尤其是关于活动育人和劳动教育的部分，我还用我的亲身经历、实习学生案例现身说法地为家长打消疑虑。经过两个多小时的长谈，终于达成一致，小明的家长同意小明如期参加学校的大值周活动了。

回到学校，我特意和小明的班主任商量，给小明安排一个合适的岗位加以锻炼，并注意观察小明的表现。一周下来，小明并未叫苦叫累。主题班会上，我们正式邀请小明的父母来校，他们聆听了小明的汇报发言，观看了小明参加的大值周情景剧表演，也亲眼看到了儿子在活动中的表现。在随后的家长发言中，我请小明的爸爸谈了谈小明大值周后在家里的变化。可以说，小明用实际行动让家长认识到了劳动对成长的促进作用，认识到了行为规范教育对学生终身发展的重要性。

这次，小明的父母真心接受了我们的教育理念。静水深流，终归大海。最好的教育，一定如德国哲学家雅思贝尔斯所说："教育就是一棵树摇动另一棵树，一朵云推动另一朵云，一个灵魂唤醒另一个灵魂。"

通过这件事，我对家庭教育指导工作有了新的认识：学校教育、家庭教育必须保持目标、内容、方法上的一致性、连贯性，作为完整教育系统中的两个部分，互补合作,形成合力,互相促进,才有可能对学生产生有效的教育效果。而产生实际效果的学校教育,必定有助于实现教师、家长、学生的自我教育,三者自我教育的最佳结果就是真正实现了家校合力,所有人都乐见其成。

对于班主任来说,在分析班情时要做到条分缕析,明确学生出现各种各样问题的根源所在。班主任需要认真分析导致学生违纪违规的原因,考虑个人、班级、家庭等多方面的原因,并反思教师处理问题的方式手段等。家庭教育呈现出的问题有背后的社会问题,而教师的教育观念、家校沟通方式的转变是促使家长改变认知、态度的重要因素。教师有责任通过自己较为正确的教育观念、方法来影响家长,继而改变家长的教育理念。

对于家长而言,当家长不理解学校的做法,不配合学校的教育时,我认为德育工作者应该有的放矢地巧引导。需要用理性和智慧,发现问题、分析问题,进而解决问题。把学生行为背后的家庭教育误区弄清楚了,下一步自然就是想办法解决。教师和家长在教育孩子的问题上,不应该是对立面,不应该有尖锐的矛盾,应该秉承基本一致的教育理念,尤其在良好行为习惯的培养上。不应该溺爱和放纵,不应该让孩子成为规矩规范的“例外”。在行为规范教育方面,中职学生已经是青少年,比较反感空洞的说教和灌输,家长如果仅仅将教育停留在口头,很难收到预期的效果。对于孩子的行为,家长的表扬与认可非常重要,教师要教会家长挖掘学生身上可贵的优点,尤其对孩子取得的点滴进步予以真诚的表扬和赞美,鼓励学生参加有利于自己成长进步的各种活动,而不仅仅是学习知识。例如,课堂上讲话、玩手机的现象,家长就需要充分认识并向学生说清楚这种行为的利害、本质;高标准整理宿舍内务,完成班级小值周、实训车间值周工作等工作,更是培养良好劳动习惯的必经之路,不可忽视。对教师、学校的理念、做法,德育工作者要有智慧地展现给家长,用事实说话,赢得家长的理解。不能态度生硬,更不能强硬,只有双方互相理解、换位思考,彼此尊重,才容易达成共识。

只有当规范深入学生、家长的内心,内化为他们真正愿意遵循的行为准则,实现个人的自律,才能使外显的行为合乎规范要求,我们只有用“外束于行,内立于心”的行为规范进行教育,才有可能真正培养出具有良好修养的现代公民。

发挥关工委优势，配合学校做好家教指导工作

上海市医药学校关工委

家庭教育是国民教育的重要组成部分，是学校教育和社会教育的基础和前提。根据推进家庭教育工作发展规划的有关文件精神，我校积极响应、扎实落实，全面推进家庭教育工作，在常态下求实效，在细微中出成果。我校关工委在整个过程中给予支持、服务和指导，使我校的家庭教育工作富有成效。

一、配合学校构建家庭教育平台，畅通家校沟通渠道

构建学校教育、家庭教育、社会教育“三教”结合的育人平台，是当前学校工作的一项重要内容。上海市医药学校关工委结合学校育人目标、学生实际，指导学校搭建这一平台，将家庭教育融入学校党务、学生管理、德育、文化建设和专业教育等各项工作中，各部门相互配合、相互促进，共同提高我校家庭教育工作的质量和成效，促进学生的全面、健康发展。

我校关工委实行两级管理模式，校级层面设置校关工委，各系部设立分关工委。在“三教”结合的育人平台中，校关工委和各系部分关工委协调配合，通过定期召开工作会议，进行工作部署，及时总结工作成效，参与学生管理、德育、文化建设、专业教育等各项工作中，进而参与家校文化建设工作中来。

二、参与学校家庭教育指导工作，确保教育活动富有成效

（一）设计家庭教育论坛

以家庭教育相关问题为导向，针对有普遍性的、学生家长关心的热点问题设计家庭教育论坛。2016 年我校举办家校文化微论坛，采取家校对话的形式，总结一年来我校在指导家庭教育方面的成果，推广家校文化建设成果，呼吁家校共育学生成长。风趣的优秀毕业生访谈、寓教于乐的家庭教育情景案例分析、家长

进企业视频展示等给大家留下了深刻的印象。整个活动的方案设计、排练过程指导和最后活动的组织,都有关工委的全程参与。

这次论坛给大家留下深刻印象的家庭教育情景案例分析,来源于关工委组织的学生心理状况调查。在调查过程中,发现有学生反映家长在处理沟通问题上方法比较简单粗暴,关工委成员随即与学生家长进行了沟通,劝导家长改变教育方法,并跟踪了改变方法后的结果。关工委成员将这一过程编排为家庭教育情景案例——手机的收和还,完全不同的教育效果,对家庭教育具有普遍的借鉴意义。

(二)指导亲子活动日

我校为融洽亲子关系,设立亲子活动日,充分利用校内亲子活动室以及校外的社会资源,为学生和家长提供亲子活动的平台。校关工委邀请家庭教育专家到亲子活动日现场,解答学生家长在家庭教育方面的困惑,分析青春期孩子的特征,帮助家长制订个性化的家庭教育方案等,在专业指导下构建学生和父母和谐相处的良性亲子关系。

(三)指导家庭文化建设活动

家庭文化如同支撑在家庭教育之上的一把伞,有着至关重要的地位和作用。一个家庭是否有家庭文化,家庭文化是否积极健康,关系到家庭环境是否和谐。我校关工委积极倡导重建家风、家教、家训的家庭文化建设活动。由各系部关工委追踪落实本系家庭文化建设的实施情况,形成项目计划,收集家风家训,形成文字汇总,并通过向学生及其家庭普及心理知识、法律知识,改善学生的家庭文化环境。

三、助推全员参与家校文化活动,不断提高家庭教育整体水平

(一)各系培育教育特色

国际教育系的"求学西游记之家长沙龙",邀请有成功培养孩子出国留学经验的家长做经验分享,系部主任、支部书记共同为有这方面需求或感兴趣的家长答疑解难;药剂系的"感恩之心"展示了中药养生茶的制作工艺,让孩子为家长泡一杯茶,将对父母的感恩之心融于茶中;德体艺系的"蒲公英之恋"以"蒲公英心理咨询室"为平台,为家长和同学们提供心理咨询服务,解答亲子共处、家庭关系中的疑难问题。

(二)全员参与家庭教育

针对学生与父母之间存在代沟、交流存在障碍的普遍现象,学校关工委将学

校各方面的人力、物力调动起来，搭建学生和家长沟通的桥梁。例如，班主任进行家访，如在家访中发现问题，可及时与系部关工委分会取得联系和沟通，系部内首先积极调解，在有需要的情况下，请学校心理咨询员、法律咨询员介入；或在亲子活动中通过专业指导，将代沟融化于无形之中。

四、体会与思考

首先，关工委应发挥自身的优势，充分调动本校及校外有专业特长的心理咨询、法律专家等人才资源，以此类专门性人才为学校家庭教育工作的技术保障。

其次，关工委在开展工作过程中，充分利用学校的心理咨询室等资源，为学生和家长提供心理咨询、心理疏导等服务。

最后，关工委要借助家庭教育的志愿者队伍，包括法律咨询员、心理调解员、文化引导员、亲情培育员等，以专业化的志愿者队伍作为工作的支撑。

聋中职生顶岗实习期间的家庭教育指导现状及对策研究

上海市聋哑青年技术学校　郁丽倩

聋中职校顶岗实习采用"3＋1"教育模式，即聋生在学校学习三年的文化课、专业理论课和专业操作课，最后一年到专业对口的企业等用人单位，在一定工作岗位上进行带薪实习，然后由学校统一组织毕业考核、就业指导等。顶岗实习是由学校组织学生到企业单位集中进行生产实习，使学生以企业员工的身份，在具体的职业岗位上顶替企业职工"真刀实枪"地进行技术工作。聋中职生作为一个特殊的群体，听力障碍决定了这个群体有着特殊的教育需求。顶岗实习对聋校学生具有很大的挑战性，不论从个体素质还是心理特点的"特殊性"都决定了家庭教育指导的必要性。本文从聋中职生实际出发，探索聋生顶岗实习期间的家庭教育指导现状，并提出有针对性的对策，帮助聋中职生顺利走上工作岗位，在社会上自立。

一、聋中职生顶岗实习家庭教育指导的必要性

（一）有利于提高聋中职生的整体素质和适应能力

首先，聋中职生就普通中职生而言，由于听力障碍的缺陷，导致学生个体素质差异较大，出现两极分化的情况。个体素质好的聋生能运用纸笔和健听器进行一般的社会交往，个体素质较差的聋生出现不懂礼仪、冒犯习俗、说话做事唐突等不同程度的社会交往问题，社会适应能力较差。聋生的听力残疾也导致了他们普遍存在文化基础差、工作的自觉性和专心程度较弱、缺乏自控能力等问题。其次，从聋中职生的个性心理特点来看，由于他们多数为独生子女，从小父母对子女的生活都一手包办，缺少吃苦耐劳锻炼，怕苦、怕累、怕难，往往存在对家庭和学校依赖性较强、不善与人交往，并伴有一定的自卑感等心理问题。因此，面对这一特殊的群体，聋中职生顶岗实习期间的家庭教育

指导就显得尤为重要，良好的家庭教育有利于帮助聋中职生正确评估适合自己的顶岗实习内容，顺利从被学校社会呵护的特殊群体过渡到能独立面对工作的社会人，积极的家庭教育指导对于做好聋中职生的就业指导工作具有决定性作用。

（二）有利于实现学校教育与家庭教育的优势互补，形成教育合力

由于家庭与学生个体之间关系的特殊性，以及学校教育与家庭教育本身在教育内容、途径和方法上存在着一定的差异，因此学校对聋生的教育与家庭对子女的教育各有其特定的优势，促进家庭教育指导有利于实现双方的优势互补，从而对提高聋中职生顶岗实习的指导具有实效性。学校教育的优势在于能直接和聋生所在的实习企业对接，能第一时间、详细充分地收集到单位对学生实习情况的反馈。除此之外，学校拥有一支较为专业的指导团队，包括学生的班主任以及专门负责学生顶岗实习的教师。因此其教育的知识性、科学性、目的性和循序渐进性是家庭教育所无法达到的。但是，家庭教育对子女的影响和作用也是不可低估的，家长陪伴子女整个成长过程，对子女的思想行为、性格特点有着较为全面的认识和了解，对子女在实习中产生的问题，可以做到及时干预。

（三）有利于实习单位做好聋中职生顶岗实习期间的各项事宜

聋中职生由于自身听力障碍导致接触社会机会较少，大部分聋生都是第一次参加顶岗实习，对实习企业的不了解、对实习工作的不适应，都会使他们产生畏惧、退缩情绪。对于实习单位来说，带教师傅通常是部门领导或主管，由于沟通上的不便，他们主要负责指导聋生的专业技能，对于聋生的思想动态却知之甚少。在顶岗实习期间，聋生主要有畏难情绪、人际交往障碍、技能不熟练、规章制度不清楚等问题，要做好聋生顶岗实习期间的工作，必须在加强家庭教育指导的基础上，主动与实习单位保持联系，积极与带教师傅或相关领导沟通，掌握聋生的实习动态，加强他们的思想政治教育和遵纪守法教育。对于实习表现出色的聋生，实习单位若第一时间告知家长或学校，对聋生进行及时的肯定和表扬，这无疑对聋生的顶岗实习起到积极的作用。对违反纪律的实习聋生，除做好他们的思想教育工作外，还应向实习单位收集相关违纪事实，家庭、学校、单位配合，共同应对突发情况。同时，家长和学校要将关注到的聋生情况，及时反馈给实习单位，共同出谋划策，解决聋生在实习过程中的问题，可以起到“1＋1＋1＞3”的效果。

二、聋中职生顶岗实习期间的家庭教育指导存在的问题及其原因分析

(一)家庭教育指导重视程度不够

在聋中职生顶岗实习期间,由于聋生走出校门、踏上社会后,学校与学生之间的联系不像在校园中那么密切,学校得到实习单位的反馈也不足以全面详实地反映聋生的实际工作情况,这就需要学校与家庭进行有效充分的联系沟通,才能共同做好聋生的顶岗实习工作。但在实际调查中发现,部分家长不够重视与学校之间的沟通,一方面是因为家长与子女的沟通存在障碍,很多家长看不懂子女的手语,对孩子的教育和关心不够,而把教育孩子的责任交给了学校;另一方面是因为一些聋生家长认为孩子每天顶岗实习就是家和实习单位两点一线,自己可以与孩子交流,没有及时把孩子的实习情况与学校沟通。根据调查,聋中职生家长对子女在顶岗实习期间与学校沟通联系的价值认识这一问题上,有61.8%的家长认为与学校的沟通非常重要,有32.6%的家长认为与学校的沟通比较重要,有5.6%的家长认为与学校的沟通一般重要。这说明家长普遍认识到与学校沟通的重要性。但调查中也发现,聋中职生家长在子女顶岗实习期间经常自觉与学校沟通的只占19.5%,家长在遇到问题时与学校采取沟通的占43.6%,希望学校主动与家长联系的占36.9%。这说明聋中职生家长与学校之间的联系不够积极主动。此外,在对部分学校教师的随机访谈中发现,他们认为与家长进行沟通是班主任的事情,并没有意识到与家长进行沟通是所有聋生教师专业技能的一部分,从而也就没有对此给予充分重视。

(二)家庭教育指导频率不高,沟通质量欠佳

聋中职生顶岗实习期间家庭教育指导的主要内容包括:顶岗实习前聋生的实习意愿、顶岗实习中的常规事宜和突发事件的处理、实习期满用人单位的反馈和签约落实等。家庭教育指导对于这三部分内容的比重分别占24.9%,61.7%和13.4%。这说明家庭教育指导的内容大多是建立在如何让学生适应岗位,但没有涉及聋生的长远发展和家长对于孩子在顶岗实习期间的教育方法问题。调查中还发现,对于聋中职生顶岗实习期间的家庭教育指导的频率不高(表1),通过深入访谈和调查得知,家庭教育指导通常是在聋生顶岗实习期间碰到问题或突发事件后,需要家校商量对策时才会有针对性地联系,一般情况下家庭教育指导较少(表2)。影响家庭教育指导次数偏少的原因主要是家校双方的时间问题和教育观念。在家长看来,家庭教育指导存在的问题58%是因为时间,大部分家长整天忙于工作,很难抽出较长的时间参与学校教育。与此同时,家长认为自

己能够起到教育孩子的主导作用，忽略了学校教育的积极作用。

表 1　家庭教育指导的情况

联系次数/(次/月)	占比
A. 经常(≥4)	12.5%
B. 偶尔(2～3)	64.4%
C. 极少(0～1)	23.1%

表 2　家庭教育指导的时机

什么情况下家长与老师会联系	占比
A. 家长会的时候	15.3%
B. 孩子实习出现问题的时候	60.7%
C. 孩子不听自己话的时候	18.2%
D. 不管什么时候都会联系	5.8%

(三) 家庭教育指导方式传统，影响教育效果

走访是聋中职生顶岗实习期间家庭教育指导最常用的一种方式，也是学校开展工作的一个重要的有效手段。走访可以将学校、家庭和实习单位紧密地联系起来，使教师与家长、带教师傅配合，形成做聋生思想工作的“合力”，能够在特定的环境中更全面地了解学生，尤其对解决特殊学生的问题有着独特的作用。学校通常会安排负责就业指导的教师实地跟进考察每一名聋生顶岗实习的全过程，从安排聋生面试、了解聋生实习情况，到落实签约等，为家庭教育指导架起一座沟通的桥梁。家庭教育指导，需要班主任的全程参与，既要走访聋生所在的实习单位，与其带教师傅进行深入沟通，还要将情况及时反馈给聋生家长。正是由于聋生家长中有近 30%也是听力残疾人士，这就更加有必要采取走访的方式，用手语面对面交流，避免三方在沟通上产生误会。随着现代通信工具的发展，电话、手机在家庭中的普及率达到 100%，家长们平时忙于生计，生活节奏快，他们更习惯于用电话或手机与学校取得联系。无论是学生在顶岗实习期间违反了规定，需要家长配合教育，还是实习表现出色，需要第一时间反馈给家长，电访是最及时有效的方式。但是需要注意电访中家长提出的几个问题：由于家长不知道教师的作息时间，有时打电话却碰到教师在上课；下课后，教师又未能及时回复。

此外,发短信虽然没有上述问题,却不能完全表达想法,妨碍了家长和教师进行有效的沟通。

三、聋中职生顶岗实习期间的家庭教育指导对策

(一) 建立家庭教育指导资源库,打造"顶岗实习成长共同体"

家庭教育指导资源库(图 1)的建立有利于学校整合聋生顶岗实习期间的资料。通过顶岗实习意向表向聋生和家长排摸情况,了解聋生的残疾状况,分析每一个聋生在性格、爱好、能力等方面的差异性,并将学生实习意向(地点、工作内容、工作环境等)一一分类,便于学校负责推荐就业的教师根据每个聋生的"独特性"推荐实习。顶岗实习成长纪念册,是记录聋生在顶岗实习期间的表现和家校沟通情况,一方面,班主任使用纪念册引导家长帮助聋生科学合理地规划顶岗实习期间的工作和生活;另一方面,学校也能通过记录册进一步总结经验,为学校做好聋生顶岗实习工作提供案例借鉴。顶岗实习签约意向表是学校询问家长关于是否同意孩子与实习单位签约的表格,表格中还需要家长针对孩子在实习期的表现向孩子提出意见和建议,帮助孩子认真对待未来的工作。

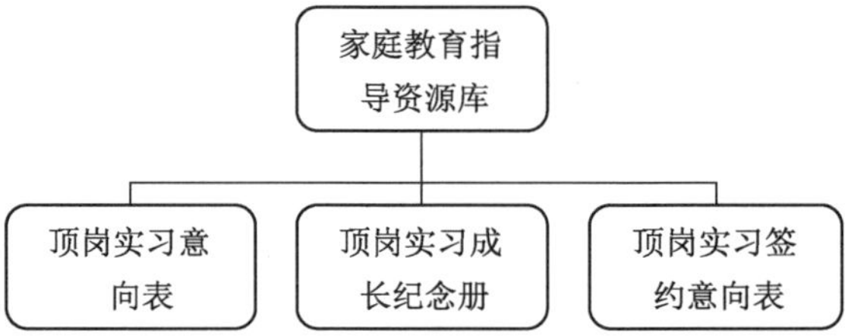

图 1

(二) 拓展聋中职生顶岗实习家庭教育指导的有效方式

第一, 随着社会进入信息化时代,家庭教育指导的方式也呈现多样化,由单一的面谈转变为多渠道,有电话联系、互通短信、网上交流等。在这个信息化社会,家庭教育指导可以更多地利用网络。例如,学校开设论坛和微博,每个班级开通班级联系的专贴,教师可及时在论坛中发布孩子的情况,讨论教育中碰到的困惑和难点,还可以建立 QQ 群、微信群,让所有的家长都可以同时参与,甚至还可以语音通话,其效果不比打电话和发短信来得差。

第二, 开展家校"走进企业行"活动。为了增进家长与学校及实习单位的交流互动,可以开展家长"走进企业行"活动。通过家校共同走进企业,不仅能了解

聋生顶岗实习用人单位的需求，加强家校企三方的沟通了解，也能使家长对孩子的实习环境和工作内容有较全面的了解，带教师傅也会对每个聋生进行客观的评价。聋生也可以就自己顶岗实习期间的感悟与家长和老师做交流。“走进企业行”活动不仅利于家校直观地了解聋生的实习情况，更利于学校把握实习单位需求，更具针对性地培养人才。

(三) 遵循聋中职生顶岗实习家校沟通的原则

一是主动疏导原则。聋生顶岗实习期间会发生一些突发事件，80％以上家长容易情绪激动、言辞激烈。例如，在顶岗实习即将结束时，聋生未能如愿与实习单位签约，家长就会与学校理论，即便有时家长也知道问题在于孩子无法适应这项工作，但出于对孩子的保护和急于为孩子落实毕业后的去处，在与学校的沟通过程中容易做出不恰当的过激反应。这时候学校就要坚持主动疏导原则，对家长动之以情、晓之以理。

二是适时矫正原则。矛盾的产生根源80％是观念或认识不同，所以应快速找出问题的症结，沟通中通过家长的语言流露，捕捉稍纵即逝的机会，切中要害地解决家长观念上的偏差。如果沟通仅仅停留在谁对谁错的层面，那就是失败的沟通，浅层次的沟通，无效的沟通。只有家长发自心底地理解了学校的做法，认同了学校的观念，问题才能得以真正地解决。

三是以“共同利益点”解决问题。家校双方的共同利益点就是孩子的健康成长，只要校方或教师不是恶意的伤害，家长都会原谅这样的失误，理解校方或教师的做法。这是我们必须坚信的。所以要能设身处地、换位思考，也要能够从大局出发，一切要以是否有利于孩子的成长为标准。意气用事，口舌之快，都不是解决问题。

(四) 加强聋中职生和家长的岗前指导教育

在聋中职生顶岗实习过程中，要加强学校与实习单位的合作，进行职业指导，加强聋生和社会、市场的交流与沟通，为他们的实习提供专业的指导和咨询，为顺利实现就业提供帮助。此外，可利用职业指导讲座的方式，为聋生及其家长解释具体的政策；也可通过报纸、网络、指导说明书进行直观的培训，培养正确的顶岗实习观念；还可以实行聋生之间的互助指导，组织他们相互交流顶岗实习体会和就业信息，促进交流和互学相长。学校可开设“家长课堂”，“家长课堂”的教师可以是任课教师、班主任，也可以聘请相关专家来校支着；培训对象是年级或班级为单位的全体家长，学校可采取多媒体、广播等教育形式，每学期安排至少两次以上的家庭教育知识讲座，力求培训内容形式多样化，针对性强。比如，开设“情景课堂”,请学生参与其中。有的家长提出,自己和孩子缺少沟通,孩子实习回家后不愿和自己交流情况,学校可在“情景课堂”上举行亲子小游戏等活动,让存在这一问题的家庭上台比赛做菜,通过家长与孩子之间的互动,拉近他们之间的距离,找到最适合自己家庭的、能有效解决问题的方法。

在特殊教育学校与家庭的联系过程中,教师只有用真诚架起与家长沟通的心灵之桥,及时主动地选择合理的家庭教育指导方式,才能最大限度地取得家长对学校教育的理解与配合;也只有及时掌握家长对学校教育工作的要求和建议,才能弥补教育过程中的不足,促进教学方法的改进,提高教学水平,从而为聋中职生顺利进入社会保驾护航。

我想有个朋友

——情绪障碍孩子的家庭教育个案指导

上海市宝山职业技术学校　张　毓

一、案例概述

小孙，男，16 岁，本地学生。学习认真，成绩良好。但卫生习惯差，脖子上总是黑黝黝的，身上也常有异味。小孙从小患有哮喘，经常在上课时突然大声咳嗽，打断老师上课，而且咳嗽时从不用手遮掩，班里的同学都不愿意和他坐在一起。他非常渴望交到朋友，却不敢和别人进行面对面的交流，即使是老师找他谈话，他也总是低着头，拒绝和对方有眼神的交流。下课的时候，他会趁同学们离开座位时，擅自拿走他们的手机，登录同学们的 QQ 后，将自己加为好友。如果同学将他从好友中删除，他会不断地换小号申请再加，直到对方通过为止。而一旦同学保留了他的 QQ 好友，他会不断地发消息，让人不胜其烦。终于有一天，他为了让班里的同学同意加他为 QQ 好友，竟然主动向同学跪了下来……

二、案例背景

小孙生活在重组家庭中，父母和他的年龄相差很大。加上小孙身体不好，从小父母就非常宠他。小孙的父母均为下岗工人，文化水平较低，家中经济状况较差，但对于小孙的要求，父母都会尽力满足。小时候，小孙和同学发生冲突，父母总会到学校指责同学，甚至指责老师，导致小孙在学校里的人际关系越来越差。随着小孙逐渐成长，父母对小孙的异常行为其实已有所察觉，但因年纪太大，他们已无力管教，小孙甚至在家中还对母亲动过粗。

三、案例分析

小孙的问题看似因学生间的矛盾而起，真正的症结却来自他的家庭。显然，小孙的父母对孩子的教育存在一定的偏差。正是他们的溺爱导致了小孙在年幼时未及时学会与他人正常交往。也正是他们的溺爱,使得小孙在学校中无所适从。在家里,他为所欲为,要什么有什么,父母都围着他转;在学校里,他不受老师和同学们的欢迎,没有朋友。而现实生活中的受挫使得他试图通过网络得到友情,却又因为未掌握正确的交友方法再次受挫,最终只能选择极端的方法来争取他所渴望的友情。想要帮助小孙重新建立正常的人际关系,首先要取得小孙父母的理解与支持。

四、教育指导

(一) 材料充分,有据可依

在决定与小孙父母谈话前,我收集了任课教师和班级同学对小孙在校表现的评价。同时,我还就小孙的问题向我校心理辅导教师进行了咨询。心理辅导教师在与小孙单独谈话后,给了我一个建议:尽快带小孙去专业机构检查。为此,我收集了大量相关心理学的资料。

一切准备就绪后,我和小孙父母约定了时间,在办公室进行了面谈。起初,小孙的母亲情绪非常激动,说道:"我家孩子既不打人又不骂人,你们凭什么说他不好!你们就是在欺负他!"但在看了任课教师和同学所写的小孙在校的具体表现后,她沉默了。等到看完心理学的相关资料,她的手不禁发抖。在大量翔实的材料面前,她不得不承认,小孙的心理问题急需解决。

(二) 以理服人,以情动人

然而,小孙的父母并不同意带孩子去做检查。在他们的观念中,去了精神卫生中心,就是精神病了,万一给孩子带来了不好的影响怎么办!孩子现在还小,有什么做得不对的,家里和学校多教教就行了。我便站在小孙父母的角度分析问题:小孙现在已经高一了,再过几年,以他的成绩,一定能考上理想的大学,到时候住校,和寝室里的同学发生矛盾,怎么办?再过几年,等他踏上社会,和单位的同事发生矛盾,怎么办?难道要你们要养他一辈子吗?等到父母走了,没有人管教小孙,到时候怎么办?趁现在他还住在家里,父母还能管,我们一起努力,帮帮他!

所幸的是,小孙的父母对孩子的爱战胜了要面子的心理,他们最终同意带小孙去精神卫生中心做一次检查。检查的结果没多久就出来了——儿童情绪障碍。检查结果是小孙的父亲告诉我的,他说医生问了他这样一个问题:这孩子的症状至少在五年前就出现了,为什么现在才来?

（三）携手并进，走上正轨

确定小孙的情况后，我首先给小孙的父母列了一份清单，清单上列出了小孙在学校中出现的人际交往问题，并和他们一一商议，确定了他们在家中如何引导小孙解决这些问题。比如卫生方面，每周至少让小孙洗一次澡，换一次衣服。如果小孙依然不愿洗澡，家里也要帮他洗，尽量避免再因身上的异味影响人际关系。

我就这份清单和小孙单独谈了一次。我告诉他，如果他真的想交到朋友，就必须改掉这些妨碍他交友的坏习惯。我和他的父母一样，会一直站在他身边帮助他，如果他今后在人际交往问题上有什么困扰，可以随时来找我。

同时，我又趁某天小孙请病假的时候，在班里开了一个主题班会，就如何帮助小孙和同学们进行了讨论。同学们都表示，只要小孙能够改掉这些坏习惯，他们愿意试着接受小孙。

在学校和家庭的共同努力下，小孙开始渐渐融入了班级。这期间，有过摩擦，有过反复，但由于家长坚持给小孙按时服药，定期检查，加上小孙本人的配合，终于出现了可喜的变化。高三最后一次春游，小孙成为他们活动小组的组长，带领组员参加了春游，这是他高一刚进校时根本不敢想象的。

五、反思与感悟

（一）家校合一，事半功倍

家庭是孩子最早接受教育的地方。当孩子身上出现不良行为时，或多或少都会有家庭教育的影子。当学生出现家庭教育欠缺的情况时，班主任不仅要做好班级管理和学生教育，还要做好家长的家庭教育指导工作。只有争取到家长的支持与配合，教育学生才可能事半功倍。

（二）有效沟通，消除障碍

在进行家庭教育指导工作时，必须要做到和家长进行有效沟通。家长往往比班主任更了解孩子，但也会因为各种原因在班主任面前避讳谈论孩子的缺点，这对教育孩子是很不利的。因此，班主任应该注意在沟通时增强家长的信任感，尽力消除沟通的种种障碍。

（三）坚持不懈，才能成功

学生身上的问题不是一朝一夕形成的，想要让他们改掉这些坏习惯也不是一蹴而就的。在教育问题上,出现一时的反复,甚至倒退,都是很常见的。这时决不能轻言放弃,否则就会半途而废。只有班主任和家长不懈努力和坚持,共同配合,教育才有可能成功。

家校联手寻良策 “花开花谢”慎修枝

上海市震旦中等专业学校 强叶霞

作为一名班主任，除了做好日常的学校教育教学工作，还要和家长一起引领孩子成长。美国心理学家哈里森说：“帮助孩子的最佳途径是帮助父母……”。

一、案例概述

小逸在班级是个不苟言笑的男孩子，平时不惹事，不多事，基本上能管好自己，属于比较听话的孩子。但他性格并不开朗，不喜欢和同学交往，显得过于拘谨。我发现近来他成绩下滑，情绪不稳定，与家长对立，这很反常。有同学反映小逸谈恋爱了，我注意观察，发现他经常和班级里一个女生走得很近。我找机会和小逸聊聊天，旁敲侧击，希望他引起注意。可到后来小逸表现得越来越过分，在校园中和女生过于亲昵，厌学情绪很明显，这让我很吃惊不小。我决定好好引导他。

二、案例分析

（一）案例背景

我很快约谈了小逸的家长，了解了一些情况。原来家长也发现近来孩子表现异常，但是并没有和孩子进行有效的沟通交流，而是经常偷看孩子的手机，并且跟踪孩子。当认定小逸是在谈恋爱，家长只是一味责骂，还当面指责对方女孩，认为自己的孩子很乖很听话，都是对方女孩子带坏了自己的孩子。还威胁小逸如果还不中断谈恋爱的行为，就到学校找老师，找女方家长。这次小逸的抵触情绪很明显，表现出从未有过的强烈的反叛，他不但没收敛，反而和这个女孩交往愈加密切了。

（二）家教状况寻根源

在和家长的交谈中我了解到，小逸的家庭经济条件还不错，父母能干，对于孩子也寄予厚望。我发现小逸家庭的教育方式属于管制型和高期望型，家长比较强势，平时忙工作，没有太多时间和孩子沟通，也不尊重孩子的感受，说一不二，从小就制定各种禁令要求孩子，家长认为这种方法见效迅速，还很为这种教育方法得意。由于家长对孩子的期望值很高，有时制定目标不免一厢情愿。中考失利后，家长又觉得孩子让自己没面子，这使得孩子处于自卑、自责的心理状态，觉得自己处处不如别人，觉得别人在背后对自己指指点点。其实小逸的内心深处很渴望被认可、被关注。

（三）家校沟通达共识

在这种家庭教育下，小逸的性格是有缺陷的。成长中他一直被压制，在家没有话语权，不敢和家长表达自己的想法。随着年龄的增长，年幼时的逆来顺受逐渐变成了较为强烈的叛逆心理。小逸性格孤傲，和同学关系较为紧张，他觉得自己没有朋友，没有人理解他，内心很孤独。和小逸谈恋爱的女生是班级的文艺委员，性格活泼大方，乐于交往。原本我让两个人在学习中互助，结果接触得多了，两人便产生了好感。其实小逸的“人际交往饥渴症”本来可以有办法解决的，但是由于一向强势的家长得知自己听话乖巧的儿子谈恋爱，火冒三丈，打算到学校找女方家长。这使得小逸变本加厉，愈加叛逆，造成了孩子目前的状况，这和家长的教育方法有着极大关系。

三、指导教育措施

（一）转变思想，改变家庭教育方法

我和小逸的家长进行了沟通。毫无疑问家长很爱孩子，只是教育方法欠妥，没能科学、与时俱进地改进教育方法。孩子长大了，已经不是那个言听计从的小孩了，他们的自我意识逐渐强大。这时家长要试着和孩子多沟通，尊重孩子，和孩子平等对话。管制的作用毕竟是有限的，只能使孩子被动服从。苏霍姆林斯基说过：“在实际生活中，可以强迫孩子去做某种事情，然而迫使他‘做个好孩子’，这是不可能的。”我建议：孩子总是需要管的，问题是不能管得太严、太多，也不要横加阻止，否则孩子容易走极端，应该采用一些温和的教育方法，缓和亲子关系。

最后，我与小逸的家长达成共识：寻良策，巧沟通，家长向孩子说出自己的爱、顾虑和担忧，不要对孩子横加干涉，也不放任自流。

（二）正确看待青春期孩子的早恋

青春期早恋是一种普遍现象，说明孩子身心健康，是很正常的情感反应。孩子在谈恋爱，也是在交朋友，青少年的恋爱更多的只是简单的朝夕相处，家长应多以平常心对待，不要责骂、跟踪，偷看孩子手机，更不要到学校找对方及家长。最好的办法是理解、体贴，尊重孩子的人格和感情。家长要抓住恰当的时机，开诚布公地和孩子交流，说出自己反对的理由，不要将自己的意志强加在孩子身上，给孩子讲清后果、责任和担当。

（三）分散孩子注意力

我建议家长应多陪伴孩子，可以和孩子一起看电影，探视亲友，或进行亲子短途出游，分散孩子的注意力。

小逸需要朋友来解决他的“人际交往饥渴”。为此，我特意安排一些同学和他主动交往，也尽可能地创造让他和其他同学交往的机会。我也有意识地将小逸和恋爱的女生“隔离”，我鼓励女孩参加校舞蹈队，让小逸去心理室协助心理辅导教师管理心理室。这样两个人的课余都忙碌起来，没有太多单独接触的时间。另外，我还推荐了一些书籍给他们阅读，让他们通过书籍开阔视野，丰盈心灵，陶冶情操。

（四）师生沟通获信任

后来，和小逸谈恋爱的女生主动找到我，让我不要因为这件事联系她的家长，她会处理好，请我相信她。我欣然答应，同时也提出了要求。在学校，我主动与小逸接触，经常找他谈心，谈文学名著，谈明星。此外，对于谈恋爱这件事我也向小逸提出了要求：距离产生美，没有自律谈何自由，真正长久的爱是理智的爱。我和他们两个单独谈了几次话，我告诉他们：“喜欢一个人很正常，被人喜欢也很幸福，你们纯洁的感情老师尊重但不支持，也没有祝福。现在必须明确应该干什么，不能因为爱而忽略了人生最重要的事。再说，随着年龄增长和视野的扩大，人生观和择偶观都会改变，所以，你们都要努力才对。”接下来的日子逐渐平静，大家都在忙，忙学业水平考，忙艺术节活动。我和小逸的家长保持联系，经常沟通，用积极和理解的心态看待这件事。

四、总结反思

学业水平考试结束了，三门课程小逸考了两个 A 和一个 B，那个女孩考了三个 A，现在两人各自忙自己的事情，已经没有了先前的形影不离。小逸也阳光了不少，积极参加学校组织的各种活动，在班级也有了朋友。在 3 月份三校生高考中,两人都考入了自己心仪的大专院校。

青春期的孩子有他们自己的快乐和孤独、迷惘和无奈,这是青春的雨季。作为家长和老师一定要走近孩子,了解他们的思想动态,给予理解和帮助,做他们的“知心朋友”,让他们走出这段雨季。早恋的孩子有美好的憧憬,也有现实的忧伤,过多的横加指责只能带给孩子负能量。有些事情经历了才会成长,青春会走弯路,青春期的雨季可能谁也躲不过,那么,让我们用陪伴,理性而谨慎地干预,和孩子共同走过这段既坎坷而又珍贵的时光。

感谢彼此的信任,那是关乎家长和教师、家长和孩子、教师和孩子、孩子与孩子之间那份理解和默契。

父母要与孩子一起成长

上海市西南工程学校　师向丽

一、前言

2017 年 11 月 12 日，湖南省益阳沅江市第三中学 16 岁的高三学生罗某因接受不了班主任的批评教育，在办公室将自己的班主任刺死。经调查，平时罗某的父母与班主任对他要求非常严格。因为罗某成绩优异，班主任和父母对他更是“倍加关怀”，对他的期望非常高。

近几年学生出走、自残、自杀、刺伤他人事件较以往有所上升。许多人都把矛头指向了出问题的学生，认为现在的孩子是身在福中不知福、没有担当、没有足够强大的内心，吃不了苦……但当代学生的学习压力与竞争压力与日俱增，又有多少教师与父母真正理解现在的学生呢？

其实，现在孩子身心出现的问题不仅仅是学生本人的问题，而且是家庭教育的问题，学校教育的问题，更是教育制度中的问题。孩子的身心问题折射出家庭、学校、社会中存在的问题。如果教师、家长还是只追求成绩、分数、奖状，而忽略了孩子的身心健康，影响的不是一个孩子，而是一个家庭、一代人……

学生需要成长、孩子需要成长，但作为教师、作为父母，我们也更应该与时俱进，不断改变观念、不断学习与实践，与孩子一起成长，真正走进孩子的内心世界，一起勇敢面对问题。

二、家庭教育案例分析

下面我以一个案例来说明父母对孩子的影响，以及家庭教育的重要性。

(一) 学生的夜不归宿

A(化名)是我班一名学生，虽然学习成绩靠后，但他是一个爱微笑的腼腆小伙子,平时对老师彬彬有礼,与同学相处融洽。然而,一天晚上 10 点,A 的妈妈打来电话,说 A 与她争吵后离家出走,拒绝接家中的电话,并在电话里说 A 在家不听话,动不动和父母顶嘴、性格暴躁,曾经把自己关在房间里绝食。A 竟然反差如此之大!

我赶紧和 A 打电话,他一直不接。随后我联系了 A 的好朋友,他们都说不知道这件事。我立即登录 QQ,在 QQ 上给 A 留言。我告诉他家人担心他,让他早点回家。A 在 QQ 上回复不想回家,家如同牢笼,还说以生在这样的家庭为耻。我说父母都很爱他,只是表达方式不妥当。我告诉他父母都很着急,网吧的安全性、环境都比较差,会让父母担心。我甚至向他表示,他什么时候平安回家我什么时候休息。他只回我一句:老师,别因为我影响您休息,我只想静一静,保证明天准时到校。随后,我与 A 的妈妈又进行了多次沟通。当晚,A 还是没有回家,A 的父母也因关机失去了联络。

（二）夜不归宿的原因调查

第二天一大早,我赶到学校。A 没有食言,已经坐在座位上了,但他一脸疲惫,还浑身哆嗦。那天天冷,我把外套披在他的身上,并到楼下给他买了早餐。同时,我把 A 的情况告知了家长。

早餐过后,鉴于 A 的身体状态和精神情况,我让他早自习先到我办公室休息一会儿。为了安抚 A 的情绪,我与 A 在学校的操场上边走边聊,想进一步了解他的想法以及遇到的问题。A 刚开始支支吾吾,有些犹豫与不安,但慢慢地他感觉到我是真心想帮他,便主动讲了他的家庭情况。他告诉我,他家中不和谐,妈妈和爷爷隔三岔五就闹矛盾,互相指责、谩骂,甚至大打出手。妈妈主要负责他的生活、学习,但妈妈工作、生活一不顺利就将负面情绪发泄在他身上,总把他与成绩优异的表哥比较,说他不争气。而爸爸在家里什么事都不管不问,出现各种矛盾或冲突,他基本上都是躲得远远的。

我问 A,和妈妈发生什么矛盾以至于气得离开家。他说,晚饭后他想上网半小时。妈妈不让他在家上网,而且还不停地唠叨,说他不争气、不懂事、学习不好、除了吃与玩啥也不会。继而,妈妈又滔滔不绝地说生他养他很辛苦,对他那么好,在出现家庭矛盾时也不站在妈妈一边,是个白眼狼。而且妈妈还夸表哥懂事、成绩好,说他与表哥相比就是一个天上一个地上,妈妈为此感到没面子、羞耻。他认为妈妈说得太伤自尊了,一生气就顶撞了妈妈,结果妈妈顺手打了他一巴掌,他就狠狠瞪了妈妈一眼,愤怒地离开了家。

A 说那天离开家后,他在家附近的公园里待了很长时间。他想不通妈妈为什么总是打击他，想不通为什么妈妈总是将工作、生活中的不良情绪发泄到他身上，想不通为什么自己的爸爸那么窝囊。A说他其实很希望他的家人能出来找他或者打电话关心他，让他回家。他后来在家门口徘徊，想回家但又觉得没面子。家人后来给他打电话，但他接电话后听到的是妈妈的抱怨与呵斥，索性挂断电话。后来他感觉外面冷，也不安全，于是鼓足勇气回家，但发现家门已被牢牢锁住。他很气愤，最后赌气跑到了网吧过夜。

（三）家庭教育指导

青春期的A碰上了更年期的妈妈，双方都是硬碰硬，最终造成两败俱伤。

后来我与A的妈妈进行了沟通。A的妈妈大概说明了事情的来龙去脉。A的妈妈表示自己有时会控制不住情绪，比较冲动。上班很累，回到家丈夫、儿子都不让自己满意，马上就来气，开始唠叨、埋怨。而A很倔强，听到她埋怨就会和她理论，她就认为A不听话，两人话不投机，她就会情绪失控，动手打A。

我告诉A的妈妈孩子在校的表现。A虽然学习基础薄弱，成绩不理想，但他在班级人缘好、爱劳动、讲礼貌，彬彬有礼，还积极参加主题班会活动，并且学习上他也在努力。我建议A的妈妈多发现自己孩子的闪光点，多鼓励，多表扬。

孩子的问题其实是父母问题、家庭问题的映射。孩子在成长的过程中，父母也要与孩子一起成长，不断根据孩子的实际情况发现自身问题，不断反思、学习与改变。针对A的实际情况，我答应A的妈妈做孩子的思想工作，同时希望A的妈妈也慢慢学会改变。经过多次沟通，我与A的妈妈达成以下共识：

(1) 家中尽量给孩子创造和谐的氛围，不将工作与生活中的不良情绪在孩子面前发泄，尤其不能将不良情绪发泄到孩子身上。如果父母自己状态不佳，暂时不要与孩子面对面接触，待自己冷静后再与孩子交流。

(2) 学会理解孩子、尊重孩子。孩子有问题时要带着引导孩子解决问题的想法与孩子交流，不说伤害孩子自尊的话，更不能打孩子。

(3) 当孩子做了好事，要及时鼓励、表扬，增加孩子的自信。

(4) 当父母冤枉错怪孩子，或者做错事时，也要真诚地向孩子道歉，并表达不断改进的想法。

(5) 多抽出时间与孩子一起交流，方式可根据自己家庭的具体情况而定，可以是饭后散步，也可以是到公园锻炼身体等。

(6) 学会用肢体语言表达对孩子的关心与关爱。

（四）引导学生，达成共识

与此同时，我与A也进行了多次沟通。我告诉A，妈妈打人的行为是不对的,妈妈认识到了问题,也会慢慢改变。我告诉A的妈妈,做好父母也是一门学问,而且是很难的学问,要不断学习。妈妈承诺会做出改变,不断进步。而作为子女,也要允许父母有一个学习、改变的过程,同时自己也要学会不断学习、改进。只有子女与父母都往好的方向改变,才能双赢。妈妈有时不懂得如何表达和处理矛盾和问题,应该多与妈妈沟通,说说自己的看法,与父母一起面对问题,想出正确处理问题的方法。我也告诉A,他和妈妈都要改变,也希望给妈妈一些时间去改变。

经过多次交流,我也与A达成以下共识:

(1) 在家要适当做些家务,帮助家人完成一些事情。这样既锻炼了自己的生活能力,也发挥了自己在家中的重要作用,体现自己的价值。

(2) 当看到父母情绪不稳定时,给父母一些私人空间与时间,等父母冷静后再沟通、交流。

(3) 无论如何,不可以出现遇到问题夜不归宿或离家出走。可以给自己私人空间与时间进行情绪缓解,并将想法与诉求向父母表达。

(4) 学会用言行举止表达对父母的爱意及建议,不能要挟父母答应自己的要求。

(五) 共同进步实现双赢

经过与双方的多次沟通与交流后,A和父母开始各自的努力。

我和A的妈妈联系很频繁,一起交流A在学校和家里的表现。A只要在学校做好事或有进步我都会打电话告诉A的妈妈,提醒她要表扬A,并鼓励A继续努力。A听到妈妈表扬他,感觉妈妈真的为他改变了,于是对妈妈的态度也转变了许多,并帮妈妈干些家务活,妈妈又表扬他会为家里做事了,A的干劲更足了。

同时,我会提醒A要在妈妈做饭或做完家务后真诚地说声谢谢,在妈妈生日、母亲节的时候学会表达谢意,帮忙做些家务。慢慢地A的妈妈感觉A懂事多了,也更多地表扬A了。

A后来参加了学校的星光计划物流团体竞赛的集训。他一直都很努力,操作很卖力,能吃苦耐劳。虽然最终没有被抽中参加决赛,但A也学习了很多技能,团队合作的能力也提高不少。连续好几个学期他都被班级同学评为“劳动之星”。

一年多后,A的妈妈也改变了许多,尽管她偶尔还会发脾气,但比起以前理智了许多,母子关系也大为改观。在一次家校沟通会上,我让学生和家长一起做游戏，A主动邀请妈妈做游戏，妈妈也很配合，最后A还深情地拥抱了妈妈，妈妈特别感动。看到这一幕，我为他们母子感到欣慰。

三、体会

(1) 父母要学会理解、尊重孩子，这能有效地拉近父母与子女之间的心理距离，缩小代沟。

(2) 父母不应该用“严肃和严格”或“打骂和训斥”把自己的“爱心和善意”伪装、包裹起来，而应该直接、准确地把自己的感觉、想法表达出来，这样效果会更好。

(3) 父母要学会拥抱，学会耳语。在拥抱中，人可以得到安全感和信任感，是一种全身心的休息，焦躁的情绪可因此缓解或平息。人在情绪平静、心理稳定时是相对理智的。耳语要比正常音量的表达更令人信服，更容易打动人。因为仅就耳语的姿态而言，已经表明两人之间的一种特殊的亲密关系了。

(4) 父母与孩子之间要多沟通、多交流。家长要有计划地多创造机会。慢慢地，双方都会习惯这种方式，越习惯就越自然，感情也就越深。父母与孩子之间的沟通非常重要，但家长要注意少说多听。这就是倾听的力量，不需要你去评论，孩子在说的过程中自己就已经醒悟了。

(5) 父母不应该总是居高临下，父母做错了也要放下身段与孩子真诚道歉。作为父母，需要与孩子一起成长，一起面对问题、解决问题，要多与孩子沟通交流，多听听孩子的想法。

(6) 家庭教育有时候需要时间才能有效果，因此要有足够的耐心。父母不能急功近利，不能拔苗助长，而要给孩子成长的空间，静待花开。

四、结束语

有的教师觉得我们管学生就已经很累了，还有必要和义务指导家庭教育吗？我认为，指导家庭教育可以更好地提升学校教育效果。如果不了解与指导家庭教育，就无法理解学生的一些行为举止，在评价学生时就会多一些主观性。另外，学生的学校教育会因为一些不当的家庭教育受到影响，可能出现“5＋2＝0”的现象。

陶行知先生说过：“没有爱就没有教育。”用爱心去感染孩子，用爱心去关怀孩子，是家庭教育的根本所在。家庭教育对孩子的影响，在孩子的一生中起着至关重要的作用。其实，家长都有教育好孩子的愿望，但有时却不知如何去教育，总是希望孩子听自己的,很少主动去听孩子的。我们可以通过家庭教育指导,给父母一些教育孩子的建议,让家庭和学校形成合力,更好地引导学生的父母,鼓励自己的孩子,激发孩子的真、善、美。

每一个孩子都会放光芒

——家校携手，给孩子一个美好明天

上海市西南工程学校　李鸿燕

一、案例概述

小承是我校国际商务专业一年级的学生，老家在山东，因父母在上海工作随父母来上海上学。由于没参加中考，进入我校成人中专班级。他第一次找心理辅导教师咨询是因社团副社长一职被辞、环境适应不良、班级同学疏远他、与父亲出现矛盾、自卑等因素导致心情极度抑郁。后经心理辅导教师疏导安抚，情绪得以放松。在他的记忆中，没有快乐的童年，父亲一直为了赚钱，忙着做自己的事情。一旦小承出现问题，父亲则会不断地呵斥或者拳打脚踢。小承功课跟不上，回家也不想写作业，爸爸说得最多的一句话就是“你这么笨，还这么不上进，将来只能讨饭、没出息”。因此，他逐渐与父亲对立，尤其到了青春期，父子关系已经恶化到一触即发的地步。

二、目标与内容

亲子关系对青春期的孩子来说是一项非常重要的人际关系，关系的好坏对他们的成长有非常大的影响。研究表明，频繁的亲子冲突会带来消极的影响，使青少年心理行为问题增加。亲子冲突的增加往往伴随着青少年学业成绩的下滑，心理健康水平的下降，不良行为的上升，等等。有位教育家曾经说过：家中有一个青春期的孩子，不亚于有一个待哺的婴儿。父母虽然希望孩子早点长大懂事，但由于不了解青春期孩子的心理特点，没有及时调整自己的教养方式，依然像对小孩子那样，希望孩子对自己言听计从；又由于工作繁忙，很少有耐心倾听孩子的心声。小承跟父亲矛盾的加深与其亲子沟通出现障碍有很大关系。班主任在与父子双方进行会谈后发现，他们的价值观差异很大，在亲子关系的认知上、情感体验和行为上背道而驰，他们各自站在自己的角度，互相否定、从未关注对方的感受和需求；同时也发现，他们彼此之间相互依存，儿子是父亲的最大希望，父亲为儿子提供全方位的保护，而儿子认为父亲毕竟是自己的亲人，因此对于父子关系的僵化，双方都感到痛苦，也都有想要改善的愿望。常见的四种沟通方式有说教型、命令型、指责型、商量型，采用前三种沟通方式，亲子互动往往会出现问题，而商量型是正确的、健康的沟通方式。显而易见，小承家里的沟通方式是不正确的，小承的问题是父子之间不良的沟通模式导致的对抗情绪和行为。有效沟通是维护家庭关系和谐的重要桥梁，也是教育的前提。因此要想解决小承的问题，首先必须改变父子之间的沟通方式，实现有效的、正确的亲子沟通。其次要增强小承的自信心。

三、过程与方法

(一) 家庭会议:倾听孩子的心声

由于小承的问题与父亲的管教理念密切相关，所以要改变孩子，家长要参与其中，不能固执己见。因此，班主任与父子分别谈话，尤其是跟父亲谈了很多，主要是亲子沟通产生的原因及亲子沟通的原则，如理解与接纳、尊重孩子，平等的交流，考虑孩子的内心感受，优先处理孩子的情绪后处理问题，与孩子聊天时认真倾听孩子的倾诉，等等，家长表示接受建议并改正。接着班主任为他们设计了一个家庭会议，主要是让对方坦白内心的感受，各自检查自己的不足，并真诚地向对方道歉。在会上，父亲对儿子说:“孩子，爸爸以后再也不打你不骂你了。”小承也史无前例地向父亲说了一声:“爸爸，对不起。让你为我操心了。”孩子对父亲报以真诚，父亲也开始关注孩子的内心感受。

(二) 空椅子技术:模拟解决冲突

学校心理辅导教师设置了一个小承与父亲打电话吵架的情景。利用情景再现，让小承扮演双方角色，体验不同角色的内心感受。在宣泄情绪的同时，学会换位思考。通过心理咨询，小承渐渐能体会到自己的行为给家人带来的伤害，逐渐意识到自身也有不足的地方需要改进，良好的家庭关系需要父母与子女共同完成。

(三) 认知重构:我也很棒

小承平时在家里、学校受到较多的负面评价，加上最近担任社团副社长一职被辞，造成自卑感较重，缺乏自信。但是他又很想证明自己，以至于不知所措，处于紧张、矛盾、焦虑和痛苦之中。自卑的人自我存在价值观较低，对自己想做的事情缺乏信心，对应付环境中提出的要求比较悲观，容易否定自己。有些严重的学生甚至会脱离现实，造成社会适应困难，阻碍人格的健康发展。所以，自卑的学生日常表现都不是很积极，并且人际关系也不好，比较孤独。所以心理辅导教师通过心理游戏"我的百宝箱"让小承寻找自身优势，进行认知重构，合理评价自己，悦纳自己。

（四）创设展示机会，体验成功喜悦：走出自卑，迈向自信

对于一个自卑的人而言，成功的喜悦是极其珍贵的。班主任从小承的父母那里了解到小承从小特别喜欢唱歌，在唱歌方面比较有天赋，于是在学校组织的校园歌手大赛时推荐其报名，结果小承在比赛中脱颖而出，一鸣惊人，取得了大赛亚军。这次比赛让小承圈粉无数，同学们都亲切地喊他"西南小哥"（费玉清）。成功的体验带来的效果是显而易见的，小承在学校里越来越开朗自信，后来在高一年级东方绿舟国防素质教育活动的文艺汇演中，他踊跃报名参加了独唱的演出，他的表演赢得了阵阵掌声。最近小承又加入学校的心理协会并竞选了会长一职，积极帮助心理辅导教师组织活动。越来越自信的小承现在走路昂首挺胸，经常嘴里哼着小曲儿，见到老师和同学都会主动问好。

（五）互相理解：和谐一家亲

除了班主任，学校心理辅导教师引导小承进行行为及认知训练，引导体验父母的情感，请他列出父亲为他付出的种种并写成感谢信，同时还给他布置了一项家庭作业：记录接下来与父亲轻松愉快互动的情况，自己如何做的，体会愉悦体验并强化自己的正确行为。孩子的自卑是在长期的指责、否定中形成的，所以班主任对孩子自卑这一点与家长沟通，引导家长对孩子积极期待与了解，尊重孩子的人格，有利于增强孩子的自信与自尊。家长积极配合学校，在家里多发现小承的优点，多给小承鼓励，小承也在空椅子技术和家庭会议及班主任的指引下理解父母的不易，懂得感恩父母的付出。现在小承的家庭关系越来越和谐，一家人找到了久违的幸福。

四、成效及展望

如今，小承越来越自信，由最开始的天天低着头走路，到现在的走路昂首挺胸、步履轻盈，上课主动回答问题；同伴关系也变得越来越融洽，从原来不善于与人交往，到现在敢于主动处理与老师和同学的关系，在同学中不再感到被边缘化，人缘越来越好；与父母的关系也越来越和谐，从疏远父母，到主动找父母沟通聊天，与父母成为知心朋友。

曾有学生在周记中写道:“老师告诉我们要做一个有道德的好公民,但是每次看到社会上假冒伪劣产品、贪污受贿现象,我都会感到困惑,有时候甚至觉得学校教育很虚伪。”这便是社会上流传的“5+2=0”现象。即来自家庭和社会2天的负面教育,足以抵消学校5天的正面教育。这也从另一个层面反映出学校教育力量的局限性。教育是社会的事情,教育的成功取决于学校、家庭和社会的通力合作。影响学生成长因素的复杂性决定了学校教育必须整合各种教育力量,有计划、有目的、有组织地对学生施加正面的影响,尽量减少负面的影响,从而促使学生健康成长。反思小承的案例,得益于班主任与学校心理辅导教师、家长的共同配合。学校心理辅导的经验告诉我们,很多孩子的心理问题都与家庭教育、社会环境有关系,所以学校还应该开设家长学校,定期向家长传授科学的家庭教育理念与教育经验,建立学习型家庭环境,营造民主平等的教育氛围,提高家长整体素质。只有家校积极合作,形成合力,才能增强学校教育的时效性。

与家长成为教育“合伙人”

——家校联盟,共促学生发展

上海市西南工程学校　顾晹晹

苏霍姆林斯基曾说过:“生活向学校提出的任务是如此的复杂,以至如果没有整个社会,首先是家庭的高度的教育学素养,那么不管教师付出多大的努力,都收不到完善的效果。”每一次开学,都能听到班主任们抱怨学生的学习状态、学习习惯仿佛一夜之间回到从前;抱怨家长没有做好假期监督工作,放任孩子;抱怨家长没有责任心,总是将孩子的教育问题全部推给学校、推给班主任。身处一个教育信息化的时代,家校合作越来越显示出它的重要性。师生关系是一种特殊的人际关系,学生会有意、无意地隐藏一些个性的东西,而家庭生活却是孩子个性自然形成和展示的空间。同时,孩子在长期与父母的交往中,其智力的优劣与长短都会有较为充分的表现,父母因其特殊的身份和情感,对孩子会有深入、细致的了解。了解学生,是因材施教的前提,学校教育与家庭教育的合作、沟通则为此提供了丰富的资源与现实的可能。如何处理好与学生家长的关系,将直接影响教育目标的实现,从而影响学生的健康成长。而作为家校联系最为核心的桥梁——班主任,是与家长接触最多的人,也是家长最为熟悉的。二者在教育目标上其实是一致的,班主任的心与家长的心应紧紧联结在一起,这也是实现班主任和学生家长合作的基础。

来到“西南”半年之久,通过班主任实践工作,我更加深刻地体会到作为教师与家长之间的关系处理的成功与否,一方面会直接影响师生关系,另一方面会通过家庭教育这一渠道影响学生,进而对师生关系产生一定的影响。如果教师与家长缺乏有效的沟通,关系恶劣,在教师和家长的矛盾冲突中,受损的是孩子的健康发展。教师就会因为学生成绩不理想和行为不良而抱怨其父母的教育不好;同样,许多父母因为孩子的学业和行为问题而不断抱怨教师教育不够,二者之间相互抱怨是影响教育效果的重要因素。那么如何与学生家长交往,充分发挥家校合作的力量,促使学生主动学习、表现良好呢?我是从以下三个方面来做的。

一、家校统一思想,保持联系畅通

教育者必先受教育,正人者必先正己。教师先受教育的有效途径就是加强师德修养。师德修养最可贵的就是为人师表,乐于奉献。教师的为人师表不仅能感化学生的心灵,而且还可以通过学生感化家庭和社会。作为一名班主任,在与每一个家长的谈话中,一定要反映或体现教师对学生是“一切为了学生”“为了学生一切”。孩子来到学校受教育要使家长感觉放心、安心,取得家长的信任!记得刚开学的某天,朱同学的妈妈打电话告诉我,孩子最近总是郁郁寡欢、无精打采、食欲不佳。我知道后,先默默观察了孩子在校的表现,然后找孩子聊天,了解到由于中本专业学习难度加大,他跟不上上课节奏而感觉压力过大,每晚熬夜,甚至凌晨三点起床钻研物理。我建议他主动找任课教师寻求帮助,及时找到突破口;帮他调整座位至物理课代表前面;及时将情况反馈给家长,建议家长晚餐时间、休息时间尽量少谈学习,多谈论一些社会趣闻、学校趣事等,晚上注意孩子的休息时间,营造一个宽松、舒适的家庭氛围。后来,家长告诉我,孩子性格逐渐开朗,回来也会主动与父母分享班级趣事。如今,朱同学成绩稳定,偶尔也参与班级活动。事后,我暗自庆幸,感谢家长及时将问题反馈给我,让我能有针对性地处理问题。

教育的长期性决定了班主任要经常和家长交流学生在学校和家庭中的情况。只有这样,班主任和父母才能全面细致地了解孩子的个性特征、兴趣爱好以及各方面的表现,才能根据孩子的实际情况,有针对性地因材施教。这就要求班主任平时应多注意了解学生的表现,观察他们的动向,及早地发现问题,与家长一起解决问题,使教育出现在问题发生之前,而不是问题发生之后。长此以往,与家长统一思想,彼此信任,互通有无,有商有量,工作及时到位、不滞后、不被动,家校工作才能最大限度地发挥其作用。

二、平等对待家长,掌握沟通艺术

由于每个学生的家庭背景和状况不同,作为班主任,不能主观地把学生和家长分成三六九等。特别是碰到处理学生问题且涉及双方家长时,班主任绝不能带着世俗的功利色彩,以貌取人,以职取人,以财取人,而是要掌握与家长沟通的艺术。这一点,我一直在不断改进。比如,我们班麻同学的妈妈,她自己也是教育工作者。在一次谈话中,她提到非常重视晚餐时间,看似平淡的每日晚餐,从准备到一家人品尝，彼此分享一天工作、学习的见闻、感想，轻松的交流中能及时捕捉孩子一天的精神状态、学习情况等，便于与老师沟通、联系。听完她的话，我长舒一口气，暗自窃喜又一个学生的教育无须太担心了。可能就是这种潜意识，让我开始对家长很“苛刻”。班级里的王同学，家庭情况比较特殊，父亲在宁夏工作，母亲在陕西工作，他和外祖父、阿姨租住在上海，平日住校。了解到这一情况后，我主动与王同学的母亲通电话，在确定父母不会因为孩子而来上海工作后，坦白地说，我心里很不舒服，也很反感，同时也开始担忧这个学生今后的学习成绩、在校表现。果然，第一次班级考试，他处在后十名。我及时将他的情况反馈给家长，希望能引起重视，孩子的母亲还是以迫于生计等原因将问题抛给学校。让我记忆最深刻的是，期中考试之后，我再次因为王同学的学习与其母亲联系。我说：“如果孩子继续这样下去，肯定是无法通过诊断考试的，那你们千方百计让他来上海读书的意义又在哪呢？”王同学的母亲又一次诉说着自己打拼事业的艰辛，数落着丈夫不愿放弃铁饭碗，最后还是那句：“老师，还是请您多多关心王某某吧，我们就把他托付给你们了。”当时，我真的很生气，脱口而出：“你把孩子完全托付给学校，那要你父母干吗？你的抚养、教育义务又在哪？”现在想想，当时我太趾高气扬、居高临下了，我们不能要求每一个家长都懂教育，都把培养孩子作为首要任务。一周后，王同学的母亲从陕西赶到上海，在我的办公室里，她详细地描述了孩子的求学经过，我才了解到：由于经济条件所限，王同学现在和阿姨及表妹群租在一个房间内，上下床；因为家里小到不能放下书桌，周末只能去闵行图书馆自习；知道自己英语很差，跟不上，只能借用其他同学的补课资料，原因是不好意思要求母亲让他去补课。王同学的母亲告诉我，那天接了我的电话以后，几晚没睡，觉得很愧疚、很自责，与孩子父亲商量后决定，克服困难，为孩子单独租一个房间，提供一个可以学习的空间，父亲每个月回上海两周陪伴孩子，母亲每个月回来一次。如今，王同学情绪稳定，成绩逐渐提升，也愿意主动与我分享他的想法。

可能与自己的成长经历有关，我生活在一个和睦的、重视家庭教育的知识分子家庭，潜意识里我认为每一个家长都应该重视教育，重视与子女的交流、沟通，良好的家庭教育不是仅仅给孩子提供物资条件，更重要的是加强精神交流，达到精神共鸣。这件事情给我的触动很大，我开始反思自己的班主任工作。如果王同学的家长并没有因为我的话而改变，或者去政教处投诉我工作失职，或者在孩子面前灌输老师不近人情、不体谅难处、不愿管教之类的，就有可能对王同学产生负面的影响。因此，我很感谢王同学的家长对我的体谅，以及最终对我工作的配合。但是作为一名合格的班主任，更应该提高自身修养，增加视野，接触各种人群;应该客观、冷静地面对问题;少指责、抱怨他人,多一分理解,多角度看问题,才能更有助于工作。这一点,我还需要更多的改正。

家校合作要求学校和家长必须统一思想,共同教育学生。班主任要向家长宣传正确的教育思想,对部分家长在教育子女的方式方法上进行指导帮助。现在的学生大多是独生子女,一方面,不少长辈和父母过分溺爱,他们衣来伸手,饭来张口,经不起挫折的考验;另一方面,家长们普遍"望子成龙""望女成凤",对孩子提出过高的要求,一旦未能达到目标,就采取强制压服、粗暴专横的手段,导致孩子产生厌学心理,甚至自暴自弃。这些教育方式,都违背了教育规律,只有按照儿童身心发展的特点进行正确的教育和引导,才能使儿童健康成长。所以,班主任要有针对性地向家长宣传正确的教育思想,使他们树立正确的儿童观,让他们知道教育子女既要严格要求,又要循循善诱,因材施教,在对孩子尊重信任的同时还要做到以身作则。家长提高了自身修养,才会改善家庭教育环境,调整教育子女的方式方法,家庭教育与学校教育才能统一结合起来。

三、利用网络手段,创设联系良机

几年的工作经验及见闻,使我深深地感到,一个班集体要充满朝气,有很强的凝聚力,光靠班主任一个人的力量是远远不够的,必须充分调动家长的积极性。学生家长QQ群、微信群担任着我班同学的课外"辅导员"。我建议家长把有时羞于表达的情感通过文字的方式发给孩子;建议孩子把觉得父母做得不到位的地方或者需要改进的地方通过留言告知家长;我们的QQ群、微信群不是一个只布置任务,或简单告知学校工作的地方,更是一个有事直接说、有建议大胆提、有经验及时分享的地方。李同学的家长就表示:"虽然我在群里总是潜水,但我能通过QQ群、微信群很好地了解孩子的在校表现,为孩子做好后勤工作;能及时分享其他家长的教育经验,不断学习如何做一名称职的家长。"家长的能力是不可估量的,在家长的大力配合下,学生的生活能够变得绚丽多姿,孩子与父母之间也能增进彼此的了解。

在学校和家庭的联系过程中,班主任要采用多种联系形式,积极创设联系的良机。最普遍的方式——家访,班主任可以详细了解学生的家庭状况和学生在家里的表现,与家长充分交换意见。但是,由于时间、地理位置等客观原因无法做到经常家访。同时,班主任也要尽量避免只请家长"校访"来解决学生教育问题的方式。这样的联系形式太过于单向化,不能深入彻底地教育好学生。所以,利用网络途径进行家校联系,成了目前最普遍、也最行之有效的方法。班主任可以通过家长QQ群、微信群,向家长汇报学校教育教学的工作情况及工作计划,向家长提出教育的具体要求，听取家长的意见，与个别学生家长交流其子女的一些教育问题。

新的课程改革明确指出，传统的教学行为方式必须改变，“在教育教学的过程中，教师除了要面对学生外，还要与周围其他教师建立友好联系，要与学生家长进行沟通与配合”。家庭教育与学校教育具有同等重要的意义，可以说没有家庭教育的学校教育和没有学校教育的家庭教育都不可能完成培养人这一极其细致和复杂的任务。这就是说教师与父母都是无可替代的教育者。他们各有自己的特点和优势，二者之间应该相互支持，相互配合，争取最佳的教育效果。那么要构建和谐的家校关系，双方就必须以平等、相互尊重和相互配合为前提和依据，达成对学生教育的统一认识，统一要求，以保证教育影响的一致性，最终培养出一个各方面协调发展的优秀学生。

总之，只要我们心中充满了对学生真挚的爱，一切出发点都是为了学生更好的发展。在爱学生的基础上，平等对待学生和家长，一切为了孩子，为了孩子的一切，我想班主任与学生家长的关系也就非常容易建立了。家校联盟，既能给教师全面了解学生的机会，采取最佳的教育策略，又能让家长经常获悉孩子学习生活的动态，做好教育准备。长此以往，学校、家庭才能共同教育好孩子，让他们健康、茁壮地成长。

家校合作管理学生手机的尝试

上海市城市科技学校　徐玉春

互联网时代，越来越多的中职生使用手机。因每个学校的情况各不相同，对待学生带手机进课堂的态度也不一样。但总体而言，大部分中职生使用手机的主要目的不是用于学习，而是上网、玩游戏等，学生学习的专注度因此越来越低。尤其是00后学生的逆反心理较强，上课不准带手机还引起了很多不愉快。对此班主任头疼、任课教师难受、家长也很为难。如何较好地解决这个问题，我认为必须加强与家长沟通，与家长达成一致，通过家校合作加强学生手机管理。基于这样的思考，我做了如下尝试。

一、摸清班级学生使用手机的情况和家长的态度

接手517101班之后，我对班级学生使用手机的情况进行了调查。通过对我班36名学生（男生27人，女生9人）的调查，了解到无论课上还是课下，几乎所有的学生都在使用手机；极少部分学生选择在课堂上关手机，大部分学生选择把手机调成静音，还有的学生只是把手机调成振动；不少学生经常在课堂上低头玩手机游戏、上网聊天、看视频等，对讲课内容丝毫不感兴趣。这不仅会使学生的学习质量下降，还会打断教师的讲课过程。对此情况，我也做了一些分析：其一，手机的使用就像是一把双刃剑，积极的方面是手机在学生中的普及，极大丰富了学生的精神生活，改变了学生的学习方式，改变了他们被动单一的接收信息的状况。学生不再只是从课堂中获取教师传授的知识，还能接触到不同领域新的事物和观点，拓宽了知识面，学生在学校中就能了解到社会发生的事件，能对社会有初步的了解，增加了获取社会信息的途径。同时，学生通过手机可以对社会热门话题发表自己的想法，增强了学生对社会的认知程度和社会责任感，提高了学生的社会参与度。其二，使用手机的缺点是学生过分依赖手机，手机成了人际交

流的主要工具。学生每天吃饭、走路、上课和睡觉前都要看手机，减少了学生之间面对面的交流沟通，淡化了学生的班集体意识。同时，他们的语言组织能力、交流沟通能力以及人际交往能力也会弱化。甚至有些学生通过手机上网，在获取有价值的信息的同时，也接收了各种负面的东西，如黄色和暴力信息等。长期沉迷于色情网站不仅影响学生学业，还会对学生的价值观造成扭曲，影响学生健康成长。其三，学生在使用手机中会出现互相攀比的现象。有的学生更加关注手机的品牌和型号，甚至认为苹果手机就是有钱人的象征，手机成了学生中的攀比物。

在微信群，我把学生使用手机的情况向家长进行了反馈，也了解了一些家长的态度。家长对微信群调查很配合，反映的基本情况是：其一，在家里有的孩子一玩起手机就废寝忘食，连饭都可以不吃，有的家长强烈要求学校没收学生手机，有的家长希望学校把学生的手机收起来，到学期末再还给学生本人。其二，有的家庭茶余饭后，学生和家长每人捧着一部手机，家庭成员之间没有往日的沟通和交流。有的家长偶尔抬起头，呵斥孩子去做功课，孩子很不情愿地拿出课本书籍，心不在焉地应付着……家长的行为举止在潜移默化中影响着学生。其三，有的家长对孩子视如珍宝，对孩子不适当地使用手机行为听之任之。当家长为手机的使用与孩子沟通遇到困难时，大部分家长会借助学校的力量，会向班主任求教。

在对班级学生使用手机的情况和家长的态度明了后，我开始尝试对学生带手机进课堂的状况进行管理。

二、以家校合作的方式尝试管理学生的手机

第一步，和学生达成共识。第一次家长会，我就跟家长谈了在学生上学时间由教师代管手机的想法，立即得到家长的响应。我要求家长跟自己的孩子交谈，必须达成共识。家长会之后，我又建了新的家长微信群，每个家长都是我的微信好友，便于单方面沟通，有些共性的问题，可以直接发到群里进行沟通。尤其是通过微信交流，让家长充分认识到家庭教育对学生成长的作用，积极配合学校的教育工作。同时，我对学生加强引导，学生也逐渐感到：收，没商量！于是在学生上学时间如何管理手机的问题上，学校和学生较好地达成了共识。

第二步，对学生使用的手机进行登记。我对班级 36 个同学的手机按照型号、颜色、电话号码进行了详细登记，并把登记情况反馈到家长群，让家长确认登记的确实是孩子目前使用的手机。当然会有新情况，有的同学有好几部手机，却只登记了一部。经过与家长联系，最后学生的所有手机都一一进行了登记，为我

管理学生手机做好了基础工作。

第三步,在家长的支持下,与学生共同制订《517101班手机公约》(以下简称《公约》)。内容是:

为了树立良好的班风、学风,规范学生的个人行为,净化班级学习环境,经517101班师生全体商讨并经全体家长同意,一致通过本公约。

(一)走读生

1. 学生早晨到校进入教室立即将手机上交给班级手机管理员,不得有不情愿的言行。

2. 中午放学(11:00)手机下发给学生本人,用于查资料、与家长沟通等方面,12:15分学生手机主动上交给班级手机管理员。

3. 学生课间不发手机。

4. 放学后,手机管理员将手机下发给学生本人。

5. 如果发现有学生有多部手机未上交,班主任将收走其手机,考察该学生表现,最早于学期末归还(家长须到校签字)。

(二)住宿生

1. 严格执行上面"走读生"1—5之规定。

2. 晚自修时间(18:30—20:50)由一名同学将手机妥善保管,晚自修期间手机不下发。

3. 晚自修结束,手机发给住宿生。住宿生要严格遵守宿舍规定,如有违反住宿生纪律的行为,首先停宿走读,手机上交,经与家长、系里商定给予学生相应的校规校纪处理。

4. 同学之间互相监督,举报不履行公约者,一经证实,给予举报者德育品德分奖励。

本公约从2017年10月10日起施行。本公约解释权归517101班班主任和全体家长。

第四步,共同努力执行《公约》。第二天,同学们交手机的热情不高,但还是勉强收齐了。我及时和家长进行沟通,希望家长积极配合教师,对学生进行引导教育,共同努力执行好《公约》。有一个学生,初中在松江一所很有名的学校学习,但在初二下学期开始沉迷于网络,手机不离手,以至成绩一落千丈,中考失利来到我校。《公约》制订后近半个月,有一天早晨他没交手机,被班级学生"举报"了,按照《公约》规定班主任收走其手机。我与家长沟通了情况,家长很赞成老师顶着压力管理手机。沟通中我又得知,这个学生在家摔东西都是家常便饭,对父母骂不绝口，为所欲为，他的妈妈甚至有些绝望了。我对他的妈妈说，可以以“手机”为契机来规范这个学生。于是我找他谈话，要求他转变对母亲的态度，孝顺父母从现在做起。如果家长反映有不好的地方，手机要延长时间归还，他同意了。事后他改变了很多。有一天他的妈妈在朋友圈里说：“回到家里看到家中收拾得干干净净，饭菜也做好了，所有的疲劳都烟消云散了，儿子，妈妈爱你！”这就是转变，我衷心希望这个家庭以后的惊喜会连续不断。

又有一次，一个家长给我发信息：“徐老师，您看看某某同学为什么晚自修在玩手机。”因为我们要求住宿生晚自修是要上交手机的，我赶紧给值班老师打电话，问那个学生玩手机的原因。原来她是借了别人的手机登录了 QQ，查看作业并查找古诗词赏析。我把这一情况与家长沟通之后，家长要求我从周一到周五孩子的手机放在班主任这里，周五放学再拿走。我很高兴，家长太明智了。虽然那个学生不太情愿，但是因为是家长要求的，也就同意了。同时，每次晚自修值班的时候，我都要给住宿生的家长发一些照片，以安慰他们想念孩子的心情。

通过以家校合作的方式尝试管理学生的手机，使学生逐渐养成了良好的学习习惯，懂得了合理分配自己的时间。家校的联系更紧密了，家长也注意用自身的行为为孩子树立好的榜样，督促学生完成作业。借助学校的力量，家长还注意让孩子利用业余时间，掌握一定的生活技能，学会做一些简单的家务劳动，让他们学会自理和自律。

三、需要探讨的问题

管理好手机是不容易的。教育工作者要不断探索新方法，要与家长达成共识，更要避免一些意外事件的发生。此外，由于学校不是所有的班级都这样做，因此，我班有的同学就到别的班级去借手机玩，有的同学把手机放在宿舍里，类似的问题还有很多。但不管怎么说，有了家长的支持配合就有了实施这项管理措施的坚强后盾，我们 517101 班每天坚持科学地管理手机，学生渐渐养成了习惯，这种尝试至今为止效果还是很明显的。总之，通过学校和家庭的共同努力，减少手机负面作用对学生的影响，是我们在教育教学管理中应当解决好的问题。我们努力的最终目的就是让学生对课堂上使用手机说“不”，为学生学习成长提供良好环境。

从昔日“后进生”到今日壮志从戎

上海市市北职业高级中学　戴维维

人的教育在他出生的时候就开始了，在他不会说话和听别人说话以前，他已经受到教育了。

——卢　梭

家庭环境是影响学生心智发展的最为关键的因素，家庭教育也是学校教育和社会教育的基础。家长是孩子的第一监护人，家庭教育在孩子的成长过程中起着极其重要的作用。但往往有部分家长认为，孩子在学校，教师就应承担教育孩子的所有任务，家长只需管理孩子的衣食起居就可以了。这种想法会直接影响到孩子的成长。对中职学生而言，三年的学习是人生中最重要的时期。三年期间，他们要从学生的身份转变为职业人，他们要从一个涉世未深的少年转变为成人，这些改变既需要教师的正确引导，更需要家长的积极配合，家庭教育和学校教育密不可分，只有在这双重的教育下，才能有效帮助中职学生健康成长。

在我身边，很大一部分中职学生家长的文化程度较低，其中不乏下岗失业人员，家长对孩子的学业等方面的期待并不高。部分学生的家庭教育方式简单，有的家长对子女经常训斥，缺乏感情交流。有的家长常年疏于与孩子的沟通，缺乏亲子交流和互动，孩子遇到困难得不到帮助，遇到挫折得不到鼓励，使孩子有种“压抑感”“委屈感”，不利于学生心理健康成长。

现实告诉我：要使学生在中职三年期间健康成长，既需要教师的有效教育引导，更需要家长的理解和配合，共同研究教育孩子的内容与方法，达成共识，形成合力，保持教育的一致性，争取教育的有效性。这种努力的结果在我班小杰同学的成长过程中得到了印证。

一、个案概述

小杰是本市户籍，家中独子。原是我校 14 级物流服务与管理专业的学生，由于行为习惯和学习成绩较差，自律能力明显缺乏等各种原因，导致小杰在第一年留级进入我班(15 级物流服务与管理专业)。

开学初，小杰就经常存在迟到的情况，在询问原因之后发现，他对自己的迟到不以为然，课堂上又有睡觉和玩手机等现象，课余时间也常与班级中的“差学生”接触。小杰的学习习惯和行为规范存在明显问题，渐渐地越来越多的老师给他贴上了“后进生”的标签。某日最后一节课，语文课代表到办公室告诉我小杰这节课旷课；某日中午，接到同事的“电话投诉”，我班值日生在中午搬饭时随手多“拿”了 5 盒午饭，我一查值日表又是小杰……

小杰的母亲工作时常加班，父亲患有严重的心脏病，家庭经济条件困难，平时父母都疏于对他的管理。每一次与小杰的母亲电话联系中能体会到她对孩子的教育感到力不从心。“等到他上了高中，发现瞪眼没用了，声嘶力竭的吼叫也没用了。孩子也学会反抗了，并且开始顶嘴了。”小杰的母亲说。

小杰到我班后的每一次犯错，我觉得都是改变他的时机，如有更为周全和妥善的处理，可能会收到不一样的效果。同时，我也感觉到职校教师尤其是班主任，不仅要在校内教育好学生，更要指导家长如何教育孩子。

二、个案分析

在与小杰的接触中，我发现他最大的问题是缺乏目标，平时接触的又是些行为规范较为欠缺的同学，长时间与手机的接触又让他不愿意把时间花在学习上。慢慢地，不良习惯与他联系在一起，班级活动也似乎与他毫无关系。这些都直接导致他的学习和日常表现存在较大的问题。进一步了解观察发现，当小杰做错事的时候，他的家长并没有去寻找孩子犯错的缘由，而是采取应付式说教，用这样的办法效果差是显而易见的。我想起了“大禹治水”的故事：禹的父亲鲧花了九年的时间治水，却依然没有把洪水制服。因为他采用的方法是水来土掩，造堤筑坝，也就是堵的办法，结果洪水冲塌了堤坝，水灾反而更加严重了。而大禹采用了疏导的方法，开渠排水，使滔天洪水决九川，距四海，制服了洪水。面对小杰，我感到当他表现出错误倾向时，重要的是学校教师和家长要共同寻找问题产生的根源，并能像大禹治水那样，从源头上给予正确的疏导和引导，使孩子心悦诚服地接受，改正自己的错误。

平时和小杰接触最多、交流最多、影响小杰较深的人是他的母亲。所以，我决定多与其母亲联系，随时反馈小杰在校日常表现，并及时给予家长如何做好家庭教育的建议。

三、指导过程

(一) 平等交流、真诚沟通

小杰的母亲在孩子教育过程中时常冰火两重天，母子关系也经常出现波动。小杰的母亲说："孩子与我的交流越来越少，今天又和我顶嘴了。我是个脾气很急的人，有时候也难免讲话生硬。"听完小杰母亲的叙述后，我建议：首先，要与孩子平等交流，尊重孩子并且平等地进行对话沟通，家长的情绪化说教往往很难起到作用；其次，见缝插针地多与孩子交流，更多、更及时地了解小杰的想法和内心需要，也让孩子更多、更好地表达内心所想；再次，在孩子出现问题的时候，了解整个事件的原因非常重要，这样才能更理性地分析问题和帮助孩子反思问题。

小杰的母亲开始尝试与孩子通过微信和散步等方式进行交流。通过轻松的沟通方式，小杰也逐渐愿意把自己的想法和学校的生活情况等告诉母亲，家长和孩子之间的正面冲突也逐渐变少了。我也注意时常将小杰在校期间的点滴进步反馈给他的母亲，让她多给予小杰表扬和勉励。小杰母亲的这种交流和鼓励方式对小杰的进步产生了很大的影响。

(二) 互相配合、设定目标

小杰在周记中写道："现在上课的内容都能听懂，考试通过应该没有问题。这学期只要不留级就好，至于职业规划，有一份稳定的工作，能养活自己就行。"看到小杰的周记我感到丝丝宽慰，但也感到他仍缺乏学习动力和职业生涯规划目标。针对这一情况，我联系了小杰的家长，希望能共同帮助小杰增强中职阶段的学习动力，找准自己人生的发展目标。

在互相配合、共同努力帮助小杰设定目标的过程中，我得知小杰母亲的鼓励使得小杰慢慢养成良好的学习和生活习惯，提醒小杰"绝不能拉下任何一门课，学习上的每一分的坚持定会有所收获"。她也时常与孩子分享交流自己在生活和工作中碰到的故事，让孩子逐渐体会到"事事都要提前规划，机会永远垂青于有准备的人"。小杰的父母在工作中的点滴经历对小杰的触动是直观和深刻的。我也时常对小杰讲学习和工作就像航行一样，每个阶段必须要有目标，这个目标既是自己努力的方向，更是自己在遇到困难后坚持下去的一种信念。而后我又看了小杰的周记，他写道："我想成为一名军人，能够有更多的担当。"

（三）多阅读、勤修身

“书犹药也，善读之可以医愚。”养成良好的阅读习惯不仅可以拓宽知识面，增长见识，对于学生树立正确的人生观、世界观和价值观也有至关重要的作用。小杰平时自我要求不高，经常沉迷手机游戏，这也是缺乏兴趣爱好的表现。我时常告诉他：坚持21天能养成好习惯，阅读的习惯可以给你带来意想不到的乐趣。

同时我也时常联系小杰的家长，推荐家长给小杰借阅或者购买一些具有正能量的书籍，悄悄放在他能够发现的地方，让孩子逐步自行阅读，慢慢养成读书的习惯。同时，家长要多与孩子沟通交流，督促孩子多读书、读好书，从书中学习为人处世的道理。有一天午自习，看到小杰课桌上放着路遥《平凡的世界》，之后我发现他课桌里的书也越来越多，除了专业课书籍外，还有文学著作等。良好的阅读习惯给小杰带来了更多的积累和思考，我真心希望他能够把这样的习惯坚持下去。

四、收获成效

通过学校和家庭的合力共育，一次次的家校沟通、谈心和帮助，小杰有了明显的进步。任课教师不断向我反馈他上课再也没有拿出过手机，考试成绩也有了突飞猛进。经校团委批准，小杰成为一名光荣的共青团员。二年级开学初，正巧班级团支书一职空缺，我找到了小杰，希望他能够担任起班级的团支部管理工作，通过这个岗位锻炼自己的工作能力，提高自己的责任心。小杰渐渐在学校找到了属于自己的自信心和存在感。此后，学校时政大赛获一等奖的名单上有了小杰的名字，学校三好学生获奖名单上又有小杰的名字。在专业考证中，小杰的成绩名列前茅。学校和班级的各类活动中，都能看到他积极参与的身影。小杰的表现屡屡得到老师和同学的点赞和好评，而他也变得越来越自信。2017年9月的一个晚上，我收到了小杰的短信，他顺利地通过了层层选拔，拿到了入伍通知书。

五、案例思考

家庭给予小杰的尊重、陪伴、倾听和包容都是无言的爱。让学生感受到家庭是他坚实的后盾和温暖的港湾，是他成长路上的动力之源。小杰从昔日“后进生”到今日壮志从戎的案例告诉我们：家庭教育的成效很大程度上取决于家长的教育方法。教育有法，教无定法。处于青春期的中职学生需要的是更多的理解和包容。通过班主任的家庭教育指导，结合不同学生的实际情况，让学生能够更多地理解和感恩父母。家长也要更多地信任孩子,给孩子营造更为和谐的家庭氛围。班主任日常管理工作也永远离不开家庭教育的配合和理解,通过学校和家庭教育的不断努力,中职学生同样能够在职校中收获到另一片天空。

孩子是我们一生中最伟大的作品

上海市市北职业高级中学　郑　莉

父母与儿女间的沟通是实现良好家庭教育的基础，孩子可以从中得到父母的爱以及生活上的指导。有些父母知道除了给他们的宝贝吃饱穿暖，还应给他们适当的教育，正面的引导；但也有一些父母虽然对孩子充满了爱，但是不知爱的真谛，不知如何扶助引导自己的孩子走好人生路。许多父母由于急于想改变孩子的观点，而忽视了倾听他们的想法，使得许多孩子不愿与父母交流，认为父母永远把他们当小孩，自己的观点在他们眼里总是不正确的，使得家庭教育的实施产生困难。其实不是家长不想管，而是他们缺乏正确的方法。改变这种情况需要学校加强家庭教育指导工作。下面介绍我班小杨的案例与大家分享。

一、个案情况

小杨，男，16 岁，家庭教育以母亲为主。主要问题：散漫，我行我素，自控能力差，对老师的批评教育不理不睬；学业上缺乏上进心，上课不听讲，作业马虎，不愿跟读，成绩较差；随堂练习速度非常慢，写几个字发会儿呆，上课经常走神，英语考试从来没有及格过；对老师和家长的教育帮助，有时会承认错误，但很容易反复，小毛病屡犯，等等。分析以上问题产生的原因主要有以下两方面。

(1) 自身因素。小杨虽然思维较灵活，接受能力不弱，但学习态度不端正，学习仅凭小聪明，学习上怕苦畏难，缺乏进取；对于英语学科特别不感兴趣，缺乏良好的学习习惯；自信心不足，自控能力较差。

(2) 家庭因素。小杨的父亲是生意人，应酬多，工作忙，基本没有时间和小杨沟通；母亲根本管不住他，于是索性就睁一只眼闭一只眼，认为只要不闯祸就行；缺乏正确的家庭教育。

二、个案指导

为了帮助小杨,我对他的个性特点、兴趣爱好、生活及学习状况进行了全面的了解和认真仔细的分析。我认为加强家庭教育的指导是突破口,正确的家庭教育的方法是对症下药。于是我请来小杨的妈妈,提出了如何做好家庭教育的建议,希望为小杨的转变而共同做出努力。具体的指导有以下五点。

(1) 帮助小杨树立信心。我与小杨的父母分析了职校的学业特点,结论是学习其实并没有那么难。职校学业的知识点不是很庞杂,只要是智力正常的孩子,多巩固几遍,都是能够适应的。就算小杨不是很聪明,但是勤能补拙,好好学的话完全可以保证成绩在及格之上,而绝不是像现在40分左右的成绩。家长要为小杨学习鼓劲。

(2) 给孩子一点空间。小杨有了学习信心后,如何防止学习紧张产生疲劳感呢?我建议小杨的父母尽量让小杨做到劳逸结合,即在学习之余,适当让他做些课外活动,如运动、听音乐、聊天、散步、走访亲朋、看自己喜欢看的健康小说杂志或者发展兴趣爱好等。让孩子有一个学习之外的放松空间,缓解他的学习疲劳和压力。小杨的学习之所以很糟,还有一个重要原因是父母允许他在家随便玩游戏。沉溺于游戏的孩子一般注意力涣散,智力也会有一定的下降,功课当然学不进了。所以应该管好家里的电脑和游戏机,不能让他随意、过度地玩游戏。在方法上我建议家长和孩子共同商定一周的作息时间,如规定每周有半天自由活动的时间,可以让小杨自由地选择上网、看电视、体育活动或和朋友在一起,在这一时间内家长不必过多地干涉,做到劳逸结合。

(3) 每天沟通交流。我建议孩子回到家,妈妈不要问他太多考试分数等情况,而是多讲讲"今天学校有什么开心的事吗""今天的老师有没有表扬过你""和同学们相处愉快吗"等话题,让小杨觉得妈妈真的很关心他,而不只是盯着他的学习成绩。当有效沟通使得气氛融洽后,再慢慢了解他的上课表现、作业情况,学习上还存在哪些困难。这样对小杨克服学习困难会有所帮助。

(4) 坚持亲情陪伴。高中阶段习惯好、基础好的孩子做作业一般无须父母陪伴。但是小杨不是这样的孩子,需要在晚间做作业时督促他。我建议小杨的父母要仔细检查他的学习备忘录,看看有关学习内容有没有完成,如已完成再检查有没有马虎不认真的情况。有了亲情陪伴,当孩子发现妈妈很认真地检查作业时,他自然也会认真起来的。

(5) 给予爱和信任。我建议小杨的家长最好能够经常抽些时间和孩子待在一起,不要总是忙于自己的工作或家务。比如,每个星期能抽出半天时间或晚上陪他一起逛逛街，看看电影、购物或在家里聊聊天等。这样不仅能增进小杨与父母的感情，更重要的是通过聊天，孩子能感受到父母给予的爱和信任，从而与父母成为好朋友。一旦成为好朋友，就有可能走进孩子的内心世界，进而能够适时地引导和启发孩子，帮助他不断成长。

三、指导效果

小杨的妈妈答应按我说的方法试一试。她找了一个合适的时机，从小杨感兴趣的美容美发专业入手，与小杨进行了一次推心置腹的谈话。她在鼓励小杨争取成为一名美容美发大师的同时，也让他明白只是感到专业好是远远不够的，没有内在的素养、没有强烈的进取心、没有良好的学习能力是到达不了大师的高度的，因为眼界决定高度。这次小杨非常赞同妈妈的观点，没有丝毫抵触的情绪。经过进一步的交流，小杨坚定了成为美容美发大师的目标，也得到了妈妈的肯定和支持。之后妈妈又经常提醒说没有随随便便的成功，成功的背后是大量的默默付出，需要有心理准备。"不搏不精彩，从现在开始，我相信一切付出都是值得的。"小杨坚定地回答，还希望妈妈能帮助他。互相达成一致意见后，小杨和妈妈共同制定了一些约定：周一至周五不玩游戏，学习结束锻炼一下身体，或者看看书；周六有半天的自由安排时间；如果小杨课内提前做好作业要给予奖励；晚上保质保量完成每一项作业才可以休息。按照我的建议，小杨的妈妈在小杨回家后做的第一件事是问问他一天的生活情况，然后再查看备忘录上的作业要求，督促他完成。另外，小杨的妈妈每周找来名人成长小故事或者励志短文给小杨阅读，帮助他树立信心。慢慢地小杨在班上的形象改变了很多，不再大声喧哗了，课上认真听讲了，并能及时认真地完成每天的作业。以前大家眼中那个散漫、颓废的小杨不见了，取而代之的是一个阳光开朗、充满活力的少年。小杨不仅积极参加学校、班级的各项活动，学习成绩也有了明显的提高，不但告别了不及格，而且还取得了不错的成绩。除了完成学校的学习科目外，他还通过自己的努力，考出了美容美发行业的等级证书。更重要的是，由于妈妈坚持不懈的陪伴，小杨在收获了信心的同时对父母的感情也更深了。

高二结束的时候，按规定同学们都面临实习和升学的选择。经过沟通，小杨选择了前者。小杨的妈妈鼓励他，无论选择哪条路，妈妈都义无反顾地支持你，你的人生一定会很精彩。实习期间，小杨会就工作上的事与妈妈沟通，妈妈经常引导他，在单位要尊重师傅，虚心请教。教他如何与人相处，遇到问题怎样处理，等等。这些都对小杨的成长有着很大的帮助。据实习店的店长讲，小杨在工作中兢兢业业，总是第一个到店最后一个离开。他还会在客人离店后，勤练基本功,为正式入职做准备。经过不懈的努力,最终小杨以第一名的成绩顺利入职。

今年教师节,小杨和妈妈一起来到了学校,小杨的妈妈在感谢学校的同时还对我说:"现在我把塑造儿子当成我人生中最大的任务,培养一个出色的孩子就是完成一件伟大的作品!再苦再累也值得!"

换一种教育方式赢得和谐亲子关系

上海工商职业技术学校　汪　庆

我校1706班的学生全都来自湖南省郴州市。由于沪湘两地的文化习俗不同，班级管理和学生思想工作都存在着较大的难度，如果没有家长的积极参与，很多学生问题将难以很好地解决。为此，如何指导远方的家长共同做好孩子的教育工作，成为我的重要课题。经过实践我有了一些体会，愿与诸位同仁分享。

【案例一】　从担心孩子消费到引导孩子消费

一、案例描述

廖同学是郴州市多子女离异重组家庭中的小女儿，父母离异时随母亲生活。后来，她的母亲带着她与已有两个女儿的继父重组了家庭，新的家庭关系令她有些不适应。初中毕业后，进入我校1706班就读机电技术应用专业。

开学一个月后，廖同学的母亲来电话，反映孩子平时用钱过多。我仔细询问了家长，得知每个月廖同学有600元左右的生活费。我与家长一起算了笔账，加上国家资助金200元，廖同学一个月800多元的花费并不算多，仅仅够孩子一般性开支。我还将学校其他学生消费情况一一列举给家长听，说明她的孩子还是属比较节俭的。这时，家长反映孩子与她交流过程中暗示其他女同学买几百元的化妆品，她担心孩子跟着变“坏”，为了买贵重的东西而刻意节约生活费用。此后，廖同学的母亲又打电话给我，诉说孩子总是不愿意接电话，她很担心。我第一时间了解到廖同学不愿意接电话的主要原因是她的手机平时设置为振动状态，错过了接电话，并向她的家长进行了反馈。

此事虽小，但引起了我的重视。我感到廖同学的家长关心孩子的消费问题，说明平时家长和孩子之间由于相隔遥远,沟通联系较少,引起了家长的担心和焦虑。此外,身处繁华大都市的学生,容易产生攀比心理,如果现在不能引导学生确立正确的消费观,久而久之会发生过度的、不合理的消费行为。为此,我在对廖同学进行沟通教育的同时,又对其母亲提出了加强家庭教育的指导建议。

二、家教指导

首先,我与廖同学的母亲进行了多次有效沟通,建议她尽量在孩子休息的时间段打电话联系,遇到紧急的事可以通过电话联系班主任转告。同时我借此事,要求我班学生都能积极主动电话联系家长,要学会关心家长,增加亲情沟通,并且要求每个学生都建立一个家庭微信群,以便及时将个人在校的学习生活情况告诉家长,不要让家长因无法及时联系而担心。同样,我也要求廖同学做到经常与母亲保持联系,让家长放心。

其次,我建议廖同学的母亲要引导孩子学会合理用钱,不能为了刻意省钱该用钱的地方反而不用,每天晚餐前母亲可以用微信的方式督促孩子吃好吃饱,不能为了省两三元的饭钱而饿肚子,影响睡眠与身体健康;晚自习后,可以适当吃些水果和牛奶,补充身体所需能量。同时要避免不当花钱或乱花钱。当然,这些建议我也经常与全班同学及其家长做交流。

再次,我希望家长能要求孩子学会记账,做到消费情况心中有数。有了账本,家长可以与孩子一起分析哪些方面要多用钱,哪些方面尽量少用钱。只要孩子把花钱出处告诉家长了,即便有时钱花得有点小小的不合算,也不要过分指责孩子,下不为例嘛。我还建议百元以内的消费让孩子做主,大额消费家长要当好参谋,替孩子把把关。慢慢地孩子就会养成合理消费的习惯和正确的消费观念,就不用担心自己的孩子乱花钱了。同样,这些建议我也经常会与全班同学及其家长做交流和分享。

三、后期成效

在我的建议下,廖同学的母亲与孩子的交流更多了,彼此之间的互信增强了。廖同学的母亲还说她最担心的就是廖同学在吃的方面舍不得花钱。此后,母女还商定,将母亲原来每个月给孩子打一次款改为两个月打一次款,大件物品由家长买好寄给班主任签收,然后转交给孩子,这也增加了我与廖同学的联系。这种积极主动式的家校合力育人方法取得了良好效果。如今,廖同学学习变得积极主动,与家长的沟通交流已逐渐增多。尤其让人高兴的是,廖同学在今年的父亲节主动给继父寄去了礼物并附上感恩信,令她的家人感到无比幸福与满足。

【案例二】 让家长亲力亲为引领孩子自立自强

一、案例描述

曹同学是郴州市郊区农村的独生子女,父母在他三岁时远赴广州打工,从此他由爷爷奶奶带大。在“再穷也不能穷孩子”的观念影响下,父母拼命挣钱,爷爷奶奶百般呵护,一切学习之外的事务都由爷爷奶奶包揽,由此导致了曹同学养成了很多不良习惯。曹同学的身体被养得倍儿棒,初中一年级时,他的体重就超过同龄人,家长也没有在意自己孩子的身体状况。直到初二下学期,曹同学的体重超标,学习跟不上,成绩逐步下滑,凡事都会慢半拍,中考失利后家长才开始重视起来。

二、家教指导

曹同学就读我校后,家长寄予了很大希望,但又特别担心孩子的生活是否能自理、身体状态是否健康。开学后的很长一段时间内,曹同学的家长每周都会与我进行电话沟通,每次询问事无巨细。家长的理由是每次与孩子通电话,都是报喜不报忧,甚至开始猜疑孩子是否诚实。

我认真分析了曹同学的成长经历和家长的心理,感到主要是因为曹同学在初中阶段凡事都由爷爷奶奶包办,而电话中孩子所说的情况与爷爷奶奶照顾时的反差很大。如今孩子远离家乡,所以家长更加担心孩子会说假话,所以不断地向我求证孩子所说的一切。此事处理不好,亲子之间会失去信任,势必影响孩子的健康成长。为此,我与曹同学的家长进行了及时沟通并提出了指导建议。

首先,明确告知猜疑孩子是家庭教育的忌讳,家长与孩子沟通要以信任和鼓励为前提,况且曹同学在老师的教育关心下总体表现还是不错的。如果家长老是质疑孩子所说的一切,势必影响孩子的心情,影响亲子间的和谐关系。同时我建议家长每次晚上 8:30 以后与孩子进行电话沟通的时间也要做调整,这样既不影响孩子休息,又能充分交流。

其次,家校配合共同帮助曹同学改变拖拉作风,养成好的生活习惯。我告诉家长“学习即生活”的道理,科学规划时间、掌握学习的主动性是所有优秀学生的特质。我建议曹同学的家长每天清晨 6:30 用手机提醒孩子起床,甚至周末也不例外,这样可以培养孩子早睡早起的习惯,培养孩子的生活自理能力,督促孩子提高处理日常事务的效率。同时,我每天都会在班级家长的微信群发布各宿舍内务的具体情况,要求家长关注班级家长群的消息,指导孩子积极处理个人事务。

再次,建议家长与孩子共同制定业余锻炼计划。养成良好的体锻习惯是自主学习的前提。亲子之间可以进行锻炼互动,分享相互锻炼的感受与成果,这能够激发孩子锻炼的欲望,引导孩子养成良好的锻炼习惯,而健康良好的身体条件是孩子主动学习、自主学习的根基。

三、后期成效

我的建议指导得到了曹同学家长的积极呼应。此后,星期一至星期五的每天早晨,家长都会督促孩子起床,指导其做好个人内务。每天晚上 6:30 家长通过微信与孩子聊一些开心的话题,分享父母在外打工的苦与乐。这个时间段家长的沟通联系,孩子心情比较放松,亲子间相互交流会比较顺畅。家长还在周末把与孩子的聊天截图发给我,我也实时将孩子的每一点进步告诉家长。针对家长极度担心孩子“报喜不报忧”的心情,我要求曹同学与家长敞开心扉,敢于面对自己的不足,不要搪塞家长的问话,造成家长向班主任求证的恶性循环局面,影响亲子关系的发展,以后曹同学在与家长沟通时也做到了。以往造成曹同学学习效率低下的直接原因是他的拖拉作风,间接原因是他过去的个人生活大部分都是家长包办的,不懂得规划自己的学习任务。我与曹同学的家长配合,帮助曹同学不断改变拖拉作风,也换来了明显的变化。目前,曹同学的学习状态正在不断变好,并担任了班级的纪律委员兼寝室长。为此家长感到非常满意。

两个案例让我深感“远地生”的家长因受到空间的限制,不能面对面地与自己的孩子沟通,家庭教育要取得良好的教育效果非常不易。班主任针对不同的家庭背景和对象,指导家长转变各自的教育方式,从消极批评到积极引领,从口头关心到亲子互动,这都是在良好的家校关系的基础上,加上教师的悉心指导,家长积极配合的结果。结合学校实际,架构“远地生”家庭教育的模式,换一种教育方式,赢得和谐的亲子关系,家庭教育一定可以获得良好的效果。

心手相连　共筑梦想

上海港湾学校　王　槼

张清华是物流 161 班的学生。刚刚入校时，我就对这个名字印象很深，心里想，他的父母一定是希望他有朝一日能够考上清华大学吧。通过接触，我感觉他的性格十分腼腆，我想这个内向的小男孩说不定是个学霸呢。

没想到，刚开学不久，张清华就上课迟到。我问他原因，他低着头说睡过头了。我看着他内疚的样子想，这孩子一定是认识到错误了，今后应该不会了，也就没有过多叮嘱。可是，情况却相反，之后张清华不仅迟到，还出现了旷课。我找他谈话，他还是低着头，淡淡地说："我以为这门课不重要。"我对他说："我想，你的父母一定对你寄予了厚望，所以才给你取清华的名字吧，你是不是压力太大了？好孩子，放轻松。老师想问问你，你为什么会觉得这门课不重要呢？那你对哪些课程比较感兴趣呢？"张清华的回答很简单，说不知道，但答应我以后不会再旷课了。我想也许孩子这次是真的意识到错误了，所以一定要给他机会，先不要告诉家长。至于他对课程不感兴趣，一定要引起重视，好好和他谈一谈，挖掘出原因才能对症下药。

谁知我还没来得及与张清华谈课程兴趣问题，又出状况了。一天，我在校外开会，傍晚回到学校后查阅学生的考勤，发现张清华一整天都没有上课。我非常着急，马上联系他，还好他在宿舍。我让他来一下办公室，他来到办公室时，还是睡眼惺忪的样子。我问他是不是哪里不舒服，怎么一天没有去上课？张清华说没有不舒服，只是在宿舍睡了一整天。这样的回答让我大跌眼镜。一个本应朝气蓬勃的年轻人，为什么会如此颓废呢？在确认了他的身体没有问题之后，我尝试和他沟通他的学习状态。谈了很久，张清华自始至终都是很漠然的样子，感觉是在谈论别人的事情。我知道这不是办法，我让他先去图书馆把作业完成。这次，加上之前旷课，张清华因违反了学校的校纪校规，被学校予以警告处分。

为了帮助张清华，我与他的家长进行了详谈。了解到孩子的父母对他的期望确实非常高，却忽略了孩子的感受，平日里由于工作忙，父母对孩子的管教并不多，发现孩子犯了错误就一味地批评指责，从未倾听过孩子心底的声音。久而久之，这种简单粗暴的家庭教育方式重重地打击了孩子的自信心，也让孩子对父母产生了距离感，不愿意敞开心扉地交流想法了。为此孩子压力特别大，有时甚至不愿意回家，感觉在家透不过气来。我猜得没错，在这个孩子的成长过程中，家长对孩子的教育方式有些问题。另外，学校优秀的同学有很多，他感觉自己无法追赶，由此产生了自卑心理，不愿意理同学，不愿意抬头说话，感觉大家都很轻视他……心病还须心药医，了解情况之后，我开始计划，先从融洽同学关系着手，再从家校共同帮助着力，改变张清华首先要调整好他的心态。

一日，班长告诉我张清华又是一整天没有来上课。我打电话给张清华，果然他又在宿舍睡大觉。我找来了事先沟通好的几名同学，让他们带着同学们亲手制作的画报，提着水果，和我一起来到了张清华的宿舍。我轻轻地敲了敲门，问："我可以进去吗?"料想张清华一定猜到我会来找他，所以也做好了应付我的准备。我听到里面传来了一句慵懒的声音："进。"这时，我让两名男同学和两名女同学一起走了进去，张清华一见这情形，一骨碌从床上跳了起来，一脸的吃惊。四名同学展开了同学们亲手制作的画报，一名女同学笑盈盈地说："张清华，听说你身体不太舒服，我们来看看你。来，水果先给你。还有，这是我们班为学风建设月制作的画报，每个同学都要在这棵大树上用手指沾上颜料按上属于自己的那片树叶，我们特地带过来，现在就等着你来按啦。"另一名男同学说："这棵大树就是咱们班，我们都是班级的一员，这五颜六色的树叶就是我们。缺一片也不行。"又一名女同学说："本来我们都担心自己按得歪歪扭扭，想等你来了让你先教教我们，可是等了一天你都没来上课，我们只好先按上去啦。"张清华奇怪地问："为什么要问我呢？我也不会画画啊。"女同学说："每次课间都看到你低着头玩手机游戏，手指灵活得不得了。"一句话逗得大家哈哈大笑，气氛一下子变得轻松活跃了许多，张清华也一边摸摸头，一边不好意思地笑了。这时，班长说："张清华，你桌上这本《大国崛起》能借给我看看吗？你可真厉害，看的书都那么高大上啊。"张清华苦笑着说："嗨，那是我爸爸给我买的，我还没看呢，你先拿去看吧。"学习委员说："张清华，原来看你一直不爱搭理人。我心想，好歹我也姓张，我们五百年前可是一家啊，你怎么那么高冷呢，今天看你笑的，原来你也是一枚小暖男啊。"大家你一言，我一语，谈笑欢快，时间很快就过去了。从张清华变化的表情中，看得出他对大家有了新的认识，彼此间也拉近了距离，从他会心的笑容中，读出了他的感动和重拾的希望。接下来的几天里，张清华的状态发生了很大的改变。他走路时不再自顾自地低着头，而是和同学们有说有笑。课堂上，他会对同桌小声说："如果我困得不行了，你就推我一下。"

眼看着张清华的状态在一点点地变好，我心里惦记着，还有一件事需要马上去办。我梳理了一下思路，再次拨通了张清华父亲的电话，我把孩子的近况告诉了他，家长一再表示感谢。同时，张清华的父亲也向我谈了苦恼："不管不对，管也不对，我都不知道该怎么管了！王老师，你说我该怎么办啊？"我安抚了一下张清华的父亲，和他仔细分析了如何才能真正地引导和帮助孩子成长。家长需要倾听孩子的心声，需要了解孩子的喜好和真正的需求，需要通过合适的交流方式才能让孩子接受。爱，该是动力，不该是负担，明知简单粗暴、严厉说教的方式不能起到沟通的目的，还固守这样的方式，不仅是无效的，还会起副作用，甚至会耽误孩子！如果真心希望他好，那么请先调整自己的教育方式。电话那端，沉默了好久，张清华的父亲长叹一口气说："王老师，我真是茅塞顿开啊！这么多年，是我们耽误了孩子啊！我必须得反思，我改！"趁热打铁，我和张清华的父亲在电话里反复商量了几个可行的方案，一一去尝试，去落实。

接下来的一段时间，我和张清华的父亲一直保持着联系，不断地调整我们的方案，希望能达到最佳的效果。一天晚上，张清华接到了父亲的电话。他依然在电话中胆怯而沉默着，让他感到意外的是，电话另一端的父亲像换了个人，一改往日的严肃口吻，对学习和成绩更是只字未提，而是与儿子商量着假期的安排。父亲绘声绘色地说着，还时不时征求儿子的意见，鼓励他已经是大小伙子了，应该自己拿主意，还说："儿子啊，到时候你妈妈一开心，说不定要买好多东西，老爸一个人可是扛不动啊，你可要帮我分担哦！这段时间在学校多吃点，身体养得棒棒的！"张清华的心一点点被融化了。

第二天，张清华来到我的办公室，我看到他穿着新换的衬衫，梳着整齐的头发，笑呵呵地走到我身边，同样腼腆又不失阳光地对我说："老师，谢谢您！"我装作很惊讶的样子。他充满惊喜地说："老师，我以为大家都比我强，他们都看不上我，没想到班长原来也有过考试不及格啊，我以为他一直都是第一呢。还有学习委员，原来她妈妈对她要求那么严啊，不过她心好大啊，一点儿都没被打击，相反学习越来越好，我要是像他们一样就好了！还有，我以为他们都感觉不到班上还有一个我呢，原来我不在教室时，他们还挺担心我的，他们还觉得是我太高冷了，不搭理他们，哈哈哈，其实是我底气不足啊，以后我们要齐头并进，我可绝不能给咱们班拖后腿啊！王老师，谢谢您！您放心吧，我一定会好好学习的，其实我根本不是对专业课不感兴趣，我是对我自己没有信心，现在我相信我自己，未来是掌握在我自己手中的！就像您说的，今天的我，是三年前努力的程度决定的，我现在的努力,也会决定我三年之后的样子！我要加油啦!”

看到张清华那张充满朝气的脸,我终于舒了口气。接下来的时间里,我并没有放松对他的管理。出乎意料的是,他比我想象的做得要好！早上很早来到操场,和同学们欢笑着跑跑跳跳。早操结束回到教室,主动帮值日生擦黑板,帮老师发作业本,还和同学们开着玩笑,露出他那温暖的笑容。课堂上再没有出现过迟到早退和打瞌睡的情况,有时看到他真的犯困了,他就赶紧喝一口咖啡。课间也不见他拿着手机,而是和同学们谈天说地,轻松愉快。这就是年轻人该有的朝气,这就是年轻人该有的热情,这就是年轻人该有的活力!

通过这个案例让我感到:集体的力量是伟大的,集体的力量是无穷的,是这个集体温暖了张清华;是这个集体,感动了张清华;同样是这个集体,让张清华找回了自信,找回了自我,重拾了希望,燃起了斗志!

通过这个案例让我相信:良好的沟通能够产生事半功倍的效果。在这个案例中,我选择了与学生和家长深度沟通,分析出学生状态不佳的根本原因,然后对症下药,在学校营造出一个积极向上的环境,让学生找到归属感;对父母的家庭教育进行指导,共同商量解题之策,逐一落实,使学生重新获得自信,做出对自己有利的选择。

通过这个案例让我理解:有时,为了做通一个学生的思想工作,我们需要先做通家长的思想工作,并且通过不断地沟通、协商,甚至是磨合,才能切实地帮助每一个孩子。

退学小A成长记

上海市奉贤中等专业学校　　宋　群

担任多年的中职校班主任以来，通过与各类专业学生的多方面沟通交流以及深入接触，我发现相当一部分学生存在厌学心理，在与他们谈及对未来的规划时，他们对未来发展定位不清晰，普遍感觉迷茫，但又盲目相信自己的能力，过于理想化。据我校学生德育管理部门的统计，历年来我校学生时有退学现象，且退学热潮多集中在节假日后，如国庆节、寒假、暑假等。原因除了学生厌学、对自身未来没有规划之外，还有一个重要原因就是中职校的外地生源学生节假日中返家后接触到很多已经工作的同龄人，受到影响继而选择退学到社会上打工。在与学生家长沟通的过程中，我发现80%的家长认为自己的家庭教育是失败的。他们不知道怎样进行家庭教育，更希望学校能够帮助他们进行家庭教育。

故　事

在开展家庭教育指导的案例中，给我留下印象较深的是小A(化名)。他从入学开始就无心学习，为人冲动莽撞，偶尔有违纪现象。因父母工作比较忙，见面时间不多，与父母相处经常不耐烦，甚至由简单沟通转为争吵来结束。但小A在某些方面也有值得肯定的地方，比如性格开朗，为人热心，口才尚可，且在有些自己感兴趣的课程(如专业课程)中，能够做到专心听讲、踊跃发言，受到该门任课教师的赞扬。但在刚刚开学一个月的国庆节后，小A提出了退学申请，我第一时间与他进行了沟通，对他军训期间的有些表现给予了肯定，并深入了解了想要退学的原因。我了解到小A从小对航空感兴趣，选择就读我校的酒店中高职贯通班是遵从了家长的意愿。所以，他心里一直耿耿于怀，觉得没有读自己喜欢的专业还不如去打工。了解情况后,我帮小A分析了他退学后会遇到很多困难,希望他不要放弃现在的学习,如果对航空有兴趣可以选择读完酒店中高职贯通专业五年后,再去考专升本的航空专业实现梦想。但是小A很坚决,认为自己不喜欢这个专业,不感兴趣,读了也没意思,执意要求退学。沟通无效后,我立即与小A的家长取得了联系,详细讲述了孩子想要退学的原因,并希望家长尽快赶到学校来,配合班主任一起对小A进行劝说。家长开始也不是很重视,认为自己正在上班,请假赶过来很费时间。我对家长进行了耐心细致的思想工作,强调孩子的前途是家庭的未来,是父母一生的理想追求,现在辛勤劳动也是为了孩子有好的前途和生活。在家长接受我的观点后,我又同他们制定了说服小A转变的办法。

小A的家长赶到学校后,对小A进行劝说。家长按照我的建议,首先肯定了孩子的优点,循序渐进地引导他认识自己目前的学习态度和大家对他的肯定。在我和家长耐心的引导下,小A慢慢接受并采纳了家长的建议。其间,小A提出了几条无理的要求,希望家长和班主任同意作为交换他继续留在学校读书的条件,包括上课玩手机游戏。我非常明确地拒绝了这些要求,小A的家长也积极配合支持我的说法。接下来,我又单独与小A的家长进行了沟通,决定换一种方法——办理退学手续申请,并邀请家长和我一起扮演了下面一场戏。

在征求了小A家长同意的情况下,我迅速办理了小A的退学申请手续,家长提出让孩子第二天马上去找工作,并不再提供任何生活的资助。我也把现在就业的现状,包括进企业后因为没有文凭、缺乏工作经验和职业技能,且是未成年人非法打工等可能遇到的情况的告知了小A。最后我与家长表示对他先支持,祝愿他找工作顺利,以后还能回来看看老师和同学们。

小A的母亲劝了小A几句,语重心长地说:“孩子,要是你真的不读书了,以后会后悔的。”说着落下了担忧的泪水。小A见状,低着头沉思了一会,他被母亲的举动感动了,于是打消了退学打工的念头。但这时候,我表示退学申请已经办理好,无法更改了。这时候的小A从摇摆犹豫中转变过来,恳请我能再给他一次机会,小A的家长也表示希望学校能继续留下小A。这时候,我想到了小A应该为自己的冲动决定而负责,故表示只要做到三个条件方可撤销退学申请。第一,在全班同学面前分析自己为什么从一开始想退学打工转变为放弃,想继续读书。第二,上课要遵守课堂纪律,不玩手机、不睡觉。第三,每门功课都要按时完成作业,自主预、复习,并争取期中考试考出好成绩。

就这样,小A打消了退学的念头,并切身感受到了自己退学的决定是一个不正确的行为。小A的家长表示,针对孩子的特点,采取这样的做法确实比较切实有效。此后，我也尝试了通过对家长的指导帮助，转变家长的观念，配合学校共同开展对学生的教育。

反　思

的确，现在很多家长都觉得自己上有老、下有小，生活很忙碌、很辛苦，因而忽略了对孩子的关爱和教育，以为给孩子吃饱穿暖，送到学校就可以了。而不去了解孩子内心的感受，不关心孩子的变化，直到出现了问题才开始着急。在孩子的成长过程中，确实需要家长的付出，孩子是一朵娇嫩的花朵，他们在能够完全独立面对风雨之前，需要家长更多的呵护，需要家长更多的陪伴，孩子才能健康成长，顺利完成学业，实现梦想。

因此，从这个教育案例中我体会到，要在家庭教育指导中，帮助每一个家长在教育自己的孩子中努力做到以下三点。

一、多点时间、多点交流

父母是孩子的第一任老师，家庭教育是人生的第一课堂。有调查研究发现：学历高的父母或经济实力强的父母比较重视孩子的教育，对孩子寄予很高的希望，愿意为孩子创造良好的学习氛围，特别是愿意花时间在孩子的身上，经常带孩子出去旅游，拓宽孩子的视野。还有的家长自身发展一般，工作时间长、收入低、劳动强度大等，因而家长对孩子的关心就少了许多。这种不均衡，在孩子的身上体现得比较明显，前者孩子普遍沟通能力强，后者孩子相对比较内向。其实，作为家长，我觉得只要在自己能力允许的范围内，可以多带孩子出去拓宽一下视野，加强父母与孩子的交流以及孩子与他人的交流，也可以一起与孩子把自己的家收拾得干干净净，一起看书，或者一起出去散步，以此拉近与孩子的距离。对于每一个家长来说，孩子的成长过程离不开父母的陪伴。

二、多点鼓励、多点表扬

每一个孩子的成长都离不开父母的陪伴，而在此过程中，父母要对孩子多一点鼓励。因为经常积极引导和鼓励孩子，孩子会不自觉地朝着鼓励的方向努力，最终成为父母心目中的好孩子。

有时候，在孩子成长的过程中，可能表现得不好，不令人满意。但反过来想想，毕竟还是个孩子，还有机会继续改正，不管到了什么阶段，作为家长都要给孩子多点鼓励，多点表扬。家长要留意孩子的每一个微小的进步。通过家长的表扬,使之成为有意义的积极行为。这样,孩子的成长过程中才会有更加充足的阳光雨露,才能更加健康地成长。

三、多点思考、多点方法

其实,作为父母,都应该努力成为一个思考型的家长。在教育孩子的时候,遇到问题时,不是先发火,而是要先冷静地想一想,孩子为什么会有这样的行为?他想表达什么?作为家长在这件事情上有什么没有做到之处?或许问了自己这几个问题之后,父母的火气会小一些,看问题也会更清楚、更理智一些。而不是把自己的发火习惯潜移默化地给了孩子。

虽然每个孩子都有不同的性格脾气,但我们要记住:孩子的优点永远比缺点多。所以,作为父母要善于发现孩子的闪光点,读懂孩子的想法,理解孩子的行为。采用适合自己孩子的方法教育孩子,引导孩子朝更阳光、更健康的方向发展。做一个有智慧的父母,就必须要勤于思考,在问题中思考,在思考中找到方法,用合适的方法解决问题,引导孩子健康快乐地发展。

孩子需要“师爱”，更需要家庭的信任

上海市机械工业学校　吴仁珍

小邵入校时就读机电技术应用专业，留级后重新选读会计专业。他自律性差，因经常旷课、迟到等原因受到处分，又因为学习成绩不好而连续留级两次，光是中职一年级就读了三次。他平时与同学交流很少，和父母关系也僵，最让人担心的是，学校组织的心理测试结果显示他有严重的自杀倾向。

一、与小邵的相识

我与小邵的相识，是在他第三次读一年级时。因小邵的班主任出国进修，我临时担任了他的班主任。小邵给人的印象是身体瘦弱，染棕红色的头发，留着日本动漫人物式的长发，戴着耳钉和戒指。他平时常低着头，不太爱和人说话。小邵抬起头时，只能看到他的鼻子和嘴，脸色苍白，从未看到过他有笑容。上课时，小邵经常睡觉或玩手机，没有互动，不交作业，不参加早操和晚自修。

我几次试着和小邵沟通，他不理我，甚至连头都不抬。有一天我管教他，他终于爆发了。当着全班同学的面对我吼道：“你烦不烦啊，我家长也不管我！”话说完，他又低下头看手机了。我立即回应说：“你只要走进这个教室，就得接受我的管教。”这是我第一次看清他的整个脸。

二、与小邵母亲的第一次见面

我把小邵的母亲请到学校。小邵的母亲是一名医务工作者，在单位是业务骨干。但是在我的办公室门口，小邵的母亲倚着门的边框不肯进来，嘴里一直不停地说：“老师对不起，我很失败，我没有教育好孩子，是我的错。”接着呜呜地抽泣起来。看着她柔弱而痛苦的样子，我产生了很想帮她的想法。我诚恳地对她说，其实每个孩子的成长过程都是家长烦恼的过程，在这个过程中都会出现这样那样的问题。接着,我又说了自己在陪伴孩子成长过程的烦心事,她听完后,停止了哭泣。随后,她把小邵叫进了办公室。我面带微笑地请小邵坐下,说:“我很高兴你那天和我 PK,说明你把我的话都听进去了,因为你很在乎我的话。”并真诚地表明我非常喜欢他,说如果他能把头发剪短一点儿,就会和我儿子长得很像。这时,他突然抬起头看着我,一瞬间,我似乎看到了与他沟通的希望。谈话的气氛一下子缓和很多,我又进一步要求他不要再旷课、迟到,争取参加晚自修等。后来小邵确实有了进步,期中考试数学考了 92 分。我抓住这个机会,在班会课上及时对他进行了表扬和鼓励。我又打电话给小邵的母亲,希望她在家中也要对他表扬和鼓励,并多与他聊聊天。小邵的母亲事后打电话给我,小邵受到了表扬,在家对父母的态度也改变较多,能和父母一起吃饭了。短短的六周,我为小邵的转变而高兴,后来因原班主任归校而我担任临时班主任的身份也结束了,再后来我对他的关注也少了,听说期末考试小邵的数学又不及格了。

三、一个求助电话

寒假结束后,五月份的一天,小邵的母亲打电话给我,因小邵又出现了旷课和迟到情况,处分升级了。班主任通知家长,按学校学生管理规定,劝小邵退学。小邵的母亲求我想想办法,给小邵一个机会不退学。我理解这位无助母亲的心,就直接找到了学校。

四、向学校求情

当我以临时班主任的身份向学校求情时,满脑子是小邵的母亲那双无助而又急盼的眼神以及六周与小邵接触沟通的情景,我开口对校领导说:“请再给他一次机会,也给我一个机会。我将以一个成长导师的形式与他结对,一对一进行跟踪指导,我一定想办法和他家长一起把他拉回到正常的轨道上来,让我试一下吧。”校领导再三考虑后说:“吴老师,我知道,孩子在您的教育下很优秀,管教方面有一套,但涉及学生管理规定问题,我们要认真研究一下。如果再给他一次机会的话,你要做两件事:一是要找学生和家长、班主任一起来,先看看学生的态度;二是他若能留下来继续就读,我们要共同关注他。你不能只是一个求情者,而要成为一个关爱者、辅助引导者,你说好吗?”经过我、班主任、家长和学生的多方表态和承诺,校领导研究后破例让小邵留下来试读。

这一学期,学校正在启动“成长导师”一对一个性化创新育人模式的实践,借助这一契机,我成了小邵的成长导师。

五、走进小邵的内心，帮助他树立信心

经分析，小邵最明显的问题是上课迟到、旷课、不出早操等，所受的处分已是学校最高级别。我想借助家庭教育的力量一起拉他一把，因为我深知：一个身心健康孩子的成长，家庭教育是不可缺失的。家长的教育方式对一个孩子的成长起着重要的作用，所以指导家长调整教育方式是至关重要的，家校要形成合力。我就如何适时表扬孩子的问题与小邵的母亲商谈时，小邵的母亲竟然说：“吴老师，他真的没什么地方可以让我表扬，即使有时候夸夸他，他便会说我们很虚伪，我们的交流极不顺畅，这孩子是没有希望了。”我不加思考地说：“有希望！因为好孩子是夸出来的。”那段时间我考虑最多的是如何用教师和家长的双手搀扶他，一步一步向前走，帮助他树立信心回归队伍。

（一）从最基本的行为规范做起

我向小邵提出：从今天起，我和你的母亲配合你，帮助你争取做到坚持出早操，上课不迟到、不旷课，参加晚自修。我让小邵的母亲每天在几个时间点打电话或发短信提醒他，我经常去看他出早操，只要看到他了我就放心了。有时我晚到了，就直接在教室门口等他，若还有 5 分钟他还没到，就立刻发短信或打电话，催促他千万不要迟到。晚上我到校抽查小邵晚自习的情况。这是我最艰辛的一个月，在我和小邵母亲的跟踪下，小邵的表现还是不错的，虽有一点小反复，但是总体表现良好。我引用小邵在 6 月份思想汇报的一段话：“我要早点起床，不能迟到，一定要坚持住，因为吴老师和我妈妈在关注我，这是我每天告诫自己的一句话。我做到了，真的做到了。”

（二）如何提高学习成绩

说句心里话，帮助小邵遵守校纪校规，我和家长相对有信心，离学期结束只有一个月的时间了，只要盯得紧一点，是能做到的，可要期末考试成绩门门过关，谈何容易。“冰冻三尺，非一日之寒”，更何况书是要他自己读的，我们只能要求他努力再努力，不断加油。我从四个方面来做：一是希望他把拖欠的作业补上；二是找班长帮忙，主动借作业本给他抄；三是请任课教师主动提醒他把欠的作业补上，提高平时成绩；四是我和小邵的母亲隔三岔五给他发短信、打电话，提醒他作业是否补完，作业有没有交，学习有没有困难？

在多方面的帮助和小邵自身的努力下，最终小邵的期末成绩：数学 93 分，语文 84 分，外语总评合格。一学年的成绩除体育之外都及格了，小邵终于可以升级了，这个成绩来得多么不容易啊！当我得知小邵的计算机操作员（五级）考试

得了95分,取得年级第一名的好成绩时,立刻打电话给他的妈妈,告诉她要用平淡的语气和小邵说:“老师说你计算机考了95分,那我在工作中计算机操作若有问题,你可以教教我吗?”

我引用小邵7月份的思想汇报中的原话:“当我看到成绩单时,我长长地舒了一口气,原来通过自己的努力真的能顺利升级。当然我的成绩也不是很理想,离我的目标还遥远,我必须努力。”这说明他开始有自信,有目标了。可以说这个暑假,是他入学以来过得最舒心的一个暑期。

(三) 用激将法,触及感恩的灵魂

自一对一结对辅导开始,几个月一路走来,我从未抱怨和后悔过。可有一件让我郁闷的事,那就是小邵二年级第一学期基础会计期中考试只得了39分。我看了试卷,发现连名词解释都没写,说明没有好好复习。于是我发了一条短信给他:“我已查过你基础会计只考了39分,我想你现在必须把落下的知识点补上,不然期末考试很难过关,这样你又不能继续读书了,因为你的处分还没有撤销,所以只要有一门课不及格,就要退学的。这就是我为什么要求你争取撤销处分的原因,希望你能理解我的用心良苦,一定要好好珍惜来之不易的机会,好吗?”发完短信后,我觉得口气有点重了,接着又发了一条,说:“我很难过,不好意思,最近对你的关心太少了,明天开始我会加倍关心你,你一定要好好努力,争取不要掉队,最好找基础会计任课教师沟通一下,请他帮你补一下,好吗?加油。”他回复我说:“不用麻烦吴老师了啦,我会努力的。”在鼓励小邵的同时,我与小邵的父母沟通,要从认可他有进步、有提高的角度找小邵谈谈,而不能一味指责,以免他反感而失去学习的信心。小邵的父母与小邵谈完后告诉我,说儿子能接受他们的谈话方式,并表示会努力的。最终,小邵在期末考试中基础会计卷面成绩得了91分。教师节那天他还发短信给我,祝我节日快乐。我看着那条短信好久,深深地舒了一口气,他懂事了,知道感恩了。

(四) 争取早日撤销处分

我和小邵有个约定,每个月初要有一次约会,沟通交流并交上当月的思想汇报,目的就是要时刻提醒他处分还没撤销,学习要跟上,并督促他坚持参加文明自治队组织的劳动,这是撤销处分的硬指标。由于教师和家长的及时督促帮助和他自身的努力,小邵之前因旷课、迟到而受到的处分撤销了。

在帮助小邵辅助引导的日子里,我加强和家长的配合,指导小邵的妈妈用科学的方法与孩子交流,正确地教育孩子,等等。我每次把发给小邵的短信也同时发给他的妈妈,目的是要让他的妈妈学习如何与孩子沟通。有时我还会把如何表扬小邵的话事先编辑好发给他的妈妈，让他的妈妈研究与他沟通的方式方法，经过这段时间家校联合的帮助引导，大家都看到了小邵逐渐在改变，有了很大的进步。

六、小邵的改变令我们欣喜

小邵从迟到、旷课到能遵守校纪校规，从学习困难户到不再留级，跟上了班级的步伐，从一个麻木的人到有感恩的心，更可喜的是，他还在政治上积极要求上进，向团组织递交了入团申请……小邵的每一个转变令每一个关心他的人感到欣慰。在我作为成长导师帮助和关心他的两年多时间里，无论我在职上班还是已退休在家，我都不定期地向学生科领导汇报他的情况。当我觉得有点棘手时，还去找心理辅导陈老师咨询，用心理学的理论来支持我的工作，指导小邵的父母使用正确的教育方法。最后小邵顺利毕业，走上了工作岗位。回顾这段时间学校老师、家长所做的共同努力，小邵的转变归根结底可以用两个词来归纳，那就是“爱”和“信任”。孩子需要“师爱”，更需要家庭的“信任”。

孩子，总有一种成长适合你

上海市建筑工程学校　尹　俊

感恩节，我们班的班会主题是“我想对你说”，每个人都真诚地感谢了班级的个人或团队，空气中弥漫着温暖的气息，使每个同学都很感动。赵同学成了很多同学感谢的对象，包括我。可是，谁能想到，入校时我们班级最早受到学校警告处分的却是这个大男孩。

事发突然，初迎挑战

刚接手这个新班是在 2015 年 9 月，当时这是一个由 36 个男生和 3 个女生组成的班级。面对如此充满“阳刚之气”的班级，挑战性对我来说太过巨大，我担心无法管理好这样一个班级。

果不其然，刚过第一个国庆节长假，班级就出了问题。一天，赵同学找到我，耷拉着脑袋，一看就是犯了错。细问才知道，前一天晚自习结束，他在操场旗杆旁边抽烟被老师发现，当场进行了处理，“拿下”我们班级的第一张处分。我冷静下来之后想得最多的是如何解决这个问题。是让他写保证书，还是请家长到学校一起教育孩子？但仔细一想，以后再出现这样的问题，难道都如此来处理，其实也达不到有效的结果。任何一个孩子犯错的时候都可能成为教育契机，我也想把这次机会当作好的契机，帮助孩子成长。

有效沟通，合作“演戏”

在了解了事情的详细经过后，我给赵同学的妈妈打电话，初衷并不在于“状告”孩子的“恶行”，而是想充分了解孩子在家的情况和表现，综合考虑用怎样的教育方式才是最适合孩子成长的。

电话那头，赵同学的妈妈非常生气，表示要立刻告诉孩子的爸爸，等孩子周末回家好好揍他一顿。简单粗暴的方式确实可以暂时阻止孩子抽烟，但“压力越大的地方，反弹也就越大”，这样反而会加剧孩子的叛逆。看来这次不仅要教育孩子，更重要的是帮助赵同学的父母如何正确教育引导孩子。梳理了想法和思路后，我跟赵同学的妈妈进行了沟通：孩子在学校犯错，尤其是抽烟这事希望家长不要通过简单粗暴的惩罚来解决，“惩罚”从根本上解决不了问题，甚至会适得其反。学校和家长联合起来共同努力，通过疏导、讲理等办法来教育孩子才是最好的方式。一是告诉孩子抽烟的危害，不仅违反了校纪校规，而且抽烟本身对身体是有害的，是不良习惯；二是犯错误、受处分都不要紧，关键是认识错误，改正错误。我再三嘱咐赵同学的妈妈，一定不能像以往那样简单粗暴地打一顿，先尝试着用其他的处理方式——装作不知道抽烟的事，密切关注赵同学在家的表现。接下来的日子里，赵同学的妈妈随时跟我保持联系，把了解到的孩子的情况以及他在家的表现及时与我交流，同时听取我的建议。

在学校，与其施之以惩罚，不如委之以重任，我没有因抽烟的事歧视赵同学，反而任命他为我们班分管纪律的副班长兼任总寝室长。赵同学担任副班长和总寝室长后，投入了很大的精力，班级和寝室秩序井然。我跟赵同学的妈妈保持密切的联系，随时交换孩子在学校和家中的情况，鼓励赵同学把班级管理工作做得更好。我还不断地教给赵同学的妈妈适合青春期孩子与家人互动的方法，帮助孩子和家长更好地交流。

小小少年，逐渐长成

班级参加学校的“琅琅书声润我心”活动，从晨读的训练到最后的参赛都是赵同学带领着大家，最后的结果差强人意。于是之后在参加“班班有歌声”比赛时，赵同学吸取前一次的参赛经验，带领全班排练和前期准备。统一演出服装的、采购道具、安排队列……无一不是他亲力亲为，付出的努力大家有目共睹，更可贵的是他的责任感和集体荣誉感在不断增强。

初赛那天，也许是太过紧张，由于伴奏听不太清楚，以及音准未能很好把握，导致全班整体偏离了伴奏——走音了。演出结束，赵同学在后台哭得像个泪人儿，这个大男孩把自己和班级的荣誉紧紧联系在一起。他说，他不甘心班级这么努力、这么有热情、付出这么多却失去进入复赛的机会，我们是一个向上、友爱、有凝聚力的集体，应该可以走得更远，也愿意接受更大的挑战。也许是他的精神打动了评委,最后我们班真的冲进了复赛,并在复赛中荣获三等奖。时至今日,赵同学泪流满面的样子仍然深深印刻在我的脑海中,尽管他平时嘴里常挂着“男儿有泪不轻弹”。

“弹簧”反复,加强沟通

事后我跟赵同学的妈妈谈及这件事,她说那段时间孩子回家听的、哼唱的都是我们班级的参赛曲目。孩子的责任感、领导力在副班长的岗位上越来越强。赵同学的妈妈时常向我感叹,庆幸当时听了我的建议没有用简单粗暴的方式进行惩罚,同时委以重任更激发了孩子内心向上生长的力量;庆幸她能在孩子尚未成年之前从我这里学到了家庭教育的有效方法。孩子的秉性像弹簧一样,虽然一直在努力向上,却不免会有反弹。之后关于校服的穿着,赵同学又让我紧张了一次。

已经连续三天,我发现赵同学和同寝室的孩子都没有穿校服,找他谈话时了解到,他的校服衣袖坏了,没有及时缝补。而赵同学的妈妈反馈的信息是衣服应该没有坏,周末回家刚洗过。于是我想到最大的可能就是孩子觉得校服无法标新立异,不能突显个性,所以不愿意穿,想穿上自己的衣服刷刷存在感。正当赵同学的妈妈急躁地想质问孩子关于校服的事情时,我建议她先不要拆穿孩子说谎,可以顺着孩子的意思问问破了的校服怎么样了,看看他是如何回答的。没过一会儿赵同学的妈妈说已经跟赵同学联系过了,一阵寒暄之后装作无意间提起校服,“谎称”他的衣袖坏了需要缝补好才能穿,让他周末带回家帮他缝补一下。没想到孩子立刻拒绝了妈妈的建议,说自己可以搞定,中午补好下午就可以穿了。下午我再到班级时,赵同学及全寝室的孩子都穿上了校服。赵同学的妈妈感叹,教育孩子的“道道”还真多,还真是需要不断地学习。

“看穿却没有点穿”的智慧在于维护了孩子的自尊,让孩子有了“面子”,但同时也提醒孩子“作为家长或教师,我知道你的情况,我善意提醒你这样的行为不当,你需要改进。如果没有改进,我可能会采取其他方式方法了”。青春期孩子有积极上进的心,却也有着时时叛逆的心,成长应该在这样的反复中找到最适合的路。

科学指导,共同育人

面对班级中个性迥异的孩子,只有跟家长通力合作,才能使我们的教育更有成效,因为最了解孩子的人始终是父母。学校通过对家长的指导,慢慢地使科学的家庭教育方法浸润到家长的头脑中,家长的教育理念会逐渐发生变化,教育行为方式也随之改变,与孩子的交流互动也会良性发展,孩子在家校共同的教育下进步会更快更好。因此,班主任作为跟家长接触最频繁的教育者,有责任,更有义务向家长传导科学的家庭教育理念及方法。

家校合力，静待花开

上海工商外国语学校　马金芳

中职学校中有不少学生存在着问题。由于种种原因，不少家长对自己的责任缺乏正确的认识，总认为学生教育不好完全是学校的原因。但是班主任又把学生不好的表现，归结于家庭教育不够。这种归因的争论，往往使家校关系变得复杂，不利于学生的教育转化。

一、案例背景

小李是中专二年级学生，平时沉默寡言、不善沟通，时有违反校纪校规的情况发生。学校为了更好地管理手机，实行了“早上到校上交手机，下午放学统一发放手机”的管理方式。

二、案例描述

某日早晨，小李破天荒地主动上交了手机，平时他都要在班主任的反复督促下才能上交。然而，小李在课间操时未经允许，私自偷偷地开锁拿回了手机，上课时更是毫不掩饰地玩起了手机游戏。任课教师看到后，就把手机没收，暂为保管，下课后交给了我。我找来小李谈话了解情况，他闭着眼睛，脸上没有任何表情，不说话、不表态。于是我通过了解证实：小李的课堂表现很过分，任课教师多次提醒都不听，扰乱课堂秩序，影响了正常课堂教学。我让他写事情经过，他抗拒不写，也不认错。我只好电话联系小李的爸爸，我和小李的爸爸说明了事情经过，并希望他能来学校一起协商解决孩子的问题。小李的爸爸答应得挺痛快，我就先让小李去上课，准备等家长来了后再说，结果一个下午没见到小李的爸爸来，再打电话竟然关机，联系不上了。

下午放学后，小李找我要回手机，我说：“老师先帮你保管，明天请你爸爸来趟学校,我会把手机交给你爸爸的。”小李的反应非常激烈,反复一句话:“手机是我的,你给我!”并情绪激动地报警,说:“有人抢了他手机,是女的,不认识,在学校。”

始终联系不到小李的父母,最后电话联系到了小李的姨妈,这时姨妈在外地,来不了学校,却吞吞吐吐地说出了孩子的情况特殊:小李的妈妈因患疾病,无行为能力承担教育的责任。这个孩子不能刺激,有时候行为有些偏激,请老师原谅他。鉴于这种情况,我们当天就同警察、老师、心理专家商定先把手机给他,分别跟他谈话交流,对他进行了教育,分析事情因果,但他还是一直不说话,最后听到手机可以还给他了,才给老师赔礼道歉,并承诺以后主动上交手机,之后警察送他回家。

早在新生军训时,小李就曾私自离开队伍,找到他时,不管谁跟他谈话,他始终不开口,扭头不看谈话人,躲避、戒备、拒绝,下意识与人保持60厘米距离。那一次我也同样打电话联系家长,小李的爸爸推三阻四、不配合,再次打电话时电话关机,打家里电话就干脆直接挂机。甚至在之后的一次家访时,小李的爸爸也是不理不睬。在孩子问题处理上,家长一直拒绝配合学校教育,态度完全是孩子就这样,随便你们怎样处理。

三、案例分析

每个人的性格特点、处事方式、价值观、心态、爱的能力都源于原生家庭的影响。

案例中小李出现了严重的日常行为问题和学习困难,主要表现为无组织纪律性、无规则意识,对抗、戒备、自动屏蔽教育、不沟通、偏执、沉溺于游戏网络世界等,日常行为表现与其他同学不同,各种问题层出不穷,给班级日常管理带来诸多困难。

面对孩子教育困难的问题,家校之间沟通的缺乏,小李的爸爸也表现为逃避责任、畏惧学校、抗拒教师,对孩子听之任之,不闻不问。

我国研究学校教育与家庭、社会教育的专家赵琴认为,家庭群体关系在时间上最为持久。家庭这种初级群体,是建立在血缘关系基础上的,家长对子女有一种特殊的亲切感,而子女对父母则怀有很深的依恋与信赖,父母通过情感方式对子女的影响在其效果上就显得异常有力。家庭以“缩影”的形式包含着几乎所有的教育内容和教育功能的范围。家庭教育所具有的这些特点与优势是学校教育无法比拟的。

那么如何改善与小李家长的沟通,形成家校合力,提高教育工作的有效性呢?

四、教育过程

(一) 多方走访,关注家庭

刘翠兰在《家校合作及其理论依据》一书中认为,目前在家庭教育的实践中存在种种误区,突出表现在:教育观念落后,教育方法不科学,教育内容偏差等,这些都严重影响着家庭和学校教育的质量和效果。

小李不受教,家长完全不回应,孩子的教育走入了死胡同。学校通过走访居委会、邻里、小李的姨妈,了解到小李生活成长环境非常特殊:妈妈无行为能力负责孩子的教育,爸爸身体状况不佳,不愿面对家庭问题和孩子问题,逃避责任,得过且过,缺乏生活热情,邻里关系不佳。姨妈对小李一家人的照顾比较多,跟孩子比较亲近,因为小李妈妈的原因,家里一直担心孩子也会出问题,所以对孩子的养育一直是无原则的溺爱、顺从、放任,这造成小李行为幼稚,无行为底线。小李从小就经常因犯错受到批评,以至于到现在小李的爸爸非常害怕接触学校,最好不联系、不见面。我还了解到,小李的爸爸平时不管孩子,一旦有问题就揍孩子一顿,甚至在初中时曾经打断过孩子的胳膊,教育方法简单粗暴。

(二) 换位思考,有效沟通

苏霍姆林斯基曾说过:教育的效果取决于学校和家庭的教育影响的一致性。如果没有这种一致性,那么学校的教学和教育过程就会像纸做的房子一样倒塌。

任何一个家长都希望自己的孩子成才,而面对问题多多的孩子,他们很无奈,不知怎么应对,他们需要教师的指导和帮助,关注他们真正的需求,增强家庭教育的指导,促进家长更新教育观念,提高家长的教育素养和家庭教育的水平,逐步改变教育的方式方法,形成家校合力,共同促进学生的健康发展。

一直以来与小李家长的沟通都很不通畅,不接电话,不见面,这可怎么办呢?我开始反思自己在工作中的不足,没有站在家长的角度考虑问题,一直按学校统一的要求对待孩子、要求家长,没有找到一个平衡双方利益的点,小李和他的爸爸都属于典型的逃避心理。我必须要平等尊重,换位思考,理解家长的感受:小李的爸爸更希望看到孩子的进步和成功,非常需要用激励增强教育孩子的自信。

你不理我,没关系,我给你发短信,不回复也没关系,我一直不间断地通过QQ和短信告知孩子在学校的进步,只发孩子在校好的表现和学校的通知信息。终于小李的爸爸回信息了,从不回复到回复一个字"是",再到写一段话。看得出小李的爸爸开始关心孩子在校表现了,我的心终于有了着落,孩子有人管了,我不再是孤军奋战了。

于是我趁热打铁，打通了小李爸爸的电话，聊孩子在学校的进步，夸赞孩子的优点，电话中我能感觉到，小李的爸爸口气不再硬邦邦，渐渐变得和气起来，很高兴地交流孩子在家的表现，我也了解到孩子不一样的另一面。之后，我再慢慢地抛出我们共同面临的一些急需解决的问题，比如上学迟到、旷课等，一起讨论寻求教育的更好途径。

（三）达成共识，确立目标

“冰冻三尺非一日之寒。”改正一个坏习惯，养成一个好习惯，至少需要一个月甚至更长时间，没有家庭教育的全力配合是很难实现的。

针对小李的现状，我和家长达成共识，从日常行为习惯养成入手，平等尊重，宽严有度。教师、家长与孩子一起协商制定“月行为目标”，整个过程尊重孩子，平等对话，关注孩子的想法和兴趣，要求不能过高，要用商量的口吻，引导孩子制定自己一个月和每周的行为达成目标：争取做到不迟到、不旷课，有事请假，每天穿校服，上交手机，一周为一个小阶段，一个月期限内允许犯错三次，不惩罚，以“小步子、重坚持”的方式进行行为重塑。如果坚持一周都能做到就表扬，加操行分，并且发 QQ 和短信给小李的爸爸和姨妈，坚持一个月逐步养成不迟到、不旷课，遵守基本的日常行为规范，期末操行分合格，家长满足他去秦皇岛旅游的愿望，并成功达成三方协议。

（四）接纳赏识，行为重塑

苏霍姆林斯基的教育名言：世界上没有才能的人是没有的。问题在于教育者要发现每一个学生的禀赋、兴趣、爱好和特长，为他们的表现和发展提供充分的条件和正确引导。

特殊学生的教育更需要我们用心观察、细心体会、精心研究、真心接纳、耐心等待，随着孩子的发展和变化不断调整教育目标和策略，为他们的进步、成功表示骄傲和赞赏。

学校里，教师想方设法为小李创造改善的机会和空间，发掘他身上的优点和闪光点；营造全员带动的效果，发挥同学朋友带动效应，由四名男生成立互帮互助小组，一起吃饭，一起打球，一起上课，一起参加各种活动，从行动上杜绝了小李独来独往，上课迟到，时间观念不强的问题。

大型活动时，适当安排小李一些任务，让他逐步融入班级。比如，给班级图书角捐书；为“献爱心”义卖活动搬桌子、搬东西，为班级同学服务；五月份大合唱比赛，安排小李负责现场录像，预赛和决赛中，他都干得非常认真，录制效果非常好,大家纷纷在QQ群里点赞,当天他在群里很活跃、很兴奋,第二天早上来学校还笑眯眯的。之后的班级各种活动都有他的身影和灿烂的笑容。

小李每一次的进步,我都会在班级公开表扬,并及时发短信告知家长孩子的进步和成功,不断激发他坚持下去的动力,不断强化正面引导,坚持了一年之后,现在已不用刻意提醒,小李已经能基本遵守中职生日常行为规范了。

(五)目标递进,效果明显

任何人都希望自己是成功者,都期待着收获肯定和赞誉。问题再大的孩子也有发展的愿望,他们在不断改善的时候,更需要激励,多一把衡量的尺子,就会多一个成功者,多一份欢乐。

小李的日常行为规范基本养成了,是适时提出学业目标的时候了。大家一起协商制定了一个月的学习目标:月考语文、数学争取各进步10分,英语保持,老师就表扬,加操行分;小李的爸爸承诺,如果期末语文、数学、英语及格,同意他的旅游计划。任课教师一起参与教育转化过程,课堂上给他更多的关注,降低对他的学业要求,多鼓励、多表扬。小李说上课听不懂,想找数学老师补课,我马上表扬了他并帮他联系数学老师,加之各科任课教师都给予他特殊的照顾,课堂表现明显好转,多次得到老师表扬,各科成绩进步明显,由3月月考各科0分,到期末考试语文、数学、英语全部及格了。

目标不断提高,小李在不断的进步和成功中体会到幸福和快乐,每一阶段目标顺利完成。在二年级上学期期末进行的全市统一学业水平考试中,小李不仅语文、数学、英语全部合格,而且获得了较好的名次。

五、实效综述

案例发生已经过去了快一年了,令我欣慰的是,小李在各方面都取得了明显进步,我的幸福和成就感油然而生。

现在对小李的教育标准基本与其他同学一样了,小李跟老师交流沟通很正常,也欣然接受老师的关心和正面教育,不再躲避、对抗了,师生关系非常融洽。

小李的性格活泼开朗了,完全融入班级,与同学相处融洽,积极参与班级小组活动,参加学校班级的集体活动,如本学期在模拟公司实训担任后勤组长,工作有声有色。

小李遵守学校日常行为规范,有了行为底线,组织纪律观念增强,一年来迟到次数有限,做到了有事请假。

小李的学习态度有了根本性的转变,继语文、数学、英语学业水平考试取得较好成绩后,其他专业课成绩也得到了任课教师的一致表扬,成绩不断提高。

小李的爸爸骄傲地提到:小李在家非常独立,自己会做饭,而且味道还不错;每周参加体育运动,假期还出去旅游了一次,家庭氛围也比以前和谐了。

六、反思

(一)且行且思,共同成长

学生问题的产生有着各种各样的原因。在本案例中,表面看似是学生日常行为问题,实则包含着家庭教育问题。因此,学校教育必须加强与家长的沟通,了解问题根源,有的放矢,增强对家庭教育的指导,提高家长的教育素养和家庭教育的水平,家校形成合力,共同促进学生的健康发展。

同时,随着时代的发展,教育的问题也在不断变化,这就要求我们必须与时俱进,不断学习提高,转变思想观念,重视对家庭教育的指导,调整教育策略,帮助孩子成长成才。

(二)且悟且进,耐心等待

张文质教授在他的教育讲演录中说道:教育往往要在缓慢的过程中才能沉淀下一些有用的东西。我们需要:学会宽容,尊重差异;学会等待,耐心倾听;学会欣赏,真诚赞美;学会反省,不断改善;学会原谅,感受幸福。

让我们以虔诚的心对待生命,对待这些更需要我们关心的特殊孩子们,在他们迷茫、无助、彷徨时,给他们改善的机会和空间,给他们一缕阳光、一些扶持,多一点宽容、少一点指责,多一点关爱、少一点漠然,耐心地等待他们发芽、成长、开花。

爱你在心口难开

上海市现代职业技术学校　崔　昕

一、个案背景

著名心理专家郝滨曾说:“家庭教育是人生整个教育的基础和起点。”家庭教育是学校教育与社会教育的基础,是对人的一生影响最深的一种教育,它直接或间接地影响着一个人人生目标的实现。因此,家庭教育是终身教育。

当“更年期遇到青春期”是电视剧中这个年龄阶段的孩子与父母相处的写照,也是我面对00后学生与70后家长的工作画面。00后的学生思维活跃、个性张扬、做事凭个人喜好,不过多考虑后果和结果;70后的家长思想保守、处事沉稳、做事以结果好坏作为主要判断依据,且班级中一半学生的家庭都有兄弟姐妹,父母对这些孩子的教育无法投入全部精力,更缺乏深入的交流和沟通,家庭教育的缺失或不积极,会衍生出学生在校表现的种种问题,或是性格缺陷等。

二、个案分析

东东是北方男孩儿,身材高大结实,头脑聪明,接受力强,性格直率冲动,为人善良,遇事处理简单直接,渴望关心被爱。东东的父母从事餐饮行业,父亲平日工作繁忙,对东东的教育较少,主要是母亲照顾东东的衣食起居。东东有个比他小8岁的弟弟,活泼可爱,古灵精怪,甚得妈妈的喜爱。我第一次去东东家家访,言谈中东东的妈妈就透露曾经因东东使用电脑时间过长,母子间发生过冲突,慢慢变成“敌对关系”。有时遇到与东东无法沟通,或多次劝告无效时,东东的妈妈会将情况告诉东东的爸爸。东东的爸爸出面与东东交流,多少会起到些效果。当东东的妈妈在描述这些情况时,东东并未反驳,这一点可以看出东东是个识大体的孩子,同时也说明他很在乎面子。在日后的相处过程中,我慢慢发现东东在很多事情嘴上说“无所谓”“就这样吧”“这样岂不是很好”之类默认现状的话时，常常会流露出一种无奈。同学们也因为他有时说变就变的脾气，以及情绪不佳时说话的态度，而与他的交情一般。

三、个案指导

和东东的爸爸第一次交谈是在期中考试后家长会上，东东的爸爸主动留下来与我进行交谈。我们对东东自身的优势和不足进行了诚恳的交流，并就家庭教育对孩子的终身影响和个人发展的问题达成了共识，为东东的改进和成长做了铺垫。

东东的爸爸虽然平日与东东相处的时间并不多，但他没有放任孩子不管的想法，也很清楚孩子身上存在的问题，以及孩子因在母亲处无法获得与弟弟一样的关爱，内心总是有些隔阂。东东的爸爸表示也曾就这个问题与东东的妈妈沟通过，提醒过，但收效甚微。好在东东的爸爸并没有就此作罢，在与我就东东的问题进行深入沟通之后，东东的爸爸有了新的主意……

此时恰逢全国中职校技能大赛训练期，东东忽然说了句：“我妈是不是有病？”我心头一惊，以为东东与妈妈的关系仍未得到缓解，接着他说：“我妈竟然给我发了条消息——儿子，妈妈爱你。”我有些诧异地问：“你妈妈在表达对你的爱，这不是很好吗？”东东说：“我爸让我妈去参加了一个什么培训班，我妈最近好像有些不太正常……”虽然东东的表达并不积极，但从他的脸上却能看到愉悦、幸福的表情，那是男孩儿在忽然收到父母表达爱意时的羞涩和温暖吧！事后，在期末的家长接待日，我与东东的爸爸聊起此事才知道，是东东的爸爸在之前的家长会后与东东的妈妈进行了认真的沟通，达成了“先从家长自身改变开始”的共识。同时在东东爸爸的提议下，东东的妈妈报名参加了某国学课程的培训。

孩子从小到大，几乎三分之二的时间生活在家庭之中，时时刻刻都在接受着家长的教育。这种教育是在有意和无意、有计划和无计划、自觉和不自觉之中进行的，不管是以什么方式、在什么时间进行教育，家长自身的言行随时随地教育影响着子女，所以有些教育家又把家长称为终身教师。

东东的爸爸谈到建议东东的妈妈参加培训的原因，是希望通过学习能够帮助东东的妈妈树立正确的家庭教育的观念，能真正改变东东与妈妈之间的关系，也希望儿子能懂得妈妈的辛苦。先从东东的妈妈做改变，能够多看到东东的优点，能心平气和地与东东交流，在这点上，东东的妈妈也是极为配合并努力去改变与儿子之间略显别扭的亲子关系。我对东东的爸爸积极改善母子关系的做法给予了充分的赞赏，同时也进一步交流了青春期阶段男孩儿的生理与心理特点，他们与青春期的女孩儿不同，十七八岁的男孩儿更希望以独立的表现证明自我的存在，他们更愿意与朋友在一起交谈倾诉，减少对父母的依赖，更倾向表达个人的想法和态度。

父母与孩子之间的血缘关系和亲缘关系的天然性和密切性，父母的喜怒哀乐对孩子有强烈的感染作用。孩子对父母的言行举止往往能心领神会，以情通情。在处理身边的人与事的关系和问题时，孩子对家长所持的态度很容易引起共鸣。因此，面对青春期的男孩儿，家长要减少唠叨，更多地树立家庭教育的权威性和感染性。

与此同时，家长面对这个年龄阶段的孩子时，要学会“察言观色”。常言道：“知子莫若父，知女莫若母。”家长与孩子朝夕相处，对他们的情况可以说是了如指掌，孩子身上稍有什么变化，即使是一个眼神、一个微笑，父母都能心领神会。因此，作为父母可以通过孩子的一举一动、一言一行，及时掌握他们的心理状态，发现孩子身上存在的问题，及时教育，及时纠偏，不让问题过夜，使不良行为习惯消灭在萌芽状态。家庭教育的过程，是父母在家庭中对孩子进行的个别教育行为，比学校教育更具针对性。

东东的改变是有目共睹的，对他人的关爱和帮助增加了，做事的积极性提高了，不顺心时情绪控制有所改善，对困难的承受力不断增强，并在 2017 年的市级和全国技能大赛中均获得较好的成绩。

听东东的爸爸说，东东的妈妈现在对孩子多了理解和宽容，对于双方有分歧的地方，尝试着心平气和地沟通，甚至约定双方都认可的方案去解决。与东东的爸爸良好沟通，架起了学校教育与家庭教育之间的桥梁，让教师与家长为了孩子的健康成长和发展共同努力，达成共识。

四、结论与体会

孩子的教育永远不只是学校的责任，也需要家长和社会的共同努力。幸运的我，遇到了愿意倾听、愿意面对孩子问题一起努力、更愿意积极尝试从改变自己开始的家长。孩子是幸运的，有愿意为使孩子更好而做出改变的、深爱着他的父母。教师、班主任最重要的责任是在教育孩子的同时，主动承担起指导和帮助家长科学、有效地进行家庭教育，形成合力，助推学生成长、成才。

不愿回家的少年

上海商业会计学校　李树娜

作为学校的心理辅导教师，常常会被家长要求辅导处于青春叛逆期的学生，然而在辅导过程中，往往会发现所谓的“叛逆”常常和家庭有关系。本案例主要包括与来访者建立良好的咨询关系，收集信息；借助家庭系统图发现各自问题和改进。

一、案例背景

王然，男，中职一年级学生。一天，王然的妈妈找到心理辅导教师，希望能对王然的进行心理辅导。第一次与王然的妈妈接触，就能感受到她扑面而来的焦虑。王然的妈妈反映王然自读中职以来，放学后要在外面逛到很晚才肯回家，回家后喜欢把自己关在房间里，不与家人沟通，有时候说话会很冲，特别跟妈妈说话有时候很粗暴。王然最近沉迷于打游戏，成绩下降严重，被爸爸没收电脑后，与爸爸发生了一次激烈冲突，王然的妈妈很焦虑，不知道该怎么办，希望心理辅导教师给一些建议，并对孩子进行心理辅导。与王然妈妈的谈话中还了解到，王然从小由爷爷奶奶在安徽抚养长大，上小学时接回自己的家，爷爷奶奶也从老家一起来上海照顾王然。

班主任反映王然在班级中几乎不与同学交流，不爱说话，沉迷网络游戏，上课时也常打游戏或塞上耳机听音乐。但王然也不是性格完全沉闷的孩子，他会在网上找班主任聊天，就是当面不爱说话。

二、收集信息

一般被班主任或家长推荐到心理咨询室咨询的学生一开始都会有些抗拒，但王然第一次就似乎非常有倾诉欲望，并且与王然的妈妈所描述的叛逆不同，王然较有依赖性,常常希望别人帮他做决定。通过咨询了解到,王然对妈妈的感觉非常矛盾,一方面相对于爸爸,他和妈妈关系较近,另一方面又感觉妈妈不能理解自己,不喜欢妈妈讲大道理,而且妈妈经常抱怨容易紧张,这都让王然不自在,有时候很烦妈妈,但又觉得这样对妈妈不妥。王然的爸爸脾气暴躁,因此父子关系冷淡,有时候王然很羡慕其他同学能和父母说笑,但自己不会这么做(感觉很别扭)。他反映自己常常感觉情绪会莫名其妙低落,不喜欢班级同学。有时候觉得自己一无是处,人缘不好,成绩差,父母和奶奶都对自己失望,什么都做不好。最近喜欢班级后排一个女孩,"只有她能理解我,感觉我们是一类人。"王然说。

三、通过家庭系统图发现原因

通过一系列的谈话了解之后,我感觉王然的问题跟家庭关系非常大,所以准备做一个家庭系统图。家庭系统图能通过隐喻的方式观察每个成员的特质,能够使家庭成员很好地观察到自己与家庭成员之间的关系。

通过家庭系统图发现王然妈妈的特点是虽然给人很强势的感觉,但实际内心非常柔软、脆弱、无助;王然的特点是迷茫、无力;王然的奶奶比较强势、很操心,要管很多事情;而王然的爸爸则喜欢逃避。这个家庭中夫妻感情较为淡漠,王然的妈妈觉得孩子到小学才接到自己身边,特别亏欠孩子,所以非常想补偿孩子。同时对王然的爸爸较为失望,把自己生活的重心转向儿子,母子关系越缠越紧。但王然进入青春期后,独立意识开始增强,一方面想摆脱妈妈的控制,另一方面又觉得自己特别"不孝","妈妈已经很辛苦了,在家中不开心,我怎么能这么伤妈妈的心。"王然说。同时又感觉妈妈已经"落伍",不能理解现在的社会和自己。王然的妈妈和奶奶关系不是很和谐,而两个人都非常关心王然,王然夹在妈妈和奶奶中间觉得很为难,只好对妈妈和奶奶都很粗鲁。妈妈和奶奶都非常不理解王然"性情大变",很着急王然的成绩,但又相互指责是对方的过错。而王然的爸爸对于妈妈、奶奶、王然三人的"战争"采取回避态度,躲在角落中假装世界很安静,或选择比较弱小的王然发泄自己的情绪,要么不管王然,要么采取责备、打等较简单粗暴的方式,而这又加剧了王然妈妈的不满,这一切令王然觉得问题出在自己身上,更不愿回家。可以看出在这个家庭中,王然的奶奶与王然小家庭的关系重于爷爷奶奶的夫妻关系,奶奶过分关注小家庭的事情,而王然的母子关系重于王然父母的夫妻关系,这令母子之间纠缠紧密。在前两代家庭中,男性角色处于回避或隐形状态,而女性处于焦虑状态,同时,上面两代人关心的重心在王然,令王然产生一定压力。

四、家庭成员的发现与认识

在完成家庭系统图的过程中，家庭成员都对彼此有了新的认识和发现，如王然的爸爸发现，原来妻子那么需要自己的支持，自己在整个家庭中的重要性，最后王然的爸爸在妈妈和奶奶之间进行了很好沟通，使家庭关系处于比较满意的状态。而王然的妈妈则发现自己与儿子的关系太紧密，过于关注孩子的成长和需求，反而给孩子带来一定的压力，开始体谅丈夫的不易。王然的奶奶表示尽量不过度干预。而王然在家庭动态图中也发现了家庭其他成员的不易。

五、改进过程

（一）父母加强对孩子教育问题的沟通

通过指导，王然的父母认识到孩子教育的问题不是一方的责任，双方都应对整个家庭负起责任，王然的爸爸下班后能主动关心家人，即使有时工作忙很晚回家，工作间隙能经常打电话询问孩子和家人状况。而王然的妈妈也会向丈夫交流自己的一些焦虑情绪，而不是把情绪带给王然，就两人共同关心的教育问题，共同商量一些准则，如孩子回家后怎样安排他的业余时间。

（二）尊重理解孩子，主动了解青春期和心理方面知识，改善亲子关系

家长应明白青春期孩子的特点，理解孩子行为背后的原因，再针对问题共同商量改进措施，而不是简单粗暴地对孩子打骂，或者说教。改善与孩子的沟通方式，经常表扬孩子的优点，多看到孩子的成长与进步。尽量不把自己焦虑或烦躁的情绪带给孩子。

（三）尊重理解爷爷奶奶的付出，鼓励爷爷奶奶丰富自己的生活

在这个家庭中，王然的爷爷奶奶付出很多，王然的父母就这一问题进行了深入沟通，理解爷爷奶奶的辛苦，但在教育孩子的问题上，王然的父母应该是第一责任人，所以王然的父母应主动承担责任，经常与班主任、孩子沟通，鼓励爷爷奶奶丰富自己的生活。

在实际执行过程中，这个家庭依然存在很多问题和困难，但整个家庭关系正在变得越来越和谐。王然的爸爸愿意与妻子共同讨论教育孩子的问题，理解妻子的不易，而王然的妈妈也在努力修复与奶奶的关系。全家人都尽量地去理解、包容孩子。在王然爸爸的坚持下，王然也愿意在一定时间限制内打游戏。

到中职二年级时，王然不再把自己一直关在屋里不出来，愿意告诉父母一些自己在学校发生的事情。王然仍然打游戏，但是会跟班级里面比较要好的几个

同学在约定的某个时间一起打,他在班级里也愿意与同学主动交谈,并有几个比较要好的同学。

六、案例总结

很多时候孩子表现出来的问题常常是表象,其根源可能在家庭。而在一个家庭中最重要的是夫妻关系,如果夫妻关系被亲子关系取代,常常会产生一些问题。教师、班主任的一个重要的职责就是要了解和掌握学生的家庭教育的状况,发现家庭教育中存在的问题,指导家长正确开展家庭教育,与学校共同做好孩子的思想教育工作,共同促进孩子健康成长。

让幸福来敲门的父子

——“正面管教”在中职校亲子关系中应用的案例分析

上海科技管理学校　周　伟

序　言

若干年前看过一部励志电影——《当幸福来敲门》，这是一部非常经典的美国电影，影片取材于真实故事，主角是美国黑人投资专家克里斯·加纳(Chris Gardner)。电影讲述了一个濒临破产、妻子离家的落魄业务员，如何刻苦耐劳、奋发向上成为股市交易员，最后成为知名的金融投资家的励志故事。若干年后，我成为一名中专学校的德育教师和班主任，在面对班上一些单亲家长和在单亲环境中成长起来的孩子，对这些家长和孩子的教育指导我深感压力巨大。然而，“正面管教”理论指引了我工作的方向，也让班级中越来越多的家庭有了“幸福”敲门的机会。

一、案例背景

本案例的主人公张同学，男，现为我校中高职贯通班级供热通风与暖通工程专业的学生，我是该班的班主任。张同学的父母在他5岁时离异，他跟父亲住在上海郊外的一处面积较小的老公房内，生活环境比较艰苦。张同学的父亲没有固定职业，脾气暴躁，有酗酒的习惯，酗酒后会经常毒打张同学，清醒时对张同学管束很多，加上青春期的张同学较为叛逆，父子俩关系一度陷入僵局。除此之外，张同学的父亲还有一个新的对象，两人没领证，张同学称其为“阿姨”。该“阿姨”来自四川，与前夫离异后还有一个女儿，在老家生活。据张同学反映，“阿姨”认为他学习成绩不好，成不了才，总是在他父亲面前告状。张同学纪律意识淡薄，早读课经常迟到，上课爱睡觉，多次教育后效果不是很明显。

二、看不到"幸福"的父子俩

第一次跟张同学的父亲正面沟通居然是以"吵架"开始的。事情发生在我刚带班三个多月以后,那时的我刚刚熟悉了班级的情况,班级工作的开展也逐渐步入正轨。一个冬天的夜晚,我正准备休息,电话铃声突然将我惊醒。电话是我班学习委员的妈妈打来的,她告诉我张同学今晚来她家后就一直不肯回去,请我给张同学的家长打个电话告知情况,让家长放心。我立刻给张同学的父亲打去电话,电话那头他火气很大,直接冲我大吼:"干嘛让他住在同学家,让他同学把他赶出去,让他睡马路去!"而我则耐心跟他解释孩子可以好好教育,但是安全是第一位的。他继续大吼:"他一个男孩子有什么不安全的,你就让他睡马路去,出了问题我去派出所领,我就是要让他知道他翅膀没硬起来呢!"刚刚为人父母的我一下子很难接受这样的言语,于是开始跟他理论,我告诉他青春期的孩子大多很叛逆,家长管教过程中生气是正常的,但是无论如何家长作为监护人对于孩子的安全是要负法律责任的。不知道是哪句话刺激到了张同学的父亲,他一下子把矛头指向我:"你这个老师是来教育我了?你有什么资格教育我?我需要你教育?我自己的儿子我自己管!"

这件事件引发了我对家庭教育问题的思考。我们应该怎样指导家长正确地教育孩子,配合学校共同帮助孩子茁壮成长?我们应该怎么努力让家长加入对孩子积极正面的教育中来,而不是孩子一犯错就用粗暴的方式来惩罚学生?中职校的一些家长由于自身文化水平比较低,对于孩子的管教方法大多"简单粗暴",在这样的环境下成长起来的孩子,缺乏责任感,一旦犯错,第一反应就是如何通过撒谎逃避责任。

正好此时的我参加了上海市班主任培训基地组织的"正面管教"的培训学习。这一理论要求教师和家长要和善而坚定地对待孩子,让孩子不要把聪明才智用在操纵别人、反叛和逃避上。经过一番思考,我决定用"正面管教"的理论来指导自己和家长共同教育孩子。

三、寻找"幸福"的父子俩

电影《当幸福来敲门》给我印象很深,同样是单亲父亲,同样穷困潦倒,电影的主人公却没有放弃生活,而是通过自己的努力告诉了世人和孩子,只要足够努力,"幸福"肯定会来敲门。影片中的父子俩尽管身处困境,亲子关系却极为亲密和谐。我想要改变学生的行为,首先要引导家长改善父子关系。在日常电话沟通中,张同学的父亲对我不太认可,认为我年轻没经验,只会打电话告状。因此,我和家长之间需要面对面的沟通。当我提出家访时，张同学的父亲开始百般推脱，在我的一再坚持下，他还是同意了。张同学的家住在一幢老公房的四楼，一间只有 30 多平方米的一室户房子，张同学只能睡在小小的厅里。我表达来意后，张同学的父亲显得有些不耐烦，一味强调张同学生性调皮捣蛋，他也没法管教。倾听是"正面管教"的第一原则，只有倾听才能让对方感受到被尊重。我耐心听完他对现实不满的叨唠后，表示理解他的境况，然后我平静地问："你对这样的现状满意吗？你想改变这样的现状吗？"张同学的父亲陷入短暂的思考后，喃喃自语道："又能怎么办呢？就这样了！"我有备而来，讲了很多我们中专学校学生成功的案例，甚至将我个人的成长奋斗史也一并告知，他似乎有所触动，但又很快陷入了无奈之中。"正面管教"理论鼓励改善目前的状况而不是要求完美，我知道，要让一个人重塑信心必须靠他自己的努力，所以我决定给张同学的父亲一点时间，让他先从找一份固定的工作开始，而我则竭尽所能提供一些工作信息帮助他。

为了进一步缓解亲子关系，我又主动邀请张同学的父亲来学校参加家校开放日，着重让他了解我们班级的理念和成果。在我的班级中，没有惩罚手段，只有"解决问题"。孩子们自发地将自己有可能犯的错误整理出来，并给出一系列的弥补措施。比如，上早读课迟到了，会主动在放学后留下来学习早读内容等，"解决问题"是教育中最重要的目标。在进一步的交谈中，我首先肯定了张同学在某些学科上的特长，也指出张同学动手能力很强，学习工科很有优势。我也明确告知了张同学身上存在的问题，希望我们一起想办法解决这些问题。张同学的父亲首次承认自己的脾气不好，遇到生活的不顺心总是拿孩子撒气，本质上还是恨铁不成钢。而我则从另一个侧面讲述了张同学的懂事以及对父亲的爱，谈到了张同学对父亲身体的担心，也谈到了张同学对父亲没有稳定收入来源以后生存的担心，更多的是我要告诉张同学的父亲他的儿子是希望父亲成为他的榜样，父子俩相依为命度过艰难的生活。虽然不是父子间直接敞开心扉、畅所欲言，但是张同学的父亲还是很有触动，表示"孩子大了，有的时候真不知道他在想什么"。在我的建议下，他同意回家好好跟孩子谈一谈，制定解决措施。

四、等到"幸福"的父子俩

此事过后，张同学和父亲的亲子关系得到了一定的缓解，听张同学说父亲找到了一份超市理货员的工作，虽然收入并不高，但是家庭有了稳定的收入来源。为了让"正面管教"的理念真正进入这个家庭，我利用网络平台和电话，多次与张同学的父亲沟通教育孩子的方法，也指出传统的管教方式总是让孩子不要做什么,“正面管教”则是教给孩子要去做什么。这对我们每个人都是适用的。在这样的理念下,孩子们需要鼓励,而家长也需要有效地运用鼓励。半个月后的一个早晨,张同学告诉我昨晚他和父亲模仿“班规”制定了一份“约定”,里面有各自的职责以及一旦没有履行职责将通过何种方式进行弥补。我深感欣慰,这正是“正面管教”所推崇的解决问题的正确方式。

在多方的共同努力下,张同学能够自觉遵守学校的规章制度了,即使偶尔有迟到的情况,他也会课后主动留下来背单词。张同学告诉我,他的目标是大专毕业后努力“专升本”,考上大学,让父亲为他感到骄傲。在全市的制冷比赛中,张同学积极报名参加并通过了筛选。张同学的父亲为了更好地保障他的训练计划,主动对两人“约定”进行了修订,积极调整了家庭的作息时间,为孩子创造更好的学习环境。经过一个多月的努力,张同学拿到了市级比赛二等奖的成绩。站在领导台上,张同学热泪盈眶,张同学的父亲也感觉很自豪,提出自己也要进一步努力,跟儿子共同进步,让家庭的日子越过越好。

我们每个人都在等待“幸福”来敲门,殊不知只有我们足够努力,才能享受到“幸福”敲门的机会,在中专的班主任工作中,“正面管教”无疑又成为“幸福”的邀请函,只要坚持用“正面管教”的教育理念,和善而坚定地教育,孩子们将会等来越来越多“幸福”光临的机会。

家校合作给孩子安上茁壮成长的翅膀

上海科技管理学校　张　琳

苏联教育家苏霍姆林斯基提出，学校应是“家外之家”，家庭应是“校外之校”。最理想的教育应是“学校—家庭教育”。家长作为联系学校和学生的特殊纽带，家庭教育作为青少年所受教育的重要组成部分，在学生的思想教育方面发挥着不可替代的作用。因此，对孩子的教育不仅仅是学校教育，更是需要家庭、学校和社会共同完成的立体教育。因此，班主任必须承担起指导家庭教育的任务。下面我结合遇到的一个案例，谈一谈自己的体会。

2015 年 9 月，新学期伊始，我接手了网络与信息安全 1501 班，这是个中专班和成人班集合在一起的特殊班级，学生成绩差距比较大，情况相对复杂，我为了带好班级，做了很多准备工作。开学后的第一次家长会，我听到最多的一句话就是“我的孩子交给你了，请老师把他教育好”，其实这是一种错误的认识。事实证明我把第一次家长会的主题定为“家校合作”是正确的。我跟家长进行了沟通交流，希望家长能够转变观念，认识到教育并非是教师一方面的责任。人的一生要接受学校教育、社会教育和家庭教育。而家庭教育是孩子健康成长的第一步，家庭是成长的摇篮，是人生的第一所学校，家长是孩子的启蒙老师，家庭教育对孩子的影响是不可替代的。正确的家庭教育能够培养孩子成为有责任感、对社会有用的人才，能够帮助孩子成就完美人生。通过这次家长会，不少家长转变观念，认识到家庭教育的重要性，但这只是第一步，更重要的是作为班主任，要发挥好学校与家庭的桥梁沟通作用。家长认同了学校和家庭合作教育学生的观念后，却不知道该做些什么，这就要求班主任对家长如何运用正确的方法教育孩子给予指导，使家庭和学校的教育形成合力，使每个学生都能健康成长。

我班有一个叫李栋的学生，以优异的成绩考入我校网络与信息安全信安班。入学后各任课教师都对他赞不绝口，我很想了解他的家长是如何教育他的，让他养成了良好的学习习惯。经过跟家长沟通后,我发现他的家长对他有很高的期望。自从那次家长会后,他的妈妈再也不对我说“我家孩子拜托老师教育了”,反而会积极配合学校关注李栋。但很快我发现了家长在教育孩子方面存在的一些问题。尽管李栋的妈妈很重视对孩子的教育,不惜代价进行教育投资,但家长的教育观念却存在着缺陷,即重视成绩,忽视成长。这也是中国的父母普遍存在的问题。他们关心孩子的轴心仍然是学习成绩。很多家长认为成绩代表一切。孩子人生的目标有两个:一是高考,二是留学。目标设定后,家长剩下的工作,就是用威逼、利诱、哀求孩子达到这个目的。李栋的家长很大程度上也存在着重“分数”、轻“教育”的倾向,李栋的妈妈一味注重孩子的学习结果而忽视其学习过程的观念,驱使着家长对考试分数和成绩排名刨根问底,而又常常以自己工作忙为理由,对孩子在学习过程中的努力和遇到的困难关注不够。李栋的家长对于他的唯一要求就是考上本科院校,其他一概不管。我作为班主任跟家长多次沟通,逐渐让家长认识到其实健康成长比成绩更重要,不要把成长只局限于考试分数。充分发挥李栋在计算机方面的爱好和能力,鼓励他参加“星光大赛”等各种竞赛。让李栋爱上自己的专业,享受学习的过程。现在的他,喜欢上学,不再仅仅是为了考个好成绩让父母放心,一提到计算机,眼神和语气中充满自信。

由于李栋在学习方面起到的模范带头作用,我想培养他做班干部。在这个过程中,我又发现他虽然学习态度认真,成绩优秀,能够自觉遵守校纪校规,但唯一不足之处在于性格内向,只顾低头学习,两耳不闻窗外事,与同学接触较少,也很少参加班级和学校的活动。他明明成绩优秀,可以当表率,但在同学心目中却没什么声望,同学们只觉得他又呆又木,学傻了,也不关心班级的集体荣誉。针对这种情况,我与李栋谈话,鼓励他走进集体的活动中去,为班级为同学服务。我又与李栋的家长交流,起初家长认为孩子性格内向,也没办法,只要学习好,内向点影响也不大。李栋的妈妈表达了自己的看法:认为孩子聪明,知识丰富了,他的将来一定是美好的。这恰恰忽略了道德是孩子通向美好生活的立身之本。我表达了自己的看法:评价孩子要全面客观,德才兼备是我们的目标,有才有德是正品;有德无才是次品;有才无德是危险品;无才无德是废品。我多次与家长沟通,讲明学习并不能代表一切,人的发展应该是全方位的,德、智、体诸方面的要求,是生命自身发展的需要。所以,今天的家长不能用书本知识来压孩子,更不能仅用分数的高低来衡量孩子的优劣。因为德育是育人的核心,以道德修养促进文化修养,而有道德修养的文化修养才是丰厚的。家庭教育要让孩子茁壮成长,应在顺应天性、因材施教的前提下,重在教子做人,要把培养孩子健全的人格、优良的品德放在首位,从而培养孩子全面发展。家长慢慢地接受了我的观念。在家长和教师的鼓励下，李栋与同学的交往越来越多，并且参加了校学生会的工作，在班级里担任团支书和学习委员，已逐渐成为班主任的好帮手，自身能力也得到了锻炼和发展。如今的他，在同学们心里既是“学霸”，又是值得信任的好干部。

教育是一项系统工程。学校教育和家庭教育相辅相成，二者在教育学生成才的目标上是一致的。家长把孩子送到学校来是希望学校把他们培养成有用之才。家庭教育是学校教育的基础，学校教育是家庭教育的延伸。鉴于相当一部分中职生的家长工作繁忙和缺乏科学的教育理念、教育方法，学校和教师对家庭教育开展指导是非常有必要的。李栋的成长就是一个很好的例子。他从初入中职校时只看重学习和分数，逐渐在教师和家长的共同努力下，爱上了计算机专业，享受学习过程，成绩斐然，多次获得市级国家级奖项，并且逐渐克服自身缺点，融入班集体中去，在担任班干部和校干部的同时，能力得到了锻炼，成为一个德、智、体全面发展的好学生。

收获自信，我的未来不是梦

上海新闻出版职业技术学校　王佳敏

自信心是成才者必备的心理品质。然而，自信心恰恰是中职生最欠缺的。在多年担任中职班主任工作的过程中，我发现很多孩子之所以学习成绩平平，参加各种活动积极性也不高，大多是由于孩子初中、小学成绩一般，得不到教师的重视，长期对自己缺乏自信，不敢挑战自我，不敢面对学习中的困难和挫折。

学生缺乏学习的信心，这一点与学生的家庭成长环境、父母的引导有很大的关联。中职生自信心的培养，是其未来能否成才的关键，是中等职业学校教育中的重要环节。在担任1609班班主任工作中，小吴从一个学习基础较弱的学生成长为学生社团带头人和各项创业奖项的获得者，可以说是在中职收获了自信，且日渐成熟，找了学习的动力与目标。小吴一年多来的成长是家校共育的典型案例。

聆听孩子的心声，扬起自信的风帆

小吴是出版商务专业1609班的学生。新生报到那天，她在爸爸的陪伴下怯生生地找到我，问："老师，我能不能转班？"出版商务专业是学校的特色专业，中高贯通班更是炙手可热的"香饽饽"，怎么会有学生一开始就想要转班？我非常疑惑地问她想转班的原因。小吴回答我："老师，我通过微信和QQ已经联系上了班级同学，他们的中考成绩都在500分以上，我才482分，是全班倒数第一。我在班级里肯定会跟不上其他同学的！"

我一查材料，发现她所说的确是事实。便对小吴和她的爸爸说："既然考上了贯通班说明你还是有一定学习基础的，说不定在一个好的环境中，更能激发你的潜力呢！"我一边鼓励小吴，一边用眼神示意她的父亲，这个忠厚的中年人领会了我的意思，对孩子说："宝贝女儿，我看学校的老师都很好，你有不懂的地方老师一定会帮助你的，你只管好好上课就是了。""嗯，你爸爸说的，也是我的想法。"我补充道。

小吴到校后，我经常电话联系她的父亲，了解到孩子在初中学习比较努力的，但成绩还是处在中下游水平，所以她总是觉得自己不如其他同学聪明，考试得不到高分。小吴对文化课兴趣不高，但是她喜欢做烘焙，做些小手工，可是这些和考试无关，所以家长也并不支持，只是希望她能好好读书，以后有机会上大学，找一个稳定的工作。

我听了小吴父亲诉说的情况后，建议家长多聆听小吴内心的想法，当孩子成绩不好的时候，要想办法帮助她，而不是一味地拿孩子的成绩和其他孩子做比较。要告诉孩子，在中职学校，更重视每个学生的特长，更看重动手能力强的学生，并且十分鼓励学生广泛地阅读，而不会一味地盯着分数。希望孩子能够收拾好心情，投入到紧张而丰富的中职校园生活中来。

正式开学后，我发现小吴开朗了不少，她说父亲允许她看课外的"闲书"了，也同意她尝试西点的烘焙，不再像从前那样只看她的分数了。

家庭教育指导：许多中职的孩子抱怨父母和老师总是唠叨，说得太多。中职学生的家长，首先要学会"听"孩子说出内心的感受，包括学习和交友。家长良好的倾听行为无疑是在告诉孩子：父母关心他，在意他。这样当孩子有了烦恼的事、高兴的事，他就愿意说给父母听，愿意与父母分享。对于中职的学生来讲，他们在三年之后就要踏上就业岗位，因此适当的职业指导与实践是很重要的，在学习文化知识的同时，发展他们的职业兴趣与理想，也是一个和孩子沟通不错的话题。

自信，来源于做自己最擅长的事情

小吴入校后，虽然文化课基础一般，但是她性格开朗，活泼好学，受到老师的好评和同学们的友爱。同时，我也不断地告诉她的家长，孩子的动手能力很强，要注重培养她的兴趣，鼓励孩子做她擅长的事情，从而带动文化课的学习，小吴的家长也很赞同我的这一想法。在开学不久的"全国文明风采比赛"上，小吴一举获得了"创业设计"项目的三等奖。

初尝成功的滋味后，小吴又得到了学生科虞老师的推荐，参加了专业性更强的上海市"挑战杯"中职生创业比赛。和之前的比赛不同的是，选手要进行现场答辩。这对年仅一年级的小吴来说又是一个巨大的挑战。

比赛在星期六举行,小吴的设计项目是"甜品店",我和她沟通后决定在答辩现场带上她亲手制作的甜品,让评委有一个直观的印象,争取好的成绩。可是有一个难题,小吴的家远在金山区枫泾镇,而比赛的场地在市区,且早上8点选手就要进行报到。

我和小吴的父亲电话联系沟通此事,希望家长能配合学校,一同利用这个契机帮助孩子建立信心。小吴的父亲非常支持这项比赛,不但在网上为孩子购置了烘焙用的食材、工具,还推掉了周末的所有活动,支持女儿的比赛。小吴周五连夜制作了甜品,周六一早,小吴的父亲带着小吴早上5点就从金山出发赶往市区,在报到时间前赶到了赛区。

在家长的帮助和鼓励以及老师的指导下,经过激烈答辩,小吴获得了2017年"挑战杯"学生创业比赛个人三等奖的好成绩。为校争得了荣誉,也让自己在成长的道路上迈进了一大步。

家庭教育指导:当代的中职生,敏感、善良,他们迫切需要得到理解、尊重和认可,作为中职学生的家长,要学会多给孩子选择的机会,让孩子做擅长的事情,而不要一味地去和其他孩子做比较。孩子有进步的时候,要表扬,孩子失败的时候要表示理解,并给予适当的引导。如果不知道该怎么做,可以多与班主任沟通,切忌不能打击孩子的信心。

开阔眼界、增长知识、培养自信

今年暑假,学校为出版商务专业的同学安排了前往上海书展实践课堂学习,学制10天。全班同学都非常向往能够进入上海书展进行实践,小吴更是表示要参加全部课程。但是考虑到她家住金山,而书展实践课堂每天要晚上8点结束,我跟小吴商量,这次实践课堂她就不用参加了。但是小吴非常向往这次锻炼机会,不愿意放弃,于是我又一次和小吴的父亲进行了沟通。

小吴的父亲说,从电视新闻里得知上海书展是上海文化的一张名片,学校安排同学们参加这么大型的活动机会难得,作为家长应该全力支持才对。看到孩子和家长对于文化活动的积极性,我不禁感叹一年来的变化,通过进行家庭教育的指导,小吴的家长已经意识到了如何帮助孩子走向成功。

从8月16日到8月23日,小吴的父亲每天一下班就开车赶到莘庄地铁站,等待小吴从上海书展归来,再从地铁站送女儿回到金山枫泾家中,一连9天没有间断。每天父女俩回到家中都已经晚上10点过后了。

在小吴父亲的全力支持下,小吴顺利完成了上海书展实践课堂的各项任务,受到了校领导的好评，企业的点赞。

我还经常和家长们沟通，休息日多陪伴孩子去看看电影，听听音乐会，参观博物馆，通过各种文化活动开阔眼界，不要沉浸在小圈子里或者手机游戏中。通过一系列的努力，本学期小吴正式向团组织递交了入团申请书，并且在班级团支部大会上，以第一名的选票成了支部本学年入团的第一候选人。经过一系列的锻炼，小吴在学生科老师的支持下，还创建了学校的“折纸社”，带领着一批有着共同兴趣爱好的同学钻研折纸艺术。

家庭教育指导：在知识的培育上，中国的父母和教师迫于升学的压力，普遍对孩子灌输得太多，而常常忽视了孩子自我观察与动手的能力。在中职阶段，教师要联合家长用敏锐的眼光发现孩子的智慧与长处，而不是沉醉于自己的导师地位。中职的学生还未成年，只要加以正确的启迪和引导，我们会发现学生的思维有时真的很开阔，对事物有惊人的理解和洞察力，有时会表现出比成年人高明得多的见解。在中职阶段，教师和家长要鼓励他们主动参加各种社会实践活动，重拾孩子的自信心。

小吴的家校共育案例，让我更深刻体会到，在日益复杂的社会环境中，单纯的学校教育远远不能满足众多学生身心健康发展的需要，必须与家庭、社会携起手来，构架学校、家庭和社会的育人网络。在今后的工作中，我会与时俱进，不断努力，不断尝试，勇于实践，继续做好家校工作，与家长共同为实现学生的成长、成才砥砺前行。

和家长携手的日子

——赖学少年成功记

上海新闻出版职业技术学校 张 宇

纵观人类文明史,家庭永远是孩子的第一所学校和终身的课堂,父母必定是儿女的第一任老师,从孩子的身上折射出家庭教育的方方面面。当学生出现问题时,班主任需与家长有效沟通,及时指出家长在教育孩子的问题上出现的错误,并帮助改正。家长通过家庭教育指导有了正确的教育观念与方法,孩子的良性发展才能得到保证。现就本人工作中遇到一则真实案例,简单谈谈班主任开展家庭指导教育工作的步骤。

一、班主任要加强和家长的沟通与协调

班主任要想开展好家庭教育辅导工作,必须和家长进行有效的沟通,并在教育问题上达成共识,从而更好地发挥教育作用。

(一)了解学生情况和家长特点

S(化名),男,上海生源,16岁,中职一年级,身体健康,家庭健全,经济条件不错,初中就读于某重点民办中学,中考失利进入中职校。对现在所学专业没有太大兴趣,喜欢计算机编程,并在校外学习相关课程。

新生入学两个月后,S的家虽然住得离学校不远,但早上经常迟到,有时中午才来,后逐渐全天或连续几天不来学校。经班主任提醒教育后,S能连续几天坚持上学,接着又故态复萌。

我电访家长,S的母亲语气平和、态度良好,回答的内容基本是:他自行车坏了所以迟到,身体不舒服所以不来,或是他在校外上计算机编程课。表示会多关心孩子,让他按时来学校。有同学反映S根本没病,白天也没在校外上编程课,而是在家里打游戏、看球赛。询问S该情况是否属实,S也是承认的。

根据多年的班主任工作经验,我判断:S的母亲基本属于放纵型、护短型兼

具的家长，但不属于极端情况。对孩子的放纵，表现在允许孩子生活懒散，为儿子赖学打掩护是典型的护短。

（二）分析家长类型，进行有效沟通

放纵型、护短型家长的特点是：在对待孩子的问题上，放大优点、姑息错误，基本满足子女的一切要求；对孩子的不良行为缺乏理智的判断，不顾旁人想法，自觉或不自觉地对孩子包庇、护短。当老师指出孩子缺点时，找理由为孩子开脱、辩护，甚至把责任揽在自己身上。极端者自己不管孩子也不让别人管。

与这类家长沟通的困难在于，当老师向家长指出一些孩子存在的问题时，他们可能会为孩子圆谎，也可能当面满口应承，表示配合老师的工作，但转身一切照旧，对孩子存在的问题听之任之。

在与S的母亲第一次面谈中，我不深究S缺勤的事情，首先向家长肯定了S同学的优点：聪明、动手能力强、热心班级公益等；赞扬了孩子在新生军训中良好的表现，对孩子在课外继续学习计算机编程的行为大加表扬。对S同学的肯定拉近了我与他母亲的距离。我继续挖掘S的闪光点与潜能，与他的母亲一起对他将来的发展做了一些设想。让家长觉得我爱护学生、为学生考虑，不是单纯为了维护学校的规章制度，让家长来学校进行简单说教。S的母亲自述S自幼体质一般，初三成绩不好，进入中职校后一家人对孩子的将来暂时没有了目标。孩子平时在家和父母沟通少，问他学校里发生了什么事他也不说。最后S的母亲表示要请班主任多关心S，并主动加了我微信。

在第一次与家长的面谈中，我争取到了对方的信任，把“共同教育好我们的孩子”作为家校合作的目标，拉近了我们的距离，为开展家庭教育指导工作埋下伏笔。

二、帮助家长构建正确的家庭教育理念，提升家庭教育能力

班主任要充分利用家校联合会、家访、微信等方式，传递科学的教育方法。

（一）激发家长的学习动机

针对S的母亲提出孩子很少与她交流学校里的情况问题，我在征求了S的意见后，推选了S的母亲为我们班家校联合会的家长代表，允许她随时走进学校和学校开展的各种活动。这样家长可以充分了解孩子在家庭之外的样子，也容易发现自己孩子的差距与不足。面对自己发现的问题，家长无处护短，会主动向班主任请教，这是班主任打开家庭教育大门的绝佳机会。

（二）提升家长的教育理念

逐渐，S的缺勤情况大有好转，基本没有旷课，迟到偶有发生。家长主动向班主任询问学校评优制度、学生技能大赛和三校生高考等政策信息。我也及时提供了参考和帮助信息。针对家长提出的诸如孩子行事懒惰，参加活动不积极等问题，我给出了三点建议：一是家长言传身教。二是“遇物则诲，相机而教”，即通过生活实践或是与孩子一起进行的任何活动向孩子进行教育。通过让孩子参与家务劳动、志愿者活动、做兼职等，体会真实生活的甘苦，珍惜在学校的宝贵时光。家长抽空多陪伴孩子，每天争取一家人一起吃晚饭，交流一天的见闻和收获；全家一起出游，让孩子定行程和计划等。三是挽回孩子的自信。让孩子重拾曾经的兴趣和特长，鼓励孩子自学或外出学习，让孩子在感兴趣的领域拥有成就感和自豪感，是实现自我价值的内在动力，是一种积极的人生体验，能助他迈向成功。

（三）为学生的进步喝彩

在中职一年级的暑假期间，因为S的进步明显，综合素质能力强，我推荐他参加了上海书展的志愿者服务活动。果然不负我的期望，两周的时间里，活动主办方负责人对S的评价很高，希望他明年能继续为上海书展服务，他本人获得了“优秀志愿者”的称号。在中职二年级的上半学期，S通过选拔，参加了全国技能大赛的集训队，并通过了前两轮的筛选，现在他的目标是参加2021年的世界技能大赛。

三、结束语

班主任要牢记：改变一个人的态度和思维定势要循序渐进，不能急于求成。家长对班主任的信任是家庭教育指导的关键。要善于倾听，将心比心，体谅做父母的心情。对放纵型、护短型的家长，要多报喜少揭短，先谈孩子的长处，然后再委婉地指出其不足之处，可缓解家长的防御心理。吸引家长主动参与对孩子的教育，让家长明白正确的家庭教育观念对孩子成长的意义重大。

在指导家庭教育中，班主任要充分尊重家长，向家长学习。教学相长，家长能从教师身上汲取教育孩子的理念，我们更能从家长身上获得宝贵的人生经验与社会阅历，也会被家长的厚望激发起长久从事教育事业的责任心。教师和家长和谐融洽、互相信赖，方能真正实现家校合作，共同育人。

把她的笑找回来

上海新闻出版职业技术学校　钟　旭

孩子在成长的过程中，面对自我、家庭、学校、社会，常常会遇到疑惑和困难，甚至由此产生心理压力。而我们常常把扶助孩子的重任寄托于奋战在教育第一线的教师身上。但是，请别忘记，父母本身应该是孩子最初的世界，他们不仅是孩子的第一任老师，实际上也是孩子终身的老师，最长久的老师。父母不教育孩子，孩子会变坏；父母用错误的方式教育孩子，孩子会变得更坏。教育孩子是一门学问，是一门值得所有家长"活到老，学到老"的学问。

所以，孩子的成长和教育不仅是教师的责任，也需要学校和家长的共同努力。教育不易，家长和班主任更应紧密配合！面对孩子自我意识发展的特点、心理需要和困惑，做家长的应该怎么办？最重要的一点就是多和学校、教师沟通配合，学习和掌握家庭教育的技巧，既做孩子的朋友，又做孩子的心理医生，才能及时发现孩子存在的问题，帮助他们拨开心灵的迷雾。

在我的教育案例里，有这样一个主人公，她叫小Y(化名)，女，16岁，中高贯通班学生。小Y的家庭优越，父母都受过良好的教育，父亲在某办事处工作，母亲是小学教师。刚入学时，孩子对家庭生活的描述，充满温馨与安宁，小Y每天脸上都挂着朝阳般的笑容，和同学相处友好，入学成绩名列前茅。在新学期职业生涯规划中，她还表现出了将来要专升本，做IU师等非常积极向上的态度。

但是，最近一段时间小Y变得心事重重，满脸忧愁。上课易开小差，成绩下降明显，和部分同学关系紧张，甚至患上了轻度的焦虑症。大家都惊讶于她的变化，但就连她的好朋友也不知道原因。我试图在日常生活中努力不露痕迹地从小Y身上了解情况，也没有突破口。直觉告诉我，小Y有一个对于她来说很沉重的秘密，而且心理受伤的程度超出了她自我修复的能力。我要帮助她，把笑找回来。

一、家长是教师最便捷的学生信息提取机

教育孩子的前提是了解孩子。小Y目前极易将自己关闭,我一定要找到"封印"孩子心扉的原因。我联系了小Y的父亲,他虽没有明确说出原因,但我多少已察觉端倪——他们的家庭生活出现了问题。虽然人们大都不愿把家中坏事透露给外人,但这已关系到孩子的身心健康,即使要在伤口上撒盐,也必须要直面问题了。

我想要在小Y的母亲那里找到答案。为此,我把小Y最近几次周记,连同一张她独自坐在校园的角落,目光暗淡、神情灰败的照片,发给了她的母亲。过了好久,小Y的母亲终于打来电话,电话那头带着哭过的鼻音。我说:"我是老师,同时也是母亲,请相信我的职业道德和作为母亲的真心,一切只为孩子,不会透露你们家庭的情况。"她犹豫了好一会儿,才说出了已离婚的事实。但因为不知道该怎么对孩子说,目前还跟小Y保守着秘密。

在征得小Y父母同意的情况下,我和他们在网上聊了很久。我们分析,从孩子目前的状况看,显然她已经察觉到了父母离婚的事,并且一直生活在不安全感中。而且随着隐瞒的时间越久,孩子的不安越严重,甚至已传递给了孩子更为复杂和可怕的信息。这些信息直接导致了小Y心理受创,成绩下滑,行为失衡。

进一步我还了解到,针对孩子成绩退步,小Y的父母也很着急,加之感情变故,小Y的父亲经常因此对她大发脾气,情绪失控。这加剧了孩子心灵的伤害,适得其反。

我把获所取的信息进行整合,针对小Y的现状做了逐一分析,同时向其父母确认了这一情况:

(1) 对他人甚至自己的不信任。由于父母离婚,小Y心中原本温馨的家庭支离破碎,或者说,她的整个世界倒塌了。而小Y的父母所谓善意的"秘而不宣",更让她怀疑自己存在的价值,丧失自信心,不再悦纳自己,变得孤僻敏感。

(2) 成绩下降严重。家庭变故让小Y思想负担重,精神不振,无心向学,成绩自然不理想。

(3) 焦虑症。家庭和学习的双重打击让小Y透不过气,没有倾吐心声之处。加之不能容忍自己在学习上的过失,她苦闷无助,着急自责,最终导致焦虑症的发生。

(4) 小Y的父亲爱发脾气,是让小Y负面情绪加剧。家长发三分脾气,会对孩子形成七分损害。父亲的坏脾气,在不知不觉中,已经给孩子带来了心理阴影。孩子实际上已经成了精神的受虐儿。

二、孩子“生病”,父母“吃药”

得知小 Y 的情况后,在学校,我以“多关心、多交流、多表扬”为原则,从点滴着手,用爱做教育的调节剂;用平等、信任的心态与她交流每天的得与失;用“放大镜”发现她的闪光点,并及时表扬。这些让小 Y 慢慢接纳了我,有什么话也愿意和我说。同时我还鼓励她参加心理社团,打开内心世界,重拾自信。

俗话说“心病还需心药医”。孩子出现了问题,很多时候是父母的家庭教育方式不当造成的。孩子“生病”,父母一定要“吃药”。小 Y 目前的状态,主要是由于父母离婚且处理不当而导致的一系列后果。因此,学校的关怀教育只能治标,不能治本。而与小 Y 的父母保持沟通,家校联合教育显得尤为重要。

(一)面谈父亲

我和小 Y 的父亲做了一次深谈。为消除其顾虑,我故作轻松地说:“此时请把我当作医生,医生只会了解病因和探讨治疗方法,不会指责为什么生病。”他沉吟了一下,叹了口气,说:“越跟孩子说话她越疏远。真不知该怎么跟孩子交流。”小 Y 现在已经不跟他说话了,甚至用“那个人”代替了“爸爸”,似乎很敌视父亲。

我为他开了一张心灵处方,共四味药:坦诚、追忆、呼唤、耐心。坦诚,客观还原自己处理感情问题的真实过程,至少让孩子明白,父亲是认真地对待感情;追忆,回忆父女从小到大的快乐时光,打动孩子,让她相信,即使父母之间的爱情远去,但是对孩子的爱没有改变;呼唤,告诉孩子,父亲不能没有女儿的信赖,女儿敌视他的时候,他悲不自胜,希望女儿给父亲一个机会,了解她的所思所想,和她一起成长;耐心,当孩子犯错误时,不要着急发火,如果发脾气了,请及时为自己的情绪失控说对不起,这是愈合孩子内心伤口的良药。只有治好了孩子的心,学习就指日可待了。

(二)电联母亲

接着,我电话联系了小 Y 的母亲,请她配合小 Y 的父亲,细致观察孩子的情绪,及时安抚。我告诉小 Y 的母亲要调整心态,平静坦然地告诉孩子“四个不是”:首先,父母分开不是孩子的错;其次,即使不爱了,父母依然有过美好岁月,不是敌人;再次,失败的婚姻中没有赢家,母亲也不是失败者,依然可以快乐生活;最后,父母不会抛弃孩子,对她的爱仍一如既往。同时希望父母能用具体行动来印证。小 Y 的母亲同意了。

(三)共同寻求专业指导

当小 Y 的父母达成共识要为了孩子配合行动时,我请他们参加了学校举办的家长心理辅导活动。我告诉他们,当孩子出现心理阴影甚至心理问题时,我们不能逃避,而要积极寻求专业的指导和帮助,必要时还要对孩子采取心理评估和干预,才能避免更大的失误。在心理辅导活动中,了解孩子目前的心理状态,听取专业指导教师的建议,咨询在与孩子相处中需要注意的事项等,这是不容忽视的环节。

(四)采取行动

万事俱备。小Y的父亲开始主动与女儿交谈,但首战失利。于是改变策略,用文字真情呼唤。小Y的父亲多次给小Y写信,这一举动打动了女儿,最终改善了父女关系。小Y的母亲与女儿的交流也获得了成功。三人还曾几次一起外出、吃饭,看到父母沟通自然,小Y终于释然。

我告诉小Y的父母,你们的努力给了孩子一张心灵的"创可贴",而且药效比我期待的还要好!小Y终于走出了阴霾,找回自己最美的笑容。

三、给每一朵花自己开放的时间

教育是一个优雅而缓慢的过程。对问题学生的教育,也不是一剂灵丹妙药就能解决的。小Y的心病不是一两天形成的,要让她完全改变,还需要时间。目前,她的学习稳定多了,脸上那迷惘的表情已经不见,自信的笑容渐渐增多,和同学的关系也不错,有时候还会主动谈起自己的父母,焦虑症也在缓和。这是学校与家庭合力教育的结果。相信在接下来的学习生活中,她还会有更大的转变。

四、总结:家长是教师最佳的合作伙伴

现在社会上离异家庭的比重逐年增大,因此这个案例更具有现实指导意义。在实施家庭教育指导的过程中,本案例主要有以下三个关键点值得注意。

(1)家长与教师之间建立互信,这是指导能够成功进行的前提。怎么打开局面,让学校了解真实情况,让指导有针对性地进行,显得尤为重要。有了信任的基础,后续指导工作才能水到渠成。

(2)父母应充分利用各自的优势,找到自己擅长的方式与孩子进行有效的沟通。本案例中,父亲文采不错,母亲沟通能力较强,所以,指导他们采取相应的方法,走进孩子内心,最终帮助孩子消除排斥和恐惧情绪,调整好状态,勇敢面对。

(3)家校密切合作,共同拟定预案,准备充分,逐步推进,并在实施过程中保

持沟通，利用电话、微信、拍照、面谈、心理咨询等多种方式及时取得最新信息，掌控局面，使指导有的放矢，真正起到作用。

本案例中的每个环节，无论是家校合作，还是指导父母与孩子沟通，都需要家长的积极配合。当家长多了一些理解，多了一份从容，多了一分等待时，家校就能达成共识，形成教育合力，帮助孩子走出阴霾。我想，这才是最好的教育。

回过头来看，人们说真正美好的关系是相互支持，那最美好的关系不就是：家长支持老师，老师支持孩子吗？这样孩子才能更健康地成长！

拨开阴霾遇见阳光

——抑郁症学生的家庭教育指导案例

上海新闻出版职业技术学校　卢　笛

据科学统计,有相当一部分青少年患抑郁症与家庭教育和成长的环境有关,家庭在给予孩子良好的物质生活的同时,与孩子缺乏心理上的沟通,忽视了他们思维发展的培养和独立生活能力的锻炼。青少年患抑郁症与学校和家庭都有关系,课业的压力、父母的紧张情绪都会给他们造成很大的思想压力。抑郁症是导致当前青少年自杀行为的直接原因,自杀者中有30%都是由精神疾患中的抑郁症所致。作为班主任应该帮助家长共同来面对可能会降临的灾难,抑郁症患者的家长应该怎么做呢?下面分享一个的案例。

一、及时发现抑郁情绪的端倪

遇见小P(化名)是我接第三个新班级班主任工作的第一天,小P的姐姐带着小P来学校报到。小姑娘并没有给我留下深刻的印象,只是记得她站在姐姐身后,略显尴尬地微笑不语。进入中职已经是十五六岁的大孩子,都有一定的自理能力,可是在开学报到第一天,小P的姐姐再三请求并叮嘱我照顾好小P。当然每个孩子的家长都希望得到特殊照顾,这种愿望作为班主任是可以理解的。我也没有多想,只是应声答应。

新班级的管理比较顺利,虽然班级中没有很多才艺出众或者成绩拔尖的孩子,但是整体来说还算是比较听话的。小P是个相对稳重成熟的女孩儿,脸色苍白,不多话,内向安静,好像永远窝坐在在角落。再次注意到她是个意外!小P半夜在宿舍抽烟被宿舍管理老师发现了,并将这一情况告诉了我。这让我很惊讶!我先向她的室友打听了详细的情况,又找了个机会约她谈话。这次谈话让我很明显地感觉到,这个女孩儿的内心是灰色的。她的经历和成长的环境都让她的世界观变得扭曲,她的精神世界一直处于纠结的状态。

对情况有了初步判断之后，我立刻联系了小 P 的家长，并了解了她的家庭环境，成长经历，等等。对情况有了一定的把握之后，我找到学校的心理辅导教师，详细了解了新生入学心理测试的结果分析。与心理辅导教师针对学生情况进行沟通，初步建立对小 P 的心理辅导方案。之后我又与家长进行再次沟通，希望小 P 的情况引起家长足够的关注。

给家长的温馨提示：中学阶段，学校都会针对这个年龄段的青少年进行科学的心理测试，如发现结果有问题，会有学校心理辅导教师与班主任进行进一步沟通，班主任会及时与家长联系并告知情况。在初见抑郁情绪端倪的阶段，如果得到了学校的反馈情况，家长不要慌张，勿要产生抵触情绪。作为家长，听取专业心理辅导教师的指导，并对抑郁症病情有足够的认识就显得非常重要。一定要积极配合教师继续观察孩子，保持沟通，深入了解孩子的情绪和精神状态，学习有关青少年心理健康知识。抑郁症病程较长、易复发，给家庭的负担较重，希望家长做好长期照顾和履行监护责任的准备。

二、家校达成共识，合力寻找突破点

我关注到小 P 喜欢音乐，擅长编曲。当时，教师歌唱比赛正在筹备，我借机邀请她参与到策划编排中来。那段时间她跟着我忙里忙外特别开心，调选开场曲，自己剪辑；为每一个参赛的教师进行伴奏调试；帮助开场舞的同学训练舞姿。慢慢地，我们聊的话题越来越多，彼此了解的也越来越多，然而我的担心也随之越来越多。她很特别，与其他同龄的孩子有着完全不同的心态和情绪：有明显的厌世情节，对所有人都藏着敌意，努力伪装自己，对身边不熟悉的人有很强的厌恶感，跟身边人的关系时好时坏，不好的时候会有强烈的自杀意念并可做出伤害自己的举动，严重失眠，甚至出现幻听、幻视，甚至自残等行为。我开始在各个方面对小 P 加强关注和重视，与小 P 的家长取得联系，随时沟通小 P 的情绪和精神状态。另外，学校还聘请了校外专职心理辅导教师对其进行一对一的心理辅导和团体心理辅导。我也向学校心理辅导教师详细了解小 P 的情况。经过深入了解之后，心理辅导教师很清楚地表明，小 P 的问题已经不只是日常情绪不稳定的问题，是抑郁症。抑郁症是病，有病自然要去医院请医生医治，不可能仅仅凭借我们的关爱和帮助就能够恢复，必须转由精神卫生中心或者专业的医院精神科确诊并介入治疗。

我立刻与小 P 远在外地的家长取得联系，小 P 的妈妈即刻启程来校。到校后，学校分管学生科领导、学校心理辅导教师和班主任对小 P 和小 P 的妈妈分别进行了隔离式交谈,从学生的监护监管及心理辅导的角度希望家长配合积极参与治疗。小P的家比较偏僻,家庭受教育程度并不高,但小P的家长非常配合学校工作。小P的姐姐也时常探望小P,这在一定程度上也缓和了紧张的情绪。小P每周坚持去精神卫生中心复诊,每天坚持服药。

给家长的温馨提示:对于每个家庭,得到抑郁症这个确诊消息都会感觉很沉重,家长对病情有正确的认识才能够帮助患者康复。找到专业机构进行确诊和治疗是对病患最好的帮助。家庭环境和家庭成员之间的关系也是影响人们心理生理健康的重要因素。调整好家庭的和谐气氛能够促进患者病情的好转。

三、家长面对病情的反复和加重,一定要有足够的勇气正视

尽管暑假期间多次就医,并坚持服药,但小P的抑郁情绪并未缓解,暑期末在家中甚至出现自残行为。开学后我与小P依旧每天保持聊天,发现她的负面情绪越来越频繁地出现。9月18日晚,小P擅自停药,表现出强烈的自杀倾向。那天晚上小P发消息给我,说她自己觉得吃药根本没用就停药了,并谢绝了心理辅导教师的所有治疗建议,觉得活着没有什么意思,只是可怜自己的父母,还没有鼓起勇气自杀。接到这些信息的时候,我一边发信息安慰小P,一边联系心理辅导教师和学生科长。稳住小P情绪的同时,安排其他学生看管好她。学生科领导即刻返校安排宿舍管理老师监控,心理辅导教师在线指导我一些引导式的表达方法。我也连忙赶到学校宿舍,从表面上看小P的情绪基本稳定。为了安全起见,我联系到了小P的姐姐,她表示会连夜赶到学校把小P带回家看护。同时,小P的妈妈得知之后决定停下自己的工作马上来沪,全心全意带小P看病。

经过这次病情的反复,医生加大了药量。小P每天放学后回到妈妈身边,一起散步,一起聊天。有了妈妈的陪伴和看护,小P的情绪日渐稳定,也有了比较规律的饮食和作息。一个多月以后,小P慢慢好起来了。

给家长的温馨提示:抑郁症是一种反复性很强的心理疾病,病情的复发甚至加重来得猝不及防,无论校方还是家长都需要做好充足的心理准备来面对。其间应给予患者加倍的关爱、支持和鼓励。按照专业心理医生的医嘱,坚持服用药物,保持一定量的运动,尽量保持规律的作息。这些对抑郁症患者的康复是非常有效的。

四、多寻角度、多找方法

经过一年多的辅导,小P的病情缓慢好转,我们看到了她的变化。在这一

过程中我们发现，深入了解患者内心，从兴趣点出发鼓励她寻找自信，能够有效地引导患者强化自信心。鼓励班级内同学与患者结交为好朋友，从情感上给予陪伴和支持。有了朋友的陪伴和鼓励，也能够帮助患者找到自信。因为小 P 喜欢音乐，在交流过程中我们也通过音乐干预的方法，引导她放松自己。针对患者家庭成员的心理干预也很重要，在与小 P 的妈妈沟通的一段时间里，能够切实地体会到她急切的心情，为了孩子，找寻了各种方法，甚至一些巫术、迷信。我劝慰她要相信科学的治疗手段，可是她的答复充满了无奈和痛苦，这让我沉默。在治疗过程中，针对家长进行一定的心理引导也显得至关重要。我们依旧和小 P 保持着日常的联络，鼓励她每天走一万步打卡报给我，多出门逛逛看看周围的世界。可能是因为药物开始发挥作用，也可能是因为有妈妈在身边，小 P 心里有了安全感，一个月后小 P 去医院复诊，病情有了明显好转。

现在小 P 又回到学校学习了，她的执念是一定要好好上学争取顺利毕业，这让我感到欣慰。小 P 的妈妈因为不放心孩子，在学校附近订了酒店天天陪着她。这种付出，确实让我感动！

作为班主任，我希望帮助家长正视抑郁症，了解抑郁症，与孩子共同努力打败抑郁症。阴霾最终定会散去！孩子们的内心定会洒满阳光！

家校合作共育

上海市振华外经职业技术学校　张清芳

家庭是学生成长的摇篮，而中等职业学校是学生接受教育、学习职业技能最重要的场所。作为学生受教育的两个不同的场所，二者对学生的教育观点必须一致。但是，有些学生从小生活在优越的家庭环境中，处处受到家长的偏爱与庇护，养成了高傲、自私的性格，进入学校后，更显得固执己见，听不进劝告与批评。作为教育工作者，不但要加以细心的引导，使他们认识到自己的缺点，更重要的是要与家长密切联系，家校结合。得到家长的支持与帮助，与家长建立和谐有效的交流机制，这是共同做好学生工作的有效方法。

我刚接 14 高复班时就发现了一个与众不同的学生小 X(化名)，我发现小 X 在和别人发生矛盾时总是不顾别人的感受大声嚷嚷，在分析问题原因时，她总认为自己有道理，从不听取他人的意见。在课堂上也总是随便讲话，想说就说。但是她头脑灵活，遇到问题爱思考，有自己的想法。经了解，小 X 的父母离异，小 X 的妈妈在外地做生意，开了个会所。父母都爱孩子，觉得离婚对孩子伤害大，就尽量在物质上满足他。我接触过小 X 的爸爸一回，那是开学时因为和住宿管理老师发生一些小矛盾，小 X 的爸爸在楼道里骂骂咧咧，让人感觉他缺乏修养。面对小 X 蛮横无理的表现，我会引导一些会讲道理的同学发言，可是面对同学们的发言，小 X 总是找出各种借口不同意，即便到最后实在找不到理由时，便连哭带嚷丝毫不愿意认错。为了避免矛盾进一步激化，我总是事后再找她，而她每次在办公室时又像换了一个人，立刻就承认错误了，可是下次照样犯错，没有任何改变。

在小 X 多次当着全班同学的面发脾气时，我发现有一些孩子沉默不语，还有一些孩子眉飞色舞，并且在偷偷观察我的态度，我清楚这些孩子在观察我，看看我这个新班主任怎样处理问题。怎么办？如果放任小 X 的行为置之不理，那么必然有些孩子会仿效,影响恶劣。可是改变他又该从何入手呢?一次突发事件使我找到了突破口。

有一天晚上,住宿管理老师给我打电话,说小X喝醉了,需要送医院观察。我把这一情况及时通知了家长,在我和同学们的帮助下,把小X送到医院,终于在第二天她慢慢苏醒过来。小X的父母后来赶到医院,看到自己女儿转危为安,心也放下了。乘这个机会,第二天我带了些水果去宿舍看望小X。小X以为我会批评她,没想到我对她说:“昨天的事,首先你要感谢送你去医院的同学们,没有他们热心的帮助,后果将不堪设想。”她听了,不好意思地低下了头。

晚上,我和小X的妈妈通了电话,在交流中我说起小X在校的种种表现,最后我说:“她在课堂中的表现反映出她头脑很灵活,遇到问题爱思考有自己的想法,但就是表达的方式欠妥,想说就说,同学因此对她有意见。此外,最主要的是小X常常不听取他人的意见,没道理也不认错,情绪还特别容易激动。这是我处理的方式不妥当,还是其他什么原因呢?”小X的妈妈连忙说:“老师您费心了,我家孩子从小由孩子的姥姥姥爷带大。让老人惯得脾气比较大,我没时间管她,也发现孩子毛病很多,像您所说的,可我家孩子还特别会讲理,犯了错还振振有词,说起理由来比我还能说,到最后也死不认错。”

小X的表现主要是家庭中教育者的观点不一致导致的。可是现在家校教育的步调也是不一致呀!想到这些,在以后的交流中我和小X的父母共同商讨,达成了以下三点共识。

(1) 家长要多了解孩子在学校的情况,有问题及时与班主任联系,班主任和家长共同商讨解决问题的办法。

由于小X的父母离异,平时家长对于孩子的教育问题沟通较少,为此我和小X的父母单独建立了家校三人微信聊天群。同时也督促他们进入班级家长群,及时了解学校和班级的信息,知道每学期孩子在学校里学习了哪些文化课和专业课技能,了解要参加三校生高考的学生需要做什么复习和准备,以及每次的测验情况。至于我们三人的私聊群,则更多的是个性化的交流。对于小X学习上的问题,我作为班主任和任课教师也提出了自己的建议。小X的文化课基础薄弱,特别是数学成绩落后,考上大学是有难度的,但是她从小学习绘画,也喜欢艺术,所以和学生、家长沟通后决定让小X报考艺术类专业。这样扬长避短,也极大地鼓舞了小X的自信心,慢慢变得自信、开朗了。

(2) 家校合作,就是要与家庭中每个人达成共识,必要时在单独的环境下沟通交流。

由于小X的父母分居,当我有问题与他们沟通时,父母之间的观点容易不一致,这就需要班主任起到很好的协调作用。在填报大学志愿时,小X的父母有了分歧。我知道后,邀请他们同时出席家长会。在家长会上,我请了校外专家分析历年三校生高考的情况,也分析了自己班级的几次模拟考试的情况,希望家长从实际情况出发,理性地和孩子商议后填报志愿。家长会后,我把小X的父母请来办公室,给他们看了小X几次模拟考试的成绩,小X的父母关于填报志愿的分歧开始慢慢化解了。我趁热打铁,给他们分析历年报考情况,根据孩子的实际情况,建议避开历年报考人数过多的热门学校,提高孩子考入大学的概率。通过这次家校合作,小X的学习比以前更用功了,家长对孩子也比以前更关心了,亲子关系改善了很多。

(3) 每次在和家长联系中,“交流、联系、商讨”这几个关键词是家校合作、共育人才的基础。

针对小X的问题,我多次与家长联系,并建立了联系表。我们针对孩子的问题经过了多次交流商讨,这期间既有失败也有成功。孩子良好的观念和信念尚未完全形成,且极不稳定,又随着环境、条件的变迁和教育的作用不断变化着。通过一段时间的纠正,小X的表现有了很大变化。每一次联系我总是遵循下面几个原则:①要使孩子明白与家长联系,是实事求是地反映情况,不是告状,消除误解,避免孩子产生逆反心理。该表扬要表扬,该批评要批评。特别是孩子在转变之初,有细微改变时,更要及时表扬,鼓励孩子,使其树立信心。②在和家长交流时,应共同探讨帮助孩子进步的办法,不是单方面下“指令”,教师和家长是“合作关系”,而非“上下级关系”。③重点选择有利于孩子转变的家长建立长期的联系,尽力保持教育的一贯性、长效性。家庭教育中有时会因为家长的知识素养、教育理念以及教育方法各不相同而产生局限性,这时教师应起到“过滤”作用,尽量避免种种不利的影响,选择有利面开展工作。

最后,小X如愿考上了大学。更重要的是,通过一年家校合作的努力,小X学会了如何与他人沟通、交流;学会了很好地控制自己的情绪,和父母的关系也改善了很多。作为小X的班主任,我为这次成功的家校合作感到欣慰。

促进中职生家庭教育亲子关系的实践研究

上海戏剧学院附属戏曲学校　高　荣

青少年的健康成长离不开家庭、学校、社会的共同努力。家庭教育作为教育不可或缺的一部分，家庭支持系统建设尤为重要。然而，长期以来，对中职校学生的家庭教育的亲子关系深入调查研究较少，对家校共育的指导缺乏有力的实证研究。本文对上海某中职学校的学生、家长进行问卷调查和访谈，初步了解中职生的家庭教育状况，找出其特点和不足，并提出亲子家庭教育的方法和策略。首先，问卷调查数据展示学生家庭教育大体状况，接下来通过对几个学生家庭的个案访谈了解家庭教育具体情况。数据显示：中职生的父母多数仅有中等学历水平，工作岗位集中于个体经营和办事员，父母很看重孩子的学业，95.7%的父母希望孩子能继续升学，但实际上 68.7%的父母对孩子的学习不满意。这一矛盾状况既反映了家庭对中职生教育的期望与现实的落差，也预示着亲子冲突的潜在危机。以个案分析为例，案例分别来自中职校里不同收入水平、文化教育背景的家庭，在家庭教育内容、教育期望、教育方式和家庭氛围等方面各有不同的特点。最后，在调查分析、个案访谈的基础上发现，中职生家庭教育条件参差不齐，亲子家庭教育建设较弱，找出中职生家庭教育的一些要因，并在此基础上提出了建议，例如，家庭教育应该适应并配合职业教育改革，应该开展专门的家庭教育指导与咨询等。

一、调查目的及对象

对上海某中职学校的学生、家长进行了问卷调查，针对家庭教育中的一系列问题，分别对家长、学生、教师进行访谈。了解有关家庭教育的基本情况及存在的问题，探讨如何在家校共育的有效影响下，带动和指导家庭教育的新模式，以便巩固家校共育成果，更新教师、家长的家教观念，使家庭教育更具实效性，使孩子在良好的家教环境下健康成长。

本次调查分别在6—9年级各随机抽选了100名学生,30名家长,72名教师,进行问卷调查。

二、主要调查结果及分析

从总体上看,问卷调查的结果基本上反映了当前中职学生家庭教育的现状和主要特点,同时也反映出了家庭亲子教育中的矛盾和问题。具体的调查结果有以下三个方面。

(一) 家庭教育观念

随着21世纪人才竞争的加剧,家长更加重视对孩子的教育投资,愿意让孩子参加各种培训,学习专业技能,重视孩子家庭教育的家长比例高达97%。但落实到现实中,陪伴孩子共同学习、家长有主观引导行动的仅占50%。

在家里,家长普遍重视和孩子的交流,但在交流的时间上差距较大。在调查中还可以看出,家长更重视孩子知识能力的发展,认为只要学习好、身体好就是好学生,而对学生的做人教育、品德教育不够重视,尤其是品质方面的教育,家长投入的精力和物质都明显不够,甚至有的家长还未有这方面的意识。

(二) 家庭教育方式、方法

在100户被调查的家庭中,经常与孩子交流的民主型家长占30%;经常和孩子进行户外活动、社会劳动、家务劳动,让孩子在活动中体验成长的实践教育型或体验型家长占37%;其余皆为传统与保护型家长。调查显示,相当一部分家长舍得在孩子的教育上花时间,但多数家长的教育方式方法仍然比较落后,亲子家庭教育效果不尽如人意,需要亟待提高。

(三) 家庭教育需求

调查问卷显示,父母在管教孩子的过程中,还有很多问题待解决。从管理孩子的方式看,有的家长注重孩子的生活,但不注重孩子良好生活习惯的养成,孩子自主学习能力差。低年级的学生学习自主能力较弱,这不仅仅体现在生活方面,在学习、人际交往上有的缺乏主动性,高年级的学生中有的仍不能意识到学习主动性的重要性,甚至还有不能很好地处理人际交往中的问题等。而这些情况多数家长却并不知道,并且没有意识到与孩子的亲子教育出了问题。

综上调查情况来看,家长十分需要在家庭教育方面接受学校的指导,同时,家长们也迫切希望孩子养成良好的生活习惯、学习习惯,注重品质培养,早日成才。如何切实地帮助家长了解孩子的身心发展特点、心理特点,做好家庭亲子建设，探索切实可行的家校合育的最有效途径，是我们所需探寻的。

三、问卷调查及个案访谈引起的思考

教育是一项复杂的工程，有效的教育必须由学校、社会、家庭共同来完成，三位一体才能形成强大的教育合力。学校教育需要家长的支持、关心和配合，而家长教育子女又需要学校给予一定的帮助与指导。

当前家庭教育中存在的主要问题有以下四点：

第一，过于看重成绩，将成绩视作孩子成长好坏的衡量标尺。随着时代的变化，父母对孩子的智力培养投入的物力和心血更是竭尽全力。家长对孩子的学习成绩过度关注，亲子沟通中也将成绩作为不变的教育主题，这成为孩子的难言之痛。

第二，社会不良价值观对家长的冲击。信息时代发展迅速，手机、电脑等作为家庭亲子教育的媒介，有时对家庭亲子教育是把双刃剑。面对媒体的多渠道传播，复杂的信息会让家长容易缺乏正确的处理能力，家长过滤信息的能力较弱，尤其容易受负面信息的影响。一听到“校园暴力”就立刻觉得孩子不安全，一听到交通事故，立刻就觉得孩子简直不能单独上学了。更大的问题是，很多家长把原本是家庭教育的问题也归咎于学校。比如，孩子习惯不好，认为教师要求不够细致；孩子叛逆、不听话，认为教师没尽心；孩子成绩不好，认为教师没教好。家长对学校教育期望过高，缺乏对自我家庭教育的正确理解。

第三，家庭教育越来越高的要求与家长素质偏低的矛盾。社会的发展，科技的进步，给家庭教育提出了更高的要求。这就使家长具有对孩子进行正确科学的教育引导和培养的能力越来越重要。部分家长的文化水平不高，家庭教育的素质偏低，致使家庭的教育功能无法正常发挥。比如，孩子喜欢玩手机、沉迷游戏，这些问题在家庭教育中得不到正确重视，更得不到正确有效的引导，相当一部分家庭仍旧使用传统的“高压”政策，或者视而不见。

同时，父母缺乏言传身教的示范作用。现实生活中有的家长坐在麻将桌上呵斥孩子做作业，有的一边看着手机一边守着孩子学习。家庭教育中也缺乏良好的民主氛围，只允许家长管教、惩罚孩子，不允许孩子有自己的见解，孩子的个性被压抑，潜能得不到开发，这些都影响了孩子的发展。家长对孩子的年龄特点和身心发展规律缺乏正确的认识，因而对家庭亲子教育缺乏自觉性和针对性，亲子间的有效沟通显得苍白无力。

第四，缺少中职生家庭亲子教育与学校德育整合教育方面的科研研究。

家校合作是家庭德育的基本条件。家校合作的目标是促使家庭教育和学校教育保持一致,形成合力,促进青少年学生在品德、学业以及身心各方面良好地发展。在家校合作的过程中,会以各种途径指导家长以孩子的身心发展规律为出发点,让家长了解不同年龄段青少年儿童的身心特点,比如,有的孩子处在生理上的高峰期,有的孩子处在心理上的断乳期,应根据不同情况科学地采取正确方法进行有效家庭亲子教育。

综上所述,家校合作共育就是要通过家校互动、亲子沟通、父母课堂、家校合作委员会等形式,强化家校共育机制,建立新型的家校合作方式,让父母更多地参与学校生活,引领父母与孩子共同成长,使家庭教育与学校教育协同互补、互相促进,最终实现家庭、学校教育的协调发展。

“别样家长会”唤醒家庭教育主动性

上海市工程技术管理学校　孙海平

学校教育、家庭教育、社会教育构成当今教育的三部曲，尤其是学校与家庭，承担着对孩子的直接教育责任，如果不同步，受伤的一定是孩子！在我们这样的农村中职校里，许多家长因孩子没考上高中而失去了对孩子的期望，把孩子送进职校里，主观上就是让学校帮忙看两年，完全没有了中小学时期对孩子教育的热情与主动性。这样不但加重了中职校的教育难度，而且在教育中也失去了最好的合作者。因此，如何唤醒家长教育的主动性成了学校指导家庭教育的重要课题。

一、案例概述

孩子是一个家庭的未来，从幼儿园开始，父母就怀着希望积极参加每次家长会。可当孩子进入了中职校，这份热情就随着失望消失殆尽了。中考的重挫不仅影响了我们的学生，也深入了家长的内心。这时期，有的家长因失望感情上对孩子冷淡，也有的孩子和家长产生了心理隔阂，亲子关系大都比较淡漠、紧张。家长与孩子之间的关系在这样的状态下，怎能很好地与学校形成教育合力？每次家长会有许多家长请假，即使到会的家长大多也是按惯例听听学校的情况介绍就回去了，参与的积极性不高。其实，那些请假的家长不是真的走不开，是他们对家长会已没了热情，对孩子也没了过多的期望。特别是我们学校数控部搬迁到了长兴校区，交通的不便利更是让家长没了参与的意愿。这样的现状，给“家校共育”增添了难度。针对以上现实情况和问题，我校数控专业部改变了家长会以开会汇报与介绍的模式，选择以学生展示为主。家长会上不但有学生全面的展示，还有优秀家长的评选，搭建了情感沟通的桥梁，为学生和家长提供了重新树立信心和捡拾希望的契机，为我校家庭教育指导指明了方向。

二、目标与内容

通过家长会给学生搭建一个向家长证明自己的平台,也给家长提供了一个发现孩子闪光点的机会。让学生在成绩与展示中获得自信,让孩子的闪光点引燃家长对孩子的认可与期望,从而更主动地参与到"家校共育"队伍中来。

三、过程与方法

(一)充分发掘学生的闪光点做好前期准备

1. 收集学生的各项荣誉、活动照片

对于孩子在校的情况,家长从班主任的介绍中感知到的只有成绩的高低、态度的好坏,对于具体情形都不甚了解。因此,我们收集了所有在校学生的荣誉和成绩,以及将许多活动照片制成展板和手册,让家长从具体的材料中了解孩子在校的学习和生活情况。

2. 制作"星光训练"学生展板

能够参加"星光计划大赛"的学生都是技能高手。把他们的事迹制成展板,一是扩大宣传效果;二是让参赛学生和家长感到荣耀;三是让他们的事迹起到模范引领作用。

3. 排练家长会节目

为了能让学生有更多展示的机会,结合家长会的主题,安排了"璀璨星光""感恩父母"等文艺节目,让学生有多方面的展示。

4. 各班安排参观路线和讲解员

2014、2015级家长按顺时针参观,2016级家长按逆时针参观。各班可分几组由学生负责带领家长参观讲解,一是为了锻炼学生的沟通和组织能力,二是让家长看到学生的优点。

5. 学生和家长各自准备一封信

要求所有学生给家长写一封信,谈谈自己的想法;发动家长给孩子写一封题为"孩子我想对你说……"的回信,以此促进家长和孩子的情感沟通。

6. 收集家长学习资料

每个班主任根据班级存在的问题以及家长的困惑提供家长学习的资料,专业部负责筛选后编制成学习手册。这些资料有不同的角度,更贴近实际问题,有较高的借鉴性和学习性。

7. 开展优秀家长的评选

各班开展优秀家长的评选。由学生自荐,并说出自荐的理由。评选的过程是一个认识、了解家长的过程,同时也是一个感恩的教育。

(二) 用孩子们的闪光点引燃家长内心的期望

会前家长参观荣誉栏和"星光"展板,会议厅播放专业部学生风采视频。会议由两名学生主持。会议开始,本次家长会的意义是:让家长看到孩子的成绩与成长,看到孩子身上的闪光点。会议议程除了校领导致辞、专业部讲话外,还设置了为优秀家长颁发奖状的环节,并请优秀家长代表讲讲教育经验,让家长也有展示的空间,让家长感受孩子带给他们的荣耀,同时也起到示范引领作用。学生代表剖析现状,明确目标,感恩父母,让家长听到孩子们的心声。接着安排了专家指导,魏超波老师的"家长要善于发现孩子的优势",贴合家长会的主题,引导家长发现孩子的优势,树立信心。紧接着的学生的才艺表演,让家长看到了孩子不一样的一面,他们在舞台上的自信与光芒让许多家长发出了感叹。最后是感恩父母的环节。孩子们向父母一鞠躬,说一声"辛苦了",互送一封信,一个拥抱让冷淡与紧张的亲子关系拉近了距离。

集体会议结束后,安排学生带领家长参观校园、餐厅、寝室,最后是实训车间。家长在车间看到了孩子们熟练地操控着机床,将一个个零件加工得如此精细,都激动不已,久久不愿离去。原本他们眼中不听话、学习不好的孩子原来还有这么多他们不知道的一面,还有这么多优点,学会了这么多的技能。在成绩和展示面前,家长们的眼里再次燃起了对孩子的期待。

四、成效与展望

(一) 成效

1. 提高了家长的参与意识

会议于2017年3月21日13:00—16:00在我校长兴校区召开。本次家长会唱主角的是学生:主持的是学生、讲解的是学生、表演的是学生、操作机器的是学生,给家长颁奖的也是学生。本次家长会给学生搭建了在家长面前展示和证明自己的舞台,激发了学生积极上进的动力。沉稳的主持人、精彩的表演、自如的讲解、光荣榜上的名字、风采栏中的身影、干净整洁的宿舍、机器轰鸣的车间……这次家长不是坐在教室里听介绍的,而是真真切切地看到了一个与家中完全不一样的孩子。会后,家长纷纷对这次家长会以予了肯定,并表示这样的家长会他们以后会积极参与。

2. 重塑了家长教育的信心

整个家长会充满了惊喜、自豪与感动。主持人蔡雪辉为父亲颁发了奖状,并说出了自己的心里话:家长因为他考了中职校,一直不开心,父子很少交流,今天他要用成绩和表现向父亲证明——自己也不差。一时引得感同身受的家长和学生唏嘘不已。在车间里,当看到自己的孩子加工出的零件,家长又被孩子们的技能深深地打动了,兴奋得拿出手机拍照,不舍得离开。孩子们的心声与成绩让家长感动,有的家长说这是第一次因自己的孩子感到自豪,甚至爷爷、奶奶听说了也要来。这样的沟通与展示,让家长看到了孩子的成长,更看到了希望和未来,唤醒了因失望而消退的教育意识,解锁了家长的心结,打开了"家校共育"的大门。

3. 给了孩子们一个证明自己的平台

进入中职校的孩子哪个不是在埋怨与批评声中过来的。他们虽然对老师的表扬与批评已经漠然,但内心中哪个人不想证明自己的价值呢?不善于沟通的中职学生,如果学校不为他们搭建这样一个沟通与展示的平台,他们自己又怎么会主动寻找机会呢?在本次家长会中,许多孩子看到了他人的展示后,表示明年也要争取这样的机会。别样的家长会激发了"家校共育"的主体意识,为今后的学校教育增添了一份力。

(二)展望

整整一下午时间,每个环节各自精彩,家长们有自豪、有感动,兴奋的情绪溢于言表。从家长的眼中我看到了重新燃起的希望与热情。这份以孩子的闪光点引燃的热情和希望解锁了"家校共育"的密码。在以后的工作中,学校将继续为这份重燃的希望助力,让学生有更多向家长展示的平台,让家长有更多认识孩子的机会。学校可以寻求更多样的展示形式,比如,可以举办优秀作品展,把学生实训中做的工件供家长参观,以便让家长能深层次了解自己孩子的专业学习情况;可以通过多媒体的形式,把学生平时的学习生活情况用图像生动地反映出来;可以就目前学生中普遍存在的问题进行讨论;可以让家长与学生结合实际,一起设计职业规划;也可以开展家庭教育竞赛,以活动的形式,把现实问题设计成题目,让家长以闯关的形式寻找合适的家庭教育方法,提高学校对家庭教育的指导。

附活动照片：

让“风雨中的花朵”美丽绽放

——单亲家庭学生教育案例

上海市工程技术管理学校　庞惠英

对于一个孩子来说，父亲像艳阳，给他勇气和力量；母亲像皓月，给他温暖和慈爱。家庭中拥有父母双亲，是一个健全、完美的组合。但很不幸，许多孩子生活在不太完美的世界里，死亡、离婚、分居而形成的单亲问题层出不穷，他们就在这些不同的环境中成长。作为班主任，我的任务就是要家庭协助孩子们，走过最艰难的时光。

我班男生朱某生活在一个离异的家庭。朱某6岁时，父母之间的感情就亮起红灯，家庭矛盾与日俱增，经常争吵不休，甚至大打出手。9岁时，父母之间感情破裂而离婚。朱某从小就在家庭矛盾的激烈争斗中成长。父母离异后，朱某与母亲一起生活在外婆家，外婆家经济条件不好，母亲由于夫妻感情的破裂，心情十分伤感，又忙于生计，照顾朱某的重担就落在了年过七旬的外婆身上。从小朱某似乎就感觉自己和别的孩子不同，从内心深处认为自己是多余的、是被抛弃的孩子，致使他在生活中不愿和别人交往。交往中，朱某比较多疑，戒备心强。对涉及自己的事情非常敏感，从而形成自卑、封闭、猜疑、冷漠、逃避等心理特点。由于缺乏家庭的温暖和家庭教育，朱某行为自由散漫，不遵守纪律，对老师的批评教育有抵触情绪，与同学关系不融洽。我行我素，常常为了一点小事就与同学发生争吵。离异的家庭使朱某心灵受到创伤，造成了朱某脾气急躁，情绪易激动，言语粗鲁。

从教多年，我第一次真正感受到自己的教育是那么的苍白无力。朱某的表现使我感到揪心，我看在眼里，急在心头。夜里我辗转难眠，我常问自己，问题出在哪儿呢？通过与朱某母亲的沟通，我发现他母亲的家庭教育有问题：对孩子监管不力。朱某的母亲在生活方面的压力很大，没有时间、精力和优越的物质条件抚养孩子，把孩子交给外婆，疏于管教，形成管理的缺陷。朱某的母亲还没有完全从自己婚姻的痛苦中解脱出来，同时也忽略了孩子的痛苦，缺少对他的关爱。有时对孩子采取放任不管的态度，甚至遗弃他。朱某的母亲缺乏稳定的经济来源，以打工谋生，对她来说，能够承担起孩子的教育费用就已不错，至于对孩子的照顾，实在是有心无力。朱某的母亲重组家庭后，忽视对孩子的关心和照顾，冷落孩子，因为害怕孩子影响自己新的家庭，给孩子的心灵带来极大的伤害。由于孩子在家中得不到重视，感受不到家庭的温暖，体会不到自己的成长在家庭中的作用，因而产生自卑情绪，没有安全感，压抑，最终影响孩子的健康成长和生活。

我回忆着我和朱某谈话的每一个细节，我终于找到了答案，这孩子没对我全说实话，有所隐瞒。要想帮助他重拾自信，只有打开他的心扉。当然，要想打开他的心门绝非易事，得想想办法。我从朱某的母亲那里得知，他周末喜欢上网聊天。于是我便把我的 QQ 号告诉了全班学生，他很快就把我加为好友。一开始他对我有顾虑，只聊一些我们知晓的内容。我按捺不住了，决定主动出击，便把自己生活中的喜怒哀乐告诉了他，慢慢地，他也把心里话告诉我，乐于接受我的帮助和教育，于是我采取了以下教育措施：

1. 教会他学会面对生活

通过交流，我让朱某明白：我们没有权力选择生活，但面对生活的态度掌握在自己手中。我利用课余时间，带他与身边那些不幸的孩子接触，感受他们是怎样顽强面对生活的，教会他学会面对生活，重拾生活的信心。

2. 引导他感受身边的爱

我了解朱某自卑、封闭、冷漠是由于小时候缺少家庭的温暖，加之母亲工作忙碌，对他的关心不够，很少与他交流，才致使内心的失衡。其实他心中非常渴望爱，渴望被关注。我了解到这一点后，采取的主要措施是用爱心去陶冶他，使他领略人世间的可贵情感。为此，我给朱某布置了一项任务：让他观察母亲一天的生活。经过一段时间的观察，他知道了母亲的辛苦，也感受到了母亲对他的爱。同时，在生活上我给他更多的照顾，在学习上耐心地加以辅导帮助，使他感受到还是有人爱他、关心他的，尤其是在一些特别的日子，如他的生日、中秋节、春节等，我会私下联系他的母亲，以及安排学生给他送去惊喜和温暖，这些行为往往会收到意想不到的效果。

3. 肯定、尊重他，引导他感受集体生活的温暖

每一个孩子身上都有闪光点，朱某也不排除。每当他有小小的进步，或取得一点成绩时，我总会适时地肯定他的做法，对他进行表扬和鼓励，使他增加自信。在班级生活里，我教育其他同学多和他交流、给他创造一个温暖的集体生活环

境,让他在合作中体会到集体的温暖。

4. 用科学的家庭教育方法指导家长做好家庭教育工作

(1) 指导家长首先调整思想认识,调整心理情绪,引导孩子对家庭环境有一个正确的认识。

夫妻离异大多是有无法化解的矛盾才发生的,离异虽然会出现新的问题,但也是从痛苦纠缠中解脱出来。面对新问题,要敢于正视,并逐步去解决。对孩子不应长期隐瞒离异和再婚的事实,那样反而会增添一层苦恼。瞒是瞒不住的,蒙在鼓里的孩子知道实情反而会更怨恨父母。

(2) 指导家长帮助孩子处理好同学关系。

孩子的心理压力很大程度上来自同龄人。在与家长沟通过程中发现,朱某的家长不愿意孩子过多地接触同学,不允许孩子跟同学玩,我及时指出这是错误的做法。我指导家长要鼓励孩子在班上有几个要好的同学,经常一起学习,一起度周末。孩子的群体生活一旦正常,许多问题就迎刃而解了。如果有个别同学说了刺激性的话,家长不妨找那个同学聊一聊或者写一封信。诚恳的态度和有理的分析,孩子会懂事的。更可以找班主任反映情况,我会以适当的方式在班上讲清道理,告诉孩子们应正确对待这种情况。

(3) 指导家长注意观察孩子的言行,及时解开孩子的思想疙瘩。

单亲家庭的孩子往往比较敏感,有些事情会使他产生微妙的心理变化。家长要多注意孩子的言行,一旦发现有异常的苗头,及时跟孩子谈心,了解情况之后,进行及时疏导。遇到一时解决不了的问题时,要做更多的调查分析,考虑妥善的解决措施。提议家长每周举行一次“爱家日”活动,在这一天,家长至少抽出一个半小时的时间与孩子进行面对面平等的沟通,正面向孩子传达自己对孩子的关心和期望。

(4) 指导家长让孩子接触其他长辈,接受多方面的教育。

有的家长有这样的教育误区:夫妻离异后,一方带着孩子,就不愿意让另一方与孩子接触,甚至干脆搬迁到对方找不到的地方,让孩子看不到母亲或父亲。而且双方都有意识地把对方贬得一无是处,向孩子灌输敌对情绪,孩子听得多了,就会在心理上对另一方形成排斥,这其实是许多单亲家庭孩子性格偏离正常轨道的一个重要原因。在家庭指导过程中我认为,在离异家庭,不管哪一方带孩子,都应该让孩子与另一方有接触与交流的时间,感觉父母之爱。双方都要讲理智,切忌在孩子面前“争宠”。如果有可能,让孩子与父母同时团聚,这在现代社会不仅应该,而且可能。不是夫妻,也可以是朋友嘛,何况还有共同的下一代。

还要让孩子与其他亲友中的长辈接触，扩大孩子的交往面，甚至家长的同事也是交往对象。这对孩子的成长有好处。

三个月后，朱某发生了可喜的变化，我相信在不久的将来，他一定能找到一个全新的自己。单亲家庭的孩子是无辜的，他们的行为都应得到理解和体谅。作为班主任必须善于关注这些特殊的孩子们，使他们与正常孩子一样拥有一片蔚蓝、晴朗的天空。同时，我在心理探索和教育过程中引发了以下思考：

1. 学校教育不是万能的，一切教育的起点在家庭

父母是孩子的第一任老师。父母离异了，但对孩子教育的重担不能撂下。离异家长需调整好自己的心态和教育方法，否则会对孩子的性格和心理造成不良影响。当这些影响反映在孩子学习上时，学校的教育和关爱起到的作用，远远不及父母。这正验证了中国的古话:解铃还须系铃人。问题的起点在父母处，只有父母配合学校的工作才会有好的效果。如果离异家庭的父母一味地采取逃避的态度，只会使孩子的情况恶化。

家长和学校对待孩子的终身发展要以高度负责的精神来重视其心理教育，应及时发现他们的心理问题，对孩子进行心理教育，满足其心理需求。使他们有理想、有抱负，增强其承受各种心理压力和处理各种心理危机的能力，提高心理素质，使其自尊、自强。

2. 不能把学生的心理问题当作品德问题来看待

人的生存和发展需要优良的素质。而人的素质结构是由生理素质、心理素质和社会文化素质等构成，没有健康的心理，很难提高学生的综合素质。但在教育过程中，我们往往注视着学生学习成绩的高低、品德的优劣，而忽略了对学生全面素质的培养，尤其甚少注意对学生的心理健康教育。甚至错误地把心理问题当作品德问题来看待，用解决思想问题的方法来解决心理问题。这样做，将使教育效果大打折扣，也培养不出学生对待学习与生活的健康和积极的态度。因此，要提高德育的实效性，必须要注入心理健康教育的新鲜内容。

3. 怎么对待学生，学生就会成为怎么的人

怎么对待学生，学生就会成为怎么的人。也就是说，我们对孩子的态度就是孩子学习的范本。有简单粗暴的家长就会有易怒偏激的孩子。如果教师始终能稳定自己的情绪，遇事处变不惊，孩子们就能从教师身上学到沉稳的气质。虽然单亲家庭的孩子心理压力比别的孩子大，但教师还是应该把他们当作正常的孩

子一样,不要先入为主地认为他们就一定会“出事”。如果一直做出“你是单亲的孩子一定会出问题”的暗示,他们就真的会成为定时炸弹。平常心对待他们,其实单亲家庭的孩子也可以和其他孩子一样健康成长。

师爱在家庭教育中闪光
——如何在中职校进行家庭教育引导

上海市行政管理学校　董振华

12—18岁这个年龄阶段的青少年开始思考“我是谁？从哪里来？将到哪里去？”的哲学命题。每个孩子在12—18岁，甚至有些人会延至25岁左右，出现自我混乱，对自己的生活方式感到困惑，容易冲动，时常闹情绪，不知道自己到底想要什么，有的孩子甚至不惜用“变坏”的方式来证明自己已经长大，向父母索要成人的待遇，这就是青少年期特有的“矛盾”与“叛逆”。叛逆是孩子的成长过程中第二次与父母的分离，即心理分离。青少年是以“反对父母”的方式来完成与父母的心理分离的，如果父母理解并支持孩子的逆反，形成以“尊重与协商”为模式的亲子关系，孩子将迅速成长；如果父母不理解孩子的逆反，以焦虑、恐惧的心理面对孩子的逆反，将形成亲子冲突，一旦亲子冲突演化成家庭暴力及其他极端事件，就会给孩子和家庭带来极大的伤害。孩子因此会形成应对困难的挫败模式，采用逃避、发泄的态度，通过上网、吸烟、逃学等手段来缓解冲突或痛苦情绪。这也正是中职校学生心理问题和品行问题高发的一个重要原因。

家庭是孩子成长的主要天地，父母是孩子的第一任老师。孩子长大进入学校以后，作为学校教育承担者的教师特别是班主任，就成为连接学校教育和家庭教育的桥梁。因此我校要求班主任和任课教师不仅要熟悉青春期孩子的心理特点，更要主动争取学生父母的积极配合，帮助他们提高自身的家庭教育素质和家庭教育能力，理解孩子的内心世界，掌握科学的家庭教育原则和方法，营造良好的家庭氛围，尊重孩子的成长规律，形成家校教育的正向合力，最终帮助孩子形成稳定的同一性自我，为社会培养阳光自信的合格中职毕业生。

在做好学校教育工作的同时，我校结合学生和家长的特点，从心理健康教育的角度，充分发挥心理辅导教师、班主任、任课教师、心理委员、心理社员、同伴辅导员等集体的力量，通过集思广益、积极尝试、不断创新、反复探索的过程，形成有效的家庭教育指导方案,探索家校共制的育人模式。

一、队伍优化,配齐学校心理健康教育中心,提升教师家庭教育育德能力

首先,根据新时代中职学生特点和职业教育发展的需要,学校成立了专门的心理健康教育中心,配备了专职心理辅导教师和兼职心理辅导教师各一名。要求心理辅导教师努力学习家庭教育理论以及心理学、教育学、心理咨询等理论与实践知识,潜心钻研家庭教育的新理念、新方法,准确把握青春期中职学生的身心发展特点和规律,不断充实更新知识,提高业务能力,及时发现学生发生心理问题或行为偏差背后的家庭原因,找到二者之间的因果联系,设法妥善引导学生家长解决家庭教育中存在的问题,切实做好全体学生心理健康教育、引导、服务工作,以及学生家长的培训、指导、服务工作。

其次,优化以班主任为主的学校德育专业队伍建设,扩大学校教育在家庭教育中的辐射力。学校建立了分管德育校领导、学生科长、心理辅导教师、班主任的健全德育工作队伍,十分重视班主任队伍的教育和培训,请来专家传授家庭教育的理念和方法,定期交流家庭教育工作的切身体会和优秀个案,要求班主任在做学生家长工作时,必须尊重理解、耐心细致、循循善诱、科学引导,充分调动家长自身的积极性,配合班主任做好孩子的家庭教育工作。学校明确布置每个班主任每个寒假和暑假都要完成至少五个学生的家访任务,主要家访对象是出现心理问题的学生、行为存在偏差的学生、家庭经济困难的学生、海岛学生、农村学生、学习困难学生、厌学和逃学学生等。班主任与学生、家长一起制定改正措施,并做好详细家访记录,三年来,班主任对学生其及家庭情况了如指掌,促进了班主任的家庭教育能力,提高了学校的德育工作质量。

再次,构建完善的心理健康教育课程体系,对学生开展心理健康教育,提升全体学生的心理素质。由学校两名心理辅导教师开展以心理健康活动课进课堂为主线,以心理学艺课、“心晴家园”的学生心理社团活动为辅助的丰富多彩心理健康教育。比如,各班以各种心理主题的心理小报、心理班会、心理演讲和比赛、心理辩论赛、心理征文和比赛、心理知识比赛、心理电影赏析和影评、心理读书和心得、心理测试、心理仪器操作训练、心理剧的编写、排演、比赛沙盘游戏、同伴辅导、人际交往团体辅导以及感恩父母、价值观拍卖心理游戏等,积极组织学生开展活动,充分调动学生的主动性,夯实全校心理健康教育工作的基础,推动和促进青少年学生心理的健康发展。

二、家校联手，架起联结家庭和谐与学校教育的桥梁，做好教育引导工作

在一个人的发展过程中，学校教育、家庭教育和社会教育相互作用、相互依赖，已经形成一个不可分割的整体，所以在抓好学校教育的同时，一定要积极主动地争取家庭教育和社会教育特别是家庭教育的积极配合。家庭是学生发展的重要空间，家长的言行举止、教育方式、对孩子的期望以及家长自身的各种问题，都将对学生的发展产生深刻的影响。因此在现代社会，要想完成学校的教育任务，在充分利用社会资源抓好社会正面影响的同时，对学生进行科学有效的家庭教显得尤为重要。

目前我校学生大多是15—18岁正处于青春叛逆期的00后，经历了中考应试教育的激烈竞争，心理受到过挫败，身心的巨变，内外夹击，摇身变成父母口中难以沟通的“熟悉的陌生人”。而中职生的父母大多望子成龙心切，中考让孩子“心灵受伤”的同时，也让部分家长“适应不良”。另外，经过调查，还存在一定的单亲家庭、由祖辈独自抚养家庭、生活经济状况不佳家庭、来沪务工人员家庭等。因此，我校成立家长委员会，设立学校、年级、班级三级家长委员，举办家长学校活动，开办家长教育讲座，召开家长座谈会等灵活多变的形式，教给家长一些青春期孩子的心理特点、与叛逆期孩子的相处之道、亲子沟通的原则、方法与技术，开展家庭教育相关问题的讨论、交流、答疑解惑和经验介绍，进行亲子互动游戏和活动，引导孩子和家长敞开心扉、打开心结、加深彼此理解、产生内心共鸣，做出相应调整，进而提高家长家庭教育的能力，在一定程度上帮助家长解决家庭教育中出现的一些困难。

三、个案突破，加强针对性辅导，提高家庭教育引导的有效性

对于存在明显心理问题和品行偏差的特殊学生的家长，以上这些做法可能就会显得“力度”不够，“疗效”不足，而这些学生在班级和学校辐射面广、影响力大，为此急需进行个别“问诊”，对症“治疗”，以提高学校个案指导的针对性和有效性。

俗话说：孩子是家庭问题的代理人。有经验的教师通过观察一个孩子在学校的日常表现，就可以据此准确地推测出孩子的家庭教育情况，因此家庭教育成为学生特别是存在明显心理问题和品行偏差学生教育的突破口。所以，对于那些存在明显心理问题和品行偏差的特殊学生，学校要求心理辅导教师来做他们的教育转化工作。在长期的工作实践中发现，从家庭教育入手教育转化这两类

学生是一个良好的工作契机,可以起到事半功倍的作用。在随后的具体工作中,心理辅导教师逐步帮助家长认识家庭对孩子教育模式中的误区,及时引导他们加以矫正,最终实现双赢的结果。

近年来学校在对这两类学生的转化工作中,摸索总结出“三步走”的有效策略。

第一步,请进来。学生科教师、心理辅导教师、班主任请这两类学生的家长方便时来校,谙熟他们的工作环境、生活情况,以及他们对孩子的教养方式、教育态度和教育方法,家长和学校双方及时互通孩子的家校表现情况,学校分别对家长和班主任、任课教师提出有针对性的教育方向、具体建议。

第二步,走出去。学生科教师、心理辅导教师、班主任经常去这两类学生家中家访,直观感知他们的家庭经济状况、父母受教育的程度、父母的关系、孩子的成长经历、孩子与父母的互动方式,等等,送教上门,给家长提供有针对性的应对措施,说服家长和学生配合学校努力通过良性家庭教育模式,帮助学生改变不良的行为习惯,解决心理困扰,平安度过中专生涯,顺利毕业,积极参加工作。

第三步,搬救兵。学生科教师和心理辅导教师指导班主任配合家庭教育的改变,相应调整学校和班级的教育措施,向学校领导汇报相关情况,根据学生和家庭的情况及特殊需求,主动联系学生家庭所在街道、居委、青少年报回办公室、综合治理办公室、妇联、团委等,请求相应的援助,使家庭教育与学校教育、社会教育拧成一股绳,心往一处想,劲往一处使,形成正向合力,实现学校、家庭、社会教育的一体化,促进学生的成功转化,帮助他们的家庭看到希望的曙光。

综上所述,我校从心理健康教育的视角,通过不断探索、创新实践,完善了一套行之有效的家庭教育指导方案,形成了家校共制的育人模式。归纳起来就是队伍优化,配齐学校心理健康教育中心,提升教师家庭教育育德能力;家校联手,架起联结家庭和谐与学校教育的桥梁,做好教育引导工作;个案突破,加强针对性辅导,提高家庭教育引导的有效性。

每一个孩子都是落入凡间的天使,他们降临以后,父母自然成了他们的启蒙老师,他们在家庭的土壤里生活、成长了十二年,经历了幼儿园、小学到初中的教育,然后经过中考的选拔来到了中职校。世界上根本找不到十全十美的原生家庭,中职校孩子的家庭肯定存在各种问题。同时,中职校孩子曾经接受的幼儿园、小学、初中的教育在他们心灵深处刻下了或明或暗或轻或重的印记。中职校全然接纳了这些孩子以及他们一路走来的所有成长经历,就是要达成一个共识,通过学校领导、教师的呕心沥血,创造条件,筑建起家校互通的桥梁,借助社会教育的力量,发挥家长的主观能动性,给孩子营造一个安全健康的家庭、学校、社会三位一体的良性成长环境，竭尽全力把他们培养成为阳光自信、感恩父母、造福社会的合格中职毕业生。

案例一：

尊重信任，还孩子一片自由飞翔的天空

王同学在三年级期中考试前夕，突然向学校提出退学请求。她曾因抑郁症休学一年，病情好转后返校读书，不到半学期就提出退学。她上课从不迟到、早退，学习成绩处于班级中上水平，学校对王同学的退学要求感到很意外，于是安排专职心理辅导教师做她的心理工作。经过耐心沟通，王同学说出了自己的苦衷：因为生病休学一年，她与现在的同班同学不太熟悉，交往不多，而父母又经常要上夜班，放学后她只能一个人待在家里，于是上网打发时间。她通过上网聊天认识了一个男孩，母亲得知后坚决反对，找到该男孩后让他和王同学断绝往来。王同学不久患上抑郁症，治疗一年后病愈复学。不久王同学又在网上认识了另一个男孩，很快母亲发现了蛛丝马迹，把她打骂一顿，还说要找男孩算账，王同学就以退学要挟母亲不许干涉她的交友。心理辅导教师与王同学耐心沟通，她终于打消了退学的念头，表示只要不考大学，妈妈不粗暴干涉她的交友行为，她可以努力完成中专学业。

心理辅导教师请王同学的母亲来学校面谈，她叙述了女儿和家庭的情况，谈到了母女之间的矛盾，表达了内心的痛苦、担心、愤怒、失望。她希望女儿中专毕业后继续考大学，大学阶段再谈恋爱，可是目前女儿完全违背她的意愿。心理辅导教师引导她认识王同学已经十八岁了，正处于青春逆反期，这时的青少年的心理已经成长到一个需要“寻找真正自我”的阶段。以往那个依赖父母的“我”，和即将独立的“我”开始搏斗，不断区分出自己喜欢的“好我”，和自己讨厌的“坏我”，然后通过冲突把“坏我”赶走，留下“好我”，最终形成稳定的、同一的“自我”。这个阶段的孩子最需要的是按照自己的意愿成长，心理辅导教师要求王同学的母亲试着站在王同学的角度理解她的痛苦、无助、孤独、寂寞，说明她这个年龄阶段产生想与异性交往的需求实属正常，向上向善是每一个孩子本能的需求，要相信女儿并学会尊重她的意志，调整家庭教育的观念、态度、原则、方法，把她当作与成人一样拥有平等人格的人来对待。经过女儿退学事件的触发和这次畅谈，王同学的母亲深感自己在家庭教育方面过于强势，只是单方面希望女儿实现自己未竟的大学梦想，又怕“早恋”影响女儿未来的幸福，而没有尊重已经长大成人的女儿的个人意愿。在随后的一年多时间里，王同学的母亲听从心理辅导教师的建议，注意改变自己的家庭教育方法，心理辅导教师也一直保持与王同学母亲

的联系,反馈王同学在校的表现,了解母女相处情况,给予指导和鼓励,及时肯定每一次每一点的进步,最终王同学完成了中专的所有课程和实习锻炼,顺利获得了毕业证书和专业上岗证书,成功应聘到一份心仪的工作。

案例二:

保驾护航,细致呵护孩子心灵的健康成长

黄同学是三年级学生,学习成绩中等偏上,听话懂事,待人礼貌。性格内向,朋友不多。一天考试时,她一会儿哭,一会儿笑,一会儿自言自语,行为表现明显异常,同学发现后告诉班主任,于是班主任将她带到心理咨询室。黄同学自述暑假有一次洗澡时,听到卫生间窗户被推开的声音,看到一个人影一晃而过,她穿好衣服跑到走廊上却什么也没发现,从此怀疑家里卫生间和卧室被安装了针孔摄像机,有人时刻在偷窥她的举动。因为前一天她在家做的事,第二天别人就都一清二楚;她一个人在家或者离开教室的时候,总是听到有人议论、辱骂她;放学以后被别人跟踪到居住小区自家的窗下,还被拍照……

根据各方搜集的信息,心理辅导教师初步判断黄同学的心理问题已经超出学校心理辅导教师的职责范围,需要及时转介专家确诊,于是分别与班主任、个别同学进行了沟通。了解到黄同学性格内向,不大与同学交往,同时对自己的外貌不自信,存在一些社交障碍。心理辅导教师请同学们对黄同学的情况注意保密,在学校里要尽量陪伴黄同学,多给她关心和帮助,不要让她一个人待着,上学放学的路上结伴而行,如果出现什么异常马上给班主任打电话。心理辅导教师把黄同学的情况写出书面报告向学校领导汇报,同时严密观察该生的情况。

随后心理辅导教师要求班主任请来黄同学的父亲,告知其孩子在校的反常行为表现,同时摸清孩子的家庭情况、在家表现。根据黄同学现在的表现和已经掌握的情况,我分析黄同学发病是由于暑假的意外刺激,加上青春期女孩渴望异性交往,却因长相不佳心生自卑、性格内向产生社交障碍,而无法进行正常异性交往所致。心理辅导教师建议黄同学的父亲抓紧时间带她去看心理医生,说明这种问题越早发现越早治疗,愈后效果就越好,现代医学发达,完全可以放下包袱。心理辅导教师特别叮嘱黄同学的父亲一些注意事项,比如治疗期间家人要有爱心和毅力,不要过于敏感,黄同学需要遵医嘱按时服药,也许药物会有一些副作用,但必须坚持才有效果;为了安全起见,家中一定要有人陪同,不要留黄同学独自一人在家,等等。

之后黄同学休学半年,坚持在家治疗,一百八十多个日日夜夜不离不弃的陪伴,父母亲朋给予黄同学超人的付出和精心的呵护,学校的同学、教师也经常轮

流前去探望，心理辅导教师还联系了黄同学所在的街道社区居委，反映情况、寻求支持，并与学校领导、班主任、居委领导、社工一起到家里慰问，家庭、学校、社会的一致努力，终于换来了圆满的结局。学期终了，黄同学在父亲、同学的陪伴下，回校参加学校派专人为她安排的复习、考试，顺利通过了所有课程。毕业前一学年是学校学生的顶岗实习时间，在大家的支持和帮助下，黄同学通过了实习单位的招聘，完成了实习岗位为期一年的实习以及各种评估考察，最后与同班同学一起高高兴兴地拿到了毕业证书。如今，黄同学已经是一家公司的正式员工，过上了与正常人一样的普通生活。

“妈咪宝贝”变形记

——“妈宝男”学生家庭指导案例

上海市群益职业技术学校　王立群

在2014级学生进行文化课班级与专业班级分流之后，我接手了新高三高考复习班。开学的第一天，一个高大帅气的男孩子引起了我的注意。他会主动在放学时关好教室的灯、风扇和窗户。我回到办公室后，拿起这个叫小俊的成绩单看了看，他的高二摸底考试的成绩也不错。我心想，新班级的安全委员有合适人选了。

第二天中午午休，我把小俊叫到了办公室，把我想让他担任班级安全委员的想法告诉了他。我满以为他会欣然接受，没想到他却挠了挠头说：“老师，我要回家问问我妈妈……”第二天，我得到的答复是：“老师，我妈说高三学习很紧张，还是不要担任班级干部了。”我问他：“那你自己的想法呢？”身高1米84的他小声地说：“其实我挺想当安全委员的，但我妈说我得全心学习，所以还是算了吧。”我只能无奈地笑了笑。接下来的日子里，我和同学们从小俊的口中听到了很多个“我妈说……”“我回家问问我妈妈……”是否参加志愿者活动，他要征求妈妈的意见；学习委员组织团购复习资料，他要询问妈妈的意见；运动会报名参加什么项目，他也要问一下妈妈。人高马大的他虽然有着“男子汉”的模样，却很喜欢在同学面前卖萌，还时常会发个嗲来获得别人的帮助和谅解。同学们都偷偷地叫他“妈咪宝贝”，甚至有的同学当面开玩笑似的这样叫他时，他也坦然接受。

通过和他原班主任沟通，我了解到小俊的父母在他很小的时候就离婚了，这么多年他一直由母亲独自抚养。每每看到小俊时，我都在心中不免对这个男孩的未来有一丝丝的担忧。于是在第一次月考后，我邀请小俊的母亲来到学校。她对我提到了十多年来养育孩子的一路艰辛和对小俊的满满期望。在感动的同时，我将小俊的“妈宝男”表现与小俊的母亲做了沟通。小俊的母亲谈到，当其他孩子因处于叛逆的青春期不听父母的话时，自己看到儿子还能这么听话心里是十分开心的。这都是因为小俊"乖"和"懂事"。我则向小俊的母亲举例说明了"妈宝男"的原因和危害，并强调了对小俊来说，现在得到的母亲保护和情感满足确实会令他感到安全，而且让他感到自己很重要。这种重要感对于小俊而言，既是和妈妈亲密连接的纽带，却也是沉重的压力。因为孩子的内心会有种感觉"如果我开始了自己的生活，不再需要妈妈的照顾，妈妈可怎么办呀！"孩子会害怕自己的独立成为对妈妈的"背叛"，令妈妈感到失望和伤心。因而孩子就会选择停留在当下，带着隐隐的焦虑继续做妈妈的小男孩，而难以融入社会和各种团体中。这些对孩子的工作、人际关系，乃至今后的婚姻都会产生严重的危害。通过我的耐心分析，小俊的母亲开始意识到了自己过度的关爱和一手包办导致了孩子缺乏主见，没有自信。她表示愿意为了孩子听从我的家庭教育指导建议，帮助小俊早日成为一个真正的"男子汉"。我建议小俊的母亲寻找好亲子关系的平衡点，多给予小俊支持和鼓励，少提供决定和指令。

接下来的日子里，小俊的母亲通过微信和电话与我保持沟通和联系。按照我的建议，她从买书、买衣服和运动鞋开始，让小俊自己选择，哪怕不是母亲心中的理想选择，也要试着让小俊自己做主。周末外出就餐时，母亲会主动让小俊选择餐馆和菜肴。假期的家庭旅游中，母亲让小俊查阅好资料，一起制定行程规划，并做好预算。同时，小俊的母亲也进行了自我调节，不再把所有的关注都放在小俊的身上，自己多读读书，利用业余时间和好朋友出去聚一聚，并与小俊分享各自的学习和生活体验。在学校，我也会不断地鼓励小俊"我发现你越来越有想法了，不错哦！"慢慢地，小俊口中的"我妈说……"越来越少了，整个人也自信许多。

在高考志愿填报时，小俊根据自己的兴趣选择了艺术设计专业。在小俊收到录取通知书那天，我收到了小俊的母亲发来的微信：王老师，虽然孩子没有按照我原来的规划从事数控专业，我心里是有一点点遗憾的。但这个志愿是孩子自己的选择，希望他能早日成为一个有责任和担当的男子汉。感谢您一年以来的关心和帮助。

如今，在中学里的"妈宝男"孩子变得越来越多。这些被父母宠坏了的男孩们，往往都缺乏主见，张口闭口"我妈说……"。"妈宝男"孩子一般出现在两种家庭。一种是家庭条件较好的家庭，"妈宝男"孩子因为一直被父母全方位地呵护，不谙世事，愿意听父母的话，走父母安排好的道路，往往也会顺风顺水，各方面均表现不错。另一种"妈宝男"孩子则是生活在母亲做主的家庭里或者只有母亲的单亲家庭里。在父亲长年缺席的家庭中，母亲自然会将生活的目标和重心转向孩子来获得充实和平衡。这样的母亲，在行动上确实无微不至地照顾着孩子，但心中充满着焦虑和期待。因为缺乏伴侣的支持,母亲往往会缺乏安全感,她眼里的孩子也总是处于危险和匮乏中,这一现象是心理学中的“投射”。母亲会过度地保护和满足孩子,用照顾孩子来获得生活的充实感。在这类家庭成长的男孩,思想和行为受母亲影响极大,会对母亲产生过度的依赖心理,将事事听从母亲安排等同于尊重母亲。

歌德曾经说过:让孩子从小学会自主自立,就是为了使孩子自己主宰自己的命运,从而为孩子的人生奠定立足之本。独立自主的能力不是天生的,是靠后天的培养和锻炼的。无论生长在哪种家庭,如果父母一味地溺爱孩子,剥夺他们自立的能力,只能导致孩子过分地依赖父母。“妈宝男”孩子往往缺乏自立、自强、自信。面对这样的学生,班主任没有能力去改变学生的家庭,却可以在进行学校教育的同时积极引导家长学会放手。利用身边的案例,建议家长以日后“一家之主”的标准去要求和养育孩子,使其懂得担当和责任,能够成为真正的男子汉。当孩子面对学习和生活中的种种问题时,家长可以与孩子进行沟通、分析、引导,但要让孩子自己来做最终的决定,决不可包办和代办。而家长要从生活中的小事做起,注重培养孩子的决策能力和承担能力,给予孩子独立做事的机会,鼓励他们敢于为自己的生活做决定并勇于承担责任。

教育家蒙台梭利提出:教育首先要引导孩子沿着独立的道路前进。要培养孩子的独立自主能力,只有学校、家庭、社会结合起来,从培养自立、自强、自信意识入手,把提升心理素质、道德品质、生存能力和学业知识作为根本目的,我们的孩子将来才能更好地融入社会,成为建设和谐社会的有用之材。

用真心、爱心和恒心成就学生

上海市工艺美术学校　杨　红

一、问题的提出

教师、同学、学校、家长和社会应该如何帮助困难学生，尤其是来自农村的学生？他们的心理压力是否主要来自物质生活的匮乏和无奈？在当今的经济社会，如何更好地引导和帮助他们？

毋庸置疑，家庭教育是国民教育的重要组成部分，是学校教育和社会教育的基础。在未成年人成长过程中，家庭对孩子性格的养成和心理素质的培养具有巨大的影响作用。据中国青少年研究中心洪明副研究员在《当前我国家庭教育的焦点难点问题透视——基于600份家庭教育咨询案例分析》中指出，通过对"中国青少年研究中心家庭教育咨询热线"的研究发现，子女的人格类、行为类、学习类问题最为家长关注，厌学、自我管理差、亲子关系不良是这些问题最主要的表现形式；小学、中学阶段是家庭教育问题的高发期；男孩问题比女孩突出；溺爱型教养方式为问题主要成因。（洪明，2012）另据相关调查，单亲孩子进入学校普遍存在心理健康问题，他们需要教师的特别关爱与教育。（冯东莲，2017）

然而，大部分家长把希望寄托在学校，没有家校共育的意识，有的家长即使想联动，也不知该如何进行，或者方式错误，或者措施不当。所以，学校和教师如何通过典型案例分析，深入了解单亲家庭孩子心理问题的根源，指导家长配合学校开展家庭教育指导，共同正确引导单亲孩子走出缺乏关爱的生活，养成自信、自强的品质，超越自我，服务社会，弘扬中华传统美德，更好地践行社会主义核心价值观，并使家庭教育指导工作进一步适应新时期家长的需求，成为我们亟待解决的问题。

二、教育案例

(一) 案例呈现

1. 个案基本情况

F同学(化名),男,16岁(2001年3月出生),艺术设计专业,中专二年级;随迁子女,农村户籍;性格内向,入学时成绩中等偏上;是班级仅有的5名团员之一,但因个人原因,尽管经团支部选举和班主任老师推荐,他仍不愿承担团支部委员职务。

2. 个案问题描述

(1) 过于自卑,极其内向;不苟言笑,不善交流;喜怒无常,对家庭教育有抵触情绪。

(2) 对语、数、外学习极其不重视,学习态度不够端正,专业课也有下滑趋势。

(3) 因家庭经济原因,有时每天只吃一顿饭,身体较单薄。

(二) 问题诊断

1. 家庭原因

(1) F同学来自单亲家庭,亲生父母离婚后,母亲把他带到上海,七年前继父因车祸离世,奶奶和叔叔智力残疾,两年前妹妹也查出身患重疾,母亲身体不好,需要做手术。家庭变故加上经济压力,F同学的学习、生活和性格发展受到了严重影响。

(2) 家庭成员因生活压力及受教育程度较低,无法与F同学进行有效沟通。

2. 个人原因

F同学的自信心不足,自卑心理严重,影响正常交往、学习和生活。

3. 学校原因

(1) 在工艺美校这样的艺术类学校,学生大多家庭背景较好,有些家长即使教育程度不高,家庭经济条件也尚可,这样的学生大多比较自信和外向。

(2) 在日常的教育教学中,教师会多关注那些表现好、成绩好、性格外向的学生,对一些"默默无闻"的特殊学生关注较少,因为他们太不活跃,得到同学的关注和教师的赞美也比较少。长此以往,这类学生和教师、同学们之间的距离越来越远，有时甚至会被边缘化。

4. 青春期生理和心理原因

（1）F 同学的行为不易预测，出现问题不愿求助于家长或教师，有时甚至喜怒无常、逆反心理比较严重。对于母亲和教师的建议会置之不理，严重时，对母亲的批评可能还会怀恨在心，产生抵触情绪，极其不利于心理成长。

（2）进入中专后，学生正处于身体迅速发育时期，一方面以大人自居，感觉自己长大了，开始有意识地摆脱童年期的直率和纯真，另一方面却又受到自身经验和能力的限制，生理和心理之间极易失衡。

（三）辅导方法

家长和教师都具有双重身份，在教育工作中，不仅要发挥学校的作用，也需发挥家长的作用，家庭教育和学校教育如影随形，相辅相成，缺一不可。学校需要与家长共同面对教育问题，教师需要运用专业知识帮助家长解决教育困惑。所以，教师除了与 F 同学个别交谈、互诉内心，帮助他树立正确的价值观和人生观，从学习的角度积极鼓励他重塑信心，走出心理阴影，享受美好的校园生活外，还要与 F 同学的家长保持密切联系，建议他的母亲换位思考，多与孩子进行有效沟通，帮助孩子克服心理问题，健康成长，成就自我。

1. 指导家长，家校合力

（1）建议 F 同学的母亲耐心、认真地聆听孩子的心声，从孩子的思维角度出发，做他的忠实听众，让孩子感受到自己是被关注和重视的，以拉近母子间的距离。

（2）教师通过电话、短信、QQ 和微信，保持与 F 同学母亲的密切联系，双方及时沟通 F 同学在学校和家里的表现和进步，让母亲安心工作，并建议家长多鼓励、少批评，多沟通、少抱怨，增强孩子的自信心。

（3）通过与 F 同学的母亲及所在的居委会、医院联系及走访，我整理了他的奶奶、父亲、母亲、叔叔以及妹妹的资料，如死亡证明、残疾证明、就医病历、低收入家庭证明等，为 F 同学申请了“上海市户籍低收入困难家庭学生资助”，并鼓励他申请“上海市工艺美术学校特困学生资助”，目前资助费用已到 F 同学本人账户。

（4）征求家长的意见后，安排 F 同学参加校内勤工助学和校外志愿者活动，帮助他减轻家庭经济负担的同时，培养他乐于奉献、服务社会、积极向上的精神。

（5）家长会上，向家长展示 F 同学在参加世界技能大赛时的照片，并特别指出这不仅是荣誉,更是能力的证明,以增强F同学家长的信心,也为孩子的进步感到欣慰。

2. 心理咨询,适时治疗

(1) 明确告诉F同学,学校会经常就他的生活和学习情况与家长沟通,家长非常关心他的学业情况,学校和家长都希望他能全面、健康地发展。

(2) 告知F同学,学校已帮他申请了学校困难学生补助以及勤工助学岗位,希望他不要有任何心理负担,这是学校和社会对他的关心,家长也很支持,而且不会在班级或同学们面前提及。

(3) 多次向F同学强调,现在正是长身体的阶段,健康非常重要,要按时吃饭,积极锻炼,保持良好的精神状态,才能全身心地投入学习,也让家长放心。

(4) 建议F同学多与家长、教师及同学交流,有任何问题,不要闷在心里。

(5) 督促F同学认真学习,全面发展,争取在现有的成绩上有所进步,也是对家长殷切希望的回报。

3. 培养兴趣,自我调适

(1) 鼓励F同学继续发挥专业优势,积极参加学生会和班团建设,如学习园地、团宣一角的布置等,并将图片及时发给家长,叮嘱家长给予孩子表扬。

(2) 因为班级的体育老师是国家羽毛球二级运动员,有非常便利的学习条件,所以我们鼓励F同学参加学校的羽毛球队,以增强体质,培养自信。

(3) 鼓励F同学积极参加各类比赛,如上海市高中生logo设计大赛、全国"文明风采"大赛、世界技能大赛等,以赛促学,树立信心。

4. 记录日记,自我反思

建议F同学养成写日记的习惯(可以是文字或绘画),如果愿意,也可以与母亲交流日记的内容,记录成长过程,培养社会责任感。

(四) 教育效果

经过三个多学期的关注、关心、鼓励和帮助,F同学各方面的情况明显改善:

(1) 从以前不善言辞、不愿与他人交流到现在积极参加校内外各类活动及比赛,如担任班级心理委员助理、协助寝室安全检查、督导晨读等,并于2017—2018学年开始担任校社会实践部部长;积极参加晨练和体育课,身体和精神状态明显改善,人变结实了,笑容也多了,以前不苟言笑的F同学已经不见了。

(2) 专业学习进步明显。他的作品被任课教师多次在班级作为范例演示和讲解;2016—2017学年第一学期期中考试成绩班级排名第二,期末总评班级排名第一；2016—2017 学年第二学期期中考试成绩班级排名第二，期末总评班级排名第四；2017—2018 第一学期期中考试成绩班级排名第四。

（3） F 同学于 2017 年 6 月第四十三届世界技能大赛期间，随上海市工艺美术学校参赛团队一起承担大赛平面设计项目的组织筹备与赛事技术支持工作，并于 2018 年 1 月正式入选第四十四届世界技能大赛上海市工艺美术学校团队，于同年 3 月代表上海市工艺美术学校团队参加上海市选拔赛，有力推动学校办学声誉的同时，也提升了自己的专业水平和综合能力。F 同学是同学们学习的楷模和榜样，也成为母亲最大的骄傲。

（4） F 同学与家长的交流也日渐增多，并能在周末和节假日为家里分忧解难，如陪护奶奶和叔叔，辅助妹妹康复，为母亲按摩，帮全家人洗衣、烧饭等。F 同学的母亲多次来电来信息反映，现在的 F 同学好像换了一个人，开朗了许多，也有很强的家庭和社会责任感，现在家里充满了欢声笑语，她感到十分欣慰。

三、教育反思

四川大学公共管理学院张威教授通过对 100 个咨询案例、460 次咨询谈话进行案例分析后指出，包括家庭教育中的典型问题在内的"隐性社会问题"在大多数家庭中普遍存在，可以通过尝试建立第三个教育领域，即"社会教育学"对家庭教育进行补充和协助，关注和应对"隐性社会问题"。（张威，2015）另外，农村家庭的教育需求具有差异性和多元化的特点，（雷万鹏，2012）可借鉴义务教育学校布局转型的调整政策，重视农村弱势群体的需求意愿和抗风险能力，借助社会力量实现各归其位、共同发展。

学校和家长都应继续践行民主的教育思想，即具有赏识的眼光，细致的工作作风，有跟踪记录和善后意识，保证学生心理健康发展的人文环境。同时，教师应与家长保持密切联系，全面掌握学生思想动态，及时做好疏导工作：针对某些学生的自卑、自弃心理，重视分析特殊家庭学生的成长环境，挖掘他们身上的闪光点，鼓励他们树立自信心；帮助学习上有困难的学生树立克服困难和挫折的勇气，排除一切干扰，培养坚忍不拔的意志；帮助心理品行上有欠缺的同学，增强适应社会生活的能力以及自理、自律的能力；针对某些中等生的"无为"心理，帮助他们开启"动力点"，促使他们不断进取；针对优等生的自傲心理，帮助他们找出"醒悟点"，使其正确评价自己，确立新的目标，并扬长避短，不断进步。

作为一线教师，不仅要教好书，更重要的是要育好人。不但要尊重家长，理解和宽容学生，更重要的是要用真心、爱心和恒心去对待学生，用家长和教师的爱去唤起学生的爱，用自己的心灵去培养学生的心灵。获得家长和教师的爱是学生普遍的心理需要——从爱出发,以爱为归宿,只有这样,才能培养出德才兼备的大家,才能在知识育人的一方天空,收获希望,收获美好。

孟子将“得天下之英才而教育之”视为君子三乐之一,而现代职业教育更加注重素质教育,培养学生职业道德、敬业精神和自强不息的品质,不断激发学生的积极性、主动性和创造性,真正做到“既仁且智,既凡且圣”。学生只有“亲其师,信其道”,才能树立正确的世界观、价值观和人生观,才能担负起复兴伟大民族、实现中国梦的历史使命。

四、结语

著名教育家苏霍姆斯基说过:“只有学校教育而没有家庭教育,或者只有家庭教育而无学校教育,都不能完成‘培养人’这一极其艰巨而复杂的任务。”家庭是孩子的第一所学校,父母是孩子的第一任老师,家庭教育是整个教育的基石,对孩子的健康成长有着重大的影响。(罗秀云,2017)典型案例分析会加深我们对家校联动、家校共育的理解,也更加坚定了我们完成这一刻不容缓的任务的决心。

妈妈暖儿心

——离异、隔代问题的家庭教育

上海市经济管理学校计算机系　徐　君

德国教育家福禄培尔曾说:“国民的命运,与其说是操在掌权者手中,不如说是掌握在母亲手中。”

我国古代,亦流传着“三迁择邻”“断机教子”“陶母教子”“岳母刺字”等脍炙人口的教育故事。可见对儿女的教育,母亲扮演着重要的角色,母亲是孩子出生的第一个情感传递者,是孩子幼年的精神寄托,是孩子一生中最重要的人。

然而,根据上海统计局2017年统计年鉴,2016年登记结婚12.52万对,离婚8.26万件,离结比高达66.0%,而这一数据在2011年为32.1%(登记结婚14.89万对,离婚4.78万件)。因此,我们一线班主任会发现:单亲家庭子女越来越多,以下的案例就是这样一个来自单亲家庭的学生。

她像一株自由的水仙

小月是一个非常讨人喜欢的女孩子,瘦瘦高高、白白净净,经常用清澈而懵懂的眼神看人,让人心生喜欢。小月爱文艺、爱画画,爱一切美丽的东西。她担任班级宣传委员,她设计的黑板报大气而有创意,总能让人眼睛一亮,班级环境布置离不开她,文艺活动的组织也非她莫属。

只是小月对学习提不起劲来,数学课上打瞌睡,英语课上补作业,语文课上画漫画,第一学期总评成绩八门课中有四门不合格,这可急坏了身为班主任的我。我知道她是一个聪明的姑娘,成绩这么差的唯一原因是不好好学。

她就像光照不够的水仙花一样,我想让她开花,好好学习,她却只随着自己的心意疯长叶子,只在她喜欢的画画方面展现才能。

她的阳光去哪儿了

我多次找她聊天。我从学习态度、学习习惯、对美好将来的展望等各种角度跟她聊,甚至告诉她,她的学习成绩想在中高职贯通模式中顺利升入高校是有困难的,但谈心效果十分有限。我也与她的“实际监护人”——小月的奶奶保持联系。对于班主任的“告状”,小月的奶奶总是用最好的态度“保证”督促她好好学习,然而总是不见起色。

我决定改变策略,有一次在和小月谈话之后,我告诉她要联系她的父母。破天荒的,这次小月情绪激动,立马就红了眼眶,“呜呜呜”地哭起来。

出于尊重学生考虑,我没有联系她的父母,但在联系小月奶奶的过程中,我告诉了她这次谈心的经过,没想到的是,小月的奶奶在电话里就哭了。

小月的奶奶告诉我,小月的妈妈在小月初二的时候有了外遇,小月的父母就离婚了。离婚的时候小月的妈妈放弃了对小月的抚养权。从小月的父母离婚起,小月就对妈妈存有心结,从来不肯去妈妈那里;小月的爸爸是派出所片警,工作需要三班倒,后来又重组了家庭,男同志带着青春期的女儿,有诸多不便,对小月就疏于照顾了,因此小月的日常生活就顺理成章地落在了奶奶身上。小月的奶奶退休前是小学语文教师,对小月的学习很重视,然而对于爷爷奶奶的苦口婆心,小月却充耳不闻,老两口急在心里却无能为力。

也许,小月父母的离异像一朵厚厚的乌云,遮住了她的阳光。

班主任做起了老娘舅

“老母一百岁,常念八十儿”,哪有不爱自己子女的母亲,又哪有不想妈妈的孩子。先抛开小月父母婚姻的孰是孰非,小月的妈妈应该是在一次次女儿对她的排斥中失望、心痛乃至心灰意冷的,而小月却又何尝不是在“缺爱”中自暴自弃呢!

从与小月奶奶的沟通中我感觉到了老人对前儿媳深深的不满,对自己儿子无尽的疼惜,小月的奶奶是否会把这种情绪传递给了小月,从而增进了小月对妈妈的恨意呢?

几天后的家长会,小月的奶奶来了,得体的着装、优雅的言行,显示了一名退休语文教师的涵养。

我与小月的奶奶进行了一次“老娘舅”式的交谈,重点在以下几点:

(1) 小月需要父母的关心,隔代教养代替不了父母,也许父母的话小月更听得进去。

(2) 尽量不要增加小月对妈妈的排斥,收敛一下大人的情绪,从对孩子好的角度出发,也许在小月面前可以说说小月妈妈的好话,调和一下母女关系。

(3) 相信善良的小月一定不会忍心让疼爱她的爷爷奶奶担心,一定更不会让她又爱又敬的爸爸失望。

拨开乌云,让阳光透进来

寒假结束后,小月的奶奶给我打来了电话。小月的奶奶说,寒假期间,小月去妈妈那里住了一周,虽然小月回来后什么也没说,但感觉没有那么排斥母亲了。另外,在妈妈那里,小月做完了寒假作业,这比以前在爷爷奶奶身边有进步多了,不知道之后的成绩会不会有提高,爷爷奶奶很期待。当然,我也很期待。

开学后的这个学期,小月在各种小事中让我看到了变化:小月偶尔会谈谈自己家里的情况,她抱怨妈妈对她太严格,每次去都要她背英语课文及做数学练习题,我在她的言语中没有听出厌恶;小月说她的爸爸要给她生个小弟弟,我担心她的情绪会受到干扰,却发现她在班级布置中加入了奶嘴、婴儿推车之类的元素,我开玩笑说她想把班级布置成幼儿园,她听了乐呵呵地笑了;听说考试之前她拉着数学好的同学去肯德基学习了一天,专门问题目怎么做。

“一分耕耘,一分收获”,一学年结束了,小月的总评全部合格,顺利进入二年级。小月的奶奶给我打来电话,老人在电话里轻松地说,现在小月的学习成绩不用他们俩老管了,他们只管她吃喝,小月每周去她妈家一次,她的作业她妈会管。

绽放的水仙花

之后几个学期的家长会都是小月的妈妈来参加,小月的妈妈如同大多数的母亲一样,在与老师沟通中数落着女儿的学习不自觉,但欣慰的是女儿与自己的关系好了很多,感叹等小月上了大学自己就能松口气了。我在小月妈妈的话中感受到一个母亲对女儿的深深爱意。

除了第一个学期,小月在后来的两年半里就没让我操过心,她情感细腻,理科成绩中等,文科几乎每次全班第一。

现在的小月已经是一名大学生了。美丽的水仙花,终于在阳光的沐浴下绽放。

母爱是世界上最伟大的爱,在每一次唠叨中,在每一顿饭菜中,在每一个眼神中,母爱会像水一样慢慢渗透到孩子的心里,温暖着孩子的心,给予孩子积极的力量。

结束语

离异家庭及隔代教育的孩子容易形成的性格倾向有:

(1) 自卑,做什么事情都没有自信,感觉自己什么都没有,得不到父母的爱。

(2) 叛逆任性,单亲家庭的父母要承担养家糊口的责任,往往对孩子教育有所忽视,同时隔代教养容易对孩子过分溺爱和放纵,使他们形成叛逆、任性的性格。

(3) 孤僻,很多单亲家庭的孩子由于家庭的破碎,慢慢变得自闭起来,不爱说话,喜欢待在自己的世界里,而老人的教育意识的缺乏和教育方法的不当,容易使孩子错失养成优良品质的良好机会。

(4) 对父母一方的反感,隔代教养本身会在一定程度上导致亲子关系日渐生疏,如果像本案例中所述的一样,老人对孩子的父亲或母亲带有反感情绪,隔代教养的孩子也会感染到这种情绪,也对父(母)有反感情绪。

原生家庭对孩子的影响是巨大的,学生身上呈现的问题,往往跟家庭教育有关,因此班主任在落实德育教育的过程中,家庭指导是非常重要的环节。

做好离异家庭、隔代教养的家庭指导。首先父母离异不代表亲子之间就要隔离。在有条件的情况下,指导父(母)增加照护陪伴的比重,改善亲子关系。其次,站在孩子的角度进行家庭劝导:抚养一方不应剥夺另一方探视子女的权利,而不抚养的一方也不应随便放弃探视子女的机会,以免让孩子产生“爸爸(妈妈)不要我”的误解,加剧父母离异后对孩子心理的影响。最后,抚养方及抚养方的父母尽可能不要传递对另一方的反感情绪给孩子,干涉孩子的亲子关系必然会造成孩子发展的不平衡。

我和我的“小女儿”

——用心用情弥补家庭教育的缺乏

上海新闻出版职业技术学校　胡建霞

2016 年 11 月 22 日下午，学校关工委召集我们 6 个退休的老教师、老党员与学生科、团委推荐的 6 名在校学生见面，并当场开始结对子。会前我便得知将与我结对的学生叫思佳(化名)，她从小和母亲相依为命，2014 年初母亲查出身患脑癌，家中所有的积蓄都用于母亲的治疗。但回天无力，思佳的母亲不幸在 2014 年 10 月病故，留下家徒四壁和正在读初中的孤女——思佳，每月仅靠社会低保金维持生活。在签约现场我见到了思佳，个子不高、身材消瘦、戴副眼镜、有些胆怯。我们各自介绍了自己，并互相赠送了纪念品，作为老教师的我在发言中说道：“我有一个女儿，现在已经成年并工作多年。思佳，从今天开始，我就是你的妈妈，我要从生活上、学习上、思想上关心你，我们共同结对而行，助你成长成才！你有妈妈了，就不是孤儿了，妈妈的家就是你的家，你就是我的‘小女儿’！”我们“母女俩”牵手并互留电话，又互加微信，约定随时联系。

寒冬里送去问候

2016 年 12 月第一场较强冷空气来袭的前夜，刺骨寒风，我心中牵挂着思佳，于是拨通了她的电话，想了解她的生活现况。

我：思佳，较强冷空气要来了，你床上盖的被子有几条，垫被厚吗，冷吗？

思佳：盖的被子有 2 条，垫被比较厚！不太冷！

我：你的家住几楼，家里冷吗，外出有保暖衣服吗？

思佳：家住六楼，在家里不会太冷，外出有冬季校服，还有保暖衣！

我：你平时伙食是怎么安排的呢？

思佳：上课在学校吃午餐，早、晚餐是自己随便煮点吃吃！

我:你的日常生活费来源和如何使用的?

思佳:平时小区居委会有个委托监护人会每月从社会低保金支取一点生活费,让我自己去购买一些菜、米和少量水果。我每天骑自行车上下学,交通费就省了!

我:你在日常生活中会做家务,会自己煮饭吃,把家里卫生搞好,把自己的生活安排好,学会自强、自立很好!你每天骑自行车上下学很好,既锻炼了身体和胆量,但是骑自行车上下学要注意行车安全,要遵守交通法规!做一个遵纪守法的人。

思佳:(认真听)知道啦!谢谢老师!

我:较强冷空气要来了,温度下降很多,你要多穿一点衣服,骑自行车要戴好帽子和手套,预防感冒!你有帽子和手套吗?

思佳:帽子和手套我要找一下!骑自行车我会注意安全的!谢谢老师关照!

老少一同骑行,共商期终迎考

2017 年 1 月上旬的一天,我知道 2016—2017 学年第一学期进入了期终复习阶段,天气非常寒冷,下午 3 点多,我在学校门口巧遇思佳,她正推着自行车准备离校回家,小手在寒风中冻得红红的,我问她冷吗,有手套吗?思佳回答我,习惯了!我说我们回家的方向是相同的,一路同行吧!于是两人各骑自行车,沿着思佳的回家路线一路同行。我观察到这孩子在骑车时胆大心细,车技不错,还一路注意我的安全!在沿路等红灯的间隙,我询问她此次复习应考有没有困难?思佳告诉我近期正在复习,英语是她的弱项,担心考不好!作为"妈妈",我鼓励她不要惧怕考试,要按照任课教师布置的学习任务,认真复习,考前做好充分准备,要休息好,考试时不要紧张,沉着应答,一定会取得好的成绩!同时,作为一名老教师,针对英语是思佳的弱项的现状,我将自己学习英语、记背单词和句型的方法以及技巧传授于她,让她试试看,希望能帮到她。

很快我们到达思佳居住的小区了,分别时思佳向我表示:回家一定努力复习,争取考出好成绩向我汇报。看着思佳远去的身影,我心中由衷升起一股责任感。

送上一副手套,温暖一双小手

2016—2017 学年第一学期期终考试阶段,天气特别寒冷,我和思佳分别以后，她那冻得通红的手，一直在我的脑海中浮现，作为"妈妈"实在不忍心！于是我前往商场购买了一副女孩子喜欢的提花毛线编织的厚手套，立即赶到学校，交给刚刚考完试的思佳，让她骑车、外出时戴上，不要冻伤！希望能帮助到思佳，给她一点点妈妈的温暖和爱。思佳拿着这副手套十分感动，再三表示感谢，并动情地说："老师你太关心我了，你就像我的妈妈！"

节前家访，送去浓浓的年味

学校放寒假了，离2017年春节没几天了，我打电话邀请思佳到我家来过年，她婉言谢绝了！电话中我隐约觉得思佳有难言之隐，于是我没有坚持让她来，只说了些"我想到你家里去看看你，欢迎吗？""过年了家里备了什么年货啊？""你平时最喜欢吃的菜和点心、糕点、水果是那些呢？"通过交谈，我了解到思佳看到过年家家团圆，就会想起自己的妈妈，会难过流泪。另外，今年社区监护人因自己女儿生孩子，无暇顾及思佳，只能给思佳一点生活费让她自己安排，其实思佳既怕孤独又怕被嫌弃。交谈中，我与思佳约好年前去看望她。腊月二十九的下午，我带着思佳平时最喜欢吃的菜、点心、糕点和水果来到她家，思佳在门口迎接我，看到我带去的东西，她开心地笑了。她陪同我参观了她的家，不大但整洁，我手把手教她如何将被套套平整的技巧，叮嘱她衣服和被子要经常洗涤。此外，我把生活中经常用到的小常识一一教给她，希望她能够把自己的家布置得温馨、整洁。另外，我嘱咐她一个人在家要注意安全，睡觉前要检查煤气、水龙头是否关好，防止煤气中毒；嘱咐她一个人在家要关好门窗，外出不要和陌生人搭话，注意人身安全。

针对思佳怕孤独又怕被嫌弃的想法，我建议她好好利用寒假一人在家的机会，静下心把自己的专业知识理一理，对薄弱的科目有计划进行复习，到开学时就能赶上了。我还建议她找一些励志书籍看看，提高自己的意志力，精神的充实有助于从心理上克服孤独情绪。我告诉她：要做一个自立、自强，有理想、有知识、有能力的人。

思佳静静地倾听，不停地点头，并表示一定按照我的指点和要求，一个人过好春节和寒假，锻炼、提高自己。

天黑了，我离开了思佳的家。愿新年给长了一岁的思佳带来新气象，健康成长！

夏送清凉,冬送温暖,感受母爱

结对一年多,每次夏季我都会记得给思佳添置一些夏季衣裤,冬季记得给思佳添置一些棉衣和棉袜。这些她都十分喜欢。从思佳的笑容中我能感受到,虽然失去了母亲,但在社会、学校大家庭的呵护下,孤儿不孤单。

家庭教育特别是来自母亲的关爱和教诲,对孩子的成长是必不可少的,也是十分重要的。思佳作为一个孤儿在成长过程中缺乏家庭教育特别是来自母亲的关爱,是十分不幸的。作为一名老教师,我有责任、有义务从思想、学习、生活等多方面加倍地关心她,用点点滴滴的关爱浇灌荒芜的心田,弥补家庭教育和母爱的缺失,使思佳健康成长,成为有理想、有道德、有文化的社会有用人才。

告别“妈宝”，重拾自信

——做孩子成长的守护者

上海市建筑工程学校　高仁甫

“十年树木，百年树人。”中职学生的德育，同样需要社会、学校、家庭三位一体的配合协同，循序渐进，因材施教，做孩子成长路上的守护者。父母是孩子的第一任老师，家庭教育对孩子的成长至关重要。中职校“问题生”的出现，大部分背后都有一个问题家长。面对这些“问题孩子”，我们的教育者，尤其是中职班主任一定要明确以学校教育为主轴，同时一定不能忽视家庭教育的作用，家校合力——学校联合家庭不断加以启发和诱导，明确孩子做什么，如何做，如何提高。

一、案例描述

小方（化名）入学报到第一天我就注意到了她的与众不同：鞋带散了她理所应当地请室友帮她系，军训每一天下午都会过来问我：“老师，军训怎么还没有结束，我妈妈什么时候来？”。小方的这种表现在开学后更加明显：什么事情都要劳驾同学，每天都会给老师发信息提出各种请求，同学们也意识到了她的问题，似乎开始有意疏远她……而与之对应的是，她的妈妈会不断给我打电话，加之各种叮嘱……

作为一名资深班主任，我很快意识到我所面对的这个学生是典型的“妈宝”，而且她的父母还全然没有意识到这是个问题——小方的妈妈到目前不止一次跟我说过很享受这种被女儿需要的感觉，说别人家的孩子都会跟父母有代沟有叛逆期，她的女儿全然没有。

二、案例分析

小方的行为、母亲的表现无不向我们传达，这是一个非常典型的“妈宝”案例，而他的父母显然完全没有意识到孩子和别人的差别。作为班主任，首先要做的就是要告诉父母真相,孩子这样下去未来会怎样:首先,她的工作、社交可能会遇到怎样的困惑;其次,要让他们正视问题的严重性,并意识到要让孩子克服"妈宝现象";第三,我告诉他们孩子这样的情况,家长要配合学校,家校合力协同,营造自理的环境,让小方逐渐摆脱对别人的依赖,遇事情要多尝试自己先做一下。告别"妈宝"不是一朝一夕的事情,既要循序渐进,又要坚持不懈。

三、案例经过

面对小方的情况,我多次通过微信与家长沟通,让小方的父母意识到作为家长在教育孩子时要从行为上规范孩子,一点一滴培养小方的独立意识,摆脱对父母的依赖。小方的父母意识到问题的严重性后,非常配合我的指导,他们专门为小方制定训练方案,如每天需要自己完成一件事,并在晚上九点进行反馈;每周回家,小方的父母要求小方独立完成房间的整理、洗衣服;小方的父母让小方学着独立购物、准备一家人的晚饭……每周,我和小方的父母相约分享小方在学校和在家里的表现,我们都惊讶于小方的进步,也感动着小方的成长过程。

在学校,我要求小方尝试自己完成自己的事情,遇事不要动不动就麻烦别人,让她意识到麻烦别人是不好的事情。当小方尝试过后,觉得原来也不是想象中的那样困难,而且意识到别人没有义务什么事情都要帮她做;在同学面前,我会有意识让小方多表现,比如上课的时候我会经常提问她,并且适时地表扬她,班级活动也鼓励她尽可能参加;我鼓励小方多和同学交流,积极参加社团活动,在我的鼓励下,小方参加了校跆拳道社和手工社。一段时间以后,我甚至让她做班长的助手,做一些文字类的工作,比如排版,活动策划的修改等。

经过两个月的努力,小方渐渐地感觉到了被人需要的幸福,她变得积极主动起来,甚至主动擦黑板,主动发作业。最让我惊喜的是,期中考试前一周,她将自己的解剖学讲义共享到班级微信群里,甚至她在周日下午来校还会带上点心与室友一起分享……

小方变得活泼了,在同学面前充满自信和存在感,在老师面前也变得大方起来,学习的信心也越来越高了。我庆幸,通过家校协同的共同努力,改变了一个孩子的心态:告别"妈宝",重拾自信。

四、案例反思

中职校的00后学生,他们大多是独生子女,从小就受到来自父母、祖辈的关注和关爱。在他们成长的道路上,大多数父母习惯大包大揽,这使孩子把这一切当成是理所应当的,甚至父母也觉得是理所应当的;而处于新的环境,这种理所应当被打破后，孩子由于巨大的落差和不适，会诱发各种心理、社交等方面的问题，影响孩子身心的健康发展。

作为中职校的班主任，应该洞悉学生方方面面的表现，一旦发现问题，应慎重对待、妥善处理，与学校、家庭一起，发挥协同的力量，提高干预的有效性，以塑造孩子的心灵为本，从情感上关心孩子，从人格上尊重孩子，从行为上规范孩子，做孩子成长道路上的守护者，成为他们的良师益友和人生导师！